기출문제로 유아임용논술 완벽 대비   **개정4판**

누리자 자유
유아
교직논술

유아 임용의 길을 가는 여러분에게… 누리자쌤

여러분도 당연히 합격합니다.
그것도 가장 쉽고 빠르게요!

@nooriza_832

   어렵게 임용의 길을 선택하신 여러분께 큰 박수를 보냅니다. '내가 과연 합격할 수 있을까? 남들은 취직해서 경력을 쌓는데 고시 공부하느라 뒤쳐지는 것은 아닐까?' 하는 걱정과 고민을 제쳐두고 임용고시에 도전하는 것만으로도 대단합니다. 저 역시 처음 임용 준비를 결심했을 때, 막연한 불안감을 갖고 어떻게 공부해야 하나 고민했습니다. 저는 이 불안감을 없애는 데 학원 강의 도움도 받았지만 먼저 합격한 유자쌤의 조언을 듣고 스스로 고민해서 공부법을 알게 된 것이 가장 큰 역할을 했습니다. 특히 논술 공부를 할 때, 강의 자료만으로는 지문의 어느 부분에서 답의 실마리를 찾는지 명확하게 파악할 수 없는 점이 힘들었습니다.

   이런 문제점을 해결해 보고자 **강의 없이도** 논술 지문을 분석하고 개요도와 답안을 작성하는 '**문제풀이의 흐름과 꿀팁**'을 녹인 책을 내게 되었습니다. 실제로 저는 이 책의 방법대로 **최소한의 시간만 논술 공부에 투자**하여 2016학년도 임용시험에 컷 + 8(논술 19.××)로 최종 합격하고, 2021학년도 임용시험에 컷 + 5.33(논술 20점 만점)을 받았습니다. 임용 논술은 글을 창의적으로 멋지게 쓰기보다 주어진 시간 안에 지문을 제대로 분석하고 핵심 개념을 서술하기만 하면 좋은 점수를 받을 수 있습니다.

   저도 했는데, 여러분이라면 당연히 합격합니다. **일찍부터 논술에 얽매이며 개론, 각론 공부에 써야 할 시간을 낭비하지 마세요**. 이 책과 함께라면 가장 빨리, 가장 쉽게 고득점의 길로 나아갈 수 있습니다.

   또 『누리자 유아임용 기출문제집』도 출간되어 기출변형문제를 풀 수 있는 건 물론이고 기출분석을 혼자서도 완벽하게 할 수 있습니다. 누리자쌤과 함께 **독학으로도 고득점하기!** 함께 해요.

2019 개정 누리과정 해설서

요약집

1부 누리과정의 이해

(해설서 p.8~21)

Ⅰ. 누리과정의 제정과 개정

* 유치원교육과정의 변화
  • 1969년 – 최초로 '국가 수준' 교육과정으로 제정, 공포
  • 2007년 – 여러 차례 개정을 거쳐 「2007 개정 유치원 교육과정」
* 표준보육과정의 변화
  • 2007년 – 최초로 고시, 시행
    ⇨ 이원화된 운영 체제를 정비해야 할 필요성 ○

■ **공통과정**으로서 「**5세 누리과정**」 제정
① 2011년 – 제정고시, 2012년 – 시행 by 교육과학기술부와 보건복지부
② '일원화한 공통과정' 고시: 5세의 유아교육 + 보육 내용을 통합(유아교육·보육에 대한 국가의 책임을 강화하기 위함)
③ 5세 유아의 학비·보육료 지원 전 계층으로 확대: 유치원과 어린이집에 다니는 모든 만5세

■ **공통과정**으로서 「**3-5세 연령별 누리과정**」 제정
① 2012년 – 제정고시, 2013년 – 시행, 2015년 – 운영 시간만 수정
② 누리과정 적용 대상 확대: 5세 ⇨ 3~4세 유아까지 확대
  ∴ 유아교육·보육에 대한 국가 책임이 강화됨
③ 누리과정 운영 시간 조정(2015): 3~5시간 ⇨ 4~5시간

■ ★**교육과정**으로서 「**2019 개정 누리과정**」 개정
① 2020년 3월 – 시행
② '유아교육 혁신방안'(2017) – 국정과제 구현, 출발선 평등 실현을 위함
③ ★'유아교육 혁신방안(교육부, 2017)의 주요 내용: '유아가 중심이 되는 놀이 위주의 교육과정 개편' 명시
  ⇨ 이를 반영하여 「2019 개정 누리과정」 고시

Ⅱ. 국가 수준 교육과정으로서 교육과정

■ **교육과정**으로서 누리과정 * 교육과정으로서 보편적 의미
  ◦ 「2007 개정 유치원 교육과정」: 학습자에게 제공할 학습 경험을 미리 선정, 조직하여 교육 경험의 질을 구체적으로 관리하는 교육의 기본 설계도
  ◦ 「2015 초·중등학교 교육과정」:
    • 학교의 교육목적 및 목표를 달성하기 위해 교육내용 또는 학습 경험을 선정하고 조직하고 실천하고 평가하는 제 행위
    • [광의의 의미] 학생이 경험하는 총체 또는 학교가 제공하는 경험의 총체
  ◦ 「2019 개정 누리과정」:
    • 교육목표를 달성하기 위해 교육내용을 선정·조직하는 방식, 유아가 경험하는 총체
    • 교사와 유아가 ★함께 만들어가는 교육과정의 중요성을 강조

■ **국가 수준의 교육과정으로서 누리과정** * 국가 수준 교육과정으로서 의미
  ◦ 국가 수준 교육과정:
    • 국가가 주체가 되어 제정·개정하고 고시하는 교육과정
    • 학교에서 교육과정을 편성·운영할 때 필요한 ★공통적이고 일반적인 기준을 제시
  ◦ [교사] 국가가 제시하는 유아·놀이 중심 교육과정을 기초로 하되 자율적으로 유아와 함께 만들어 나가는 교육과정을 실천 가능

Ⅲ. 누리과정 개정의 취지

■ **미래 사회에 부응하는 새로운 교육과정**
- 국내외 교육과정의 변화: ★역량을 중심으로 미래 사회에 부응하는 방향
- 미래 사회에 요구되는 사람: 지식이 많은 사람 < 지식을 잘 활용할 수 있는 사람, 자연 + 생명을 존중, 다른 사람과 함께 살아가는 바른 인성, 창조적 사고로 지속 가능한 사회를 만들어갈 수 있는 역량을 갖춘 사람
- 이러한 역량 반영하여
  - 「2015 개정 초·중등학교 교육과정」 ⇨ 학습자의 경험을 강조하며, 학습 경험의 질 개선을 위하여 '배움을 즐기는 행복 교육' 추구
  - 「2019 개정 누리과정」 ⇨ 교육내용을 간략화, 유아가 주도하는 놀이를 통해 배움이 구현될 수 있도록 ★유아·놀이 중심 교육과정으로 변화
- *「3-5세 연령별 누리과정」의 한계
  - [성과] 유치원 교육과정과 3~5세 보육과정을 통합한 공통과정
    ⇨ 유치원과 어린이집 유아들이 공통의 교육내용을 경험할 수 있도록 하는 성과
  - [한계] 연령별 교육내용이 과다함

■ **유아의 놀이가 중심이 되는 교육과정**
- 유아 중심과 놀이 중심을 재차 강조하는 이유: '놀이'의 본질과 가치를 다시 한번 생각
- 개정 누리과정에서는 유아가 ★각자 자신에게 가장 적합한 방식으로 스스로 놀이하며 배운다는 점에 주목하여 유아가 주도하는 놀이를 강조
- 놀이에 귀를 기울여 ★'유아가 중심이 되고 놀이가 살아나는 교육과정'을 만들고자 한 것
- [교사] 유아 놀이의 가치와 의미를 이해, 유아의 ★놀이를 통한 배움을 지원하도록 하는 데 중점

■ **유아의 놀이를 지원하기 위한 교사의 ★자율성**
- [교사] • 유아의 놀이에 대한 의미를 이해 + 지원 + 함께 성장 + 배워 나간다.
  • 활동 계획, 준비하는 데 많은 시간을 보내기 × < 놀이를 이해하고 지원하는 시간 ↑
- 놀이 예측의 어려움 ⇨ 교사는 유아의 놀이 흐름에 따라 가장 적합한 교육적 지원이 무엇인지를 상황에 따라 판단, 실천
- ★국가 수준의 공통 기준을 최소화 ⇨ 교사의 자율성, 다양성을 존중

Ⅳ. ★주요 개정 내용

■ **국가 수준의 교육과정으로서 구성 체계 확립**
- 누리과정을 '교육과정'으로 명시, 추구하는 인간상 등을 제시
- 「2015 개정 초·중등학교 교육과정」의 취지와 내용을 누리과정 개정에 반영할 필요성 또한 대두

◎ **국가 수준의 공통 교육과정으로서 ★성격 명시**
- 누리과정을 교육과정으로 명시한 점은 유아, 교사와 기관, 국가 차원에서 중요한 의미
  ① 유아 차원: 유치원과 어린이집에 다니는 3~5세 모든 유아가 편견이나 차별 없이 양질의 교육적 경험을 할 수 있음
  ② 교사와 기관 차원: 누리과정 운영의 자율성 + 국가 수준의 교육과정을 우선적으로 존중하여 운영해야 하는 책임감도 강화
  ③ 국가 차원: 누리과정이 현장에서 지속적으로 운영될 수 있도록 행정적·재정적 지원을 해야 하는 의무

◎ **★추구하는 인간상 제시**
- 인간상 제시의 의미: 유아가 누리과정 5개 영역의 내용을 경험하면서 어떠한 모습으로 성장해 가는지에 대한 교육적 비전

◎ **초등학교 교육과정과의 구성 체계 및 교육내용 연계**
- 구성 체계 통일: 총론 전반의 구성을 초등학교 교육과정의 체계와 통일
  (★추구하는 인간상, 목적과 목표, 구성의 중점)
- 교육내용 연계: 역량을 중심으로 개정한 「2015 개정 초·중등학교 교육과정」의 취지, 내용 연계
  ⇨ 개정 누리과정 ★인간상과 교육목표 등에 반영
- ★[유의]: 누리과정 5개 영역의 내용은 초등학교 1학년의 교육내용을 상회 ×
- ★★★유·초 연계 측면, 교육내용의 계속성, 계열성, 통합성 및 접합성을 확보

Ⅳ. ★주요 개정 내용

- **★유아·놀이 중심 교육과정 재정립**
  - [변화] 사전에 조직하는 교사 중심 ⇨ 학습자가 주체가 되는 배움 중심
  - [재정립 배경] 흥미·관심을 반영하지 못한 교사의 계획 중심 운영을 개선
- ◎ 교사 중심 교육과정 ⇨ 유아·놀이 중심 교육과정으로의 변화
  - 교사가 미리 계획한 활동 중심 = '교사 중심' 교육과정 ⇨ 유아 주도적인 놀이가 중심 = '유아·놀이 중심' 교육과정
    - 예 교사가 계획하여 제안하는 자유선택활동 ⇨ 유아가 주도하는 놀이로 대체
- ◎ ★충분한 놀이시간 확보 권장
  - 몰입하여 놀이를 즐길 수 있도록 여유 있게 시간을 확보
- ◎ 유아 놀이, 배움의 의미에 대한 ★재이해
  - 놀이가 가지는 배움의 의미를 새롭게 이해, 스스로 놀이하며 배우고 있는지에 대한 걱정과 불안, 놀이 < 활동을 통해 지식을 가르치는 것에 집중한다는 반성
  - [교사] 가르치지 않아도 유아가 놀이하며 스스로 배울 수 있음을 이해
  - ★★★5개 영역의 내용 = 교사가 가르쳐야 할 내용 ×, 유아가 경험하며 스스로 배우는 내용

- **5개 영역의 내용 ★간략화**
  - 「3-5세 연령별 누리과정」 369개의 세부내용 ⇨ 총 59개의 내용으로 간략화
- ◎ 유아가 ★경험해야 할 내용을 ★연령 구분 없이 제시
  - ★[이유] ① 경험해야 할 내용을 연령에 따라 인위적으로 제한하기 어려움
    ② 연령별 구분이 개별 유아의 배움의 특성을 제한 우려
  - 유아가 놀이하는 실제 내용을 중심으로 누리과정을 운영해갈 수 있는 토대
- ◎ 간략화된 내용으로 교사의 누리과정 실천 지원
  - 간략화의 의의: 누리과정의 5개 영역을 유아의 놀이를 중심으로 실천할 수 있도록 도움
  - ★과다한 내용을 모두 가르쳐야 한다는 생각에서 벗어남 ⇨ 간략화된 내용을 유아의 놀이를 통한 배움과 연결하여 이해

- **교사의 자율성 강조(5)** (자율×4, 다양×1)
- ◎ 교육과정 ★대강화 경향을 반영하여 ★교사의 자율성 강조
  - 국가 수준 교육과정의 최소한의 기준 제시(자율성, 다양성을 최대한 존중하기 위함)
  - [교사의 자율성 중요시하는 이유] 학습자 중심의 배움을 실현하는 데 교사의 교육적 판단이 중요한 역할
    - ∵ 놀이는 예측하기 어렵고, 상황에 따라 다양하게 일어남
    - ⇨ 자율성을 기반으로 상황에 적합한 판단해야 함
- ◎ 계획안 형식과 방법의 자율화
  - 계획안을 각 기관의 실정에 따라 자율적으로 작성하도록 함
  - ★사전 계획을 최소화 ⇨ 유아가 실제 놀이하는 내용 + 교사의 지원 계획을 자율적으로 기록하는 방식으로 개선
- ◎ 흥미 영역의 운영 방식 자율화
  - 고정된 흥미 영역의 개수, 유형, 운영 방식 등을 자율적으로 개선
  - 미리 계획한 생활주제에 맞지 않더라도 ⇨ 교사가 유아의 관심과 생각을 우선적으로 존중, 지원
- ◎ 5개 영역 통합 방식의 다양화
  - 놀이하면서 자연스럽게 5개 영역을 통합하여 경험
- ◎ 평가의 자율화
  - ★기관과 학급(반) 수준에서 평가의 자율적 시행을 강조
  - 유아의 실제 경험을 평가와 연계하여 이해하도록 평가의 자율성을 보장
  - 유아가 ★실제 놀이하는 내용 + 교사의 지원 내용을 기록한 계획안 등을 유아 평가, 누리과정 운영 평가와 연계하여 활용

V. 개정누리 과정의 구성	○ ★누리과정(3) = ① 성격, ② 총론, ③ 영역별 목표 및 내용으로 구성
	  * 성격: 국가 수준 공통 교육과정임을 명시
	  * ★총론(2): ① 누리과정의 구성 방향(3)(추구하는 인간상, 목적과 목표, 구성의 중점)
	           ② 누리과정의 운영(3)(편성·운영, 교수·학습, 평가)
	  * 영역별 목표 및 내용: 5개 영역의 목표와 59개의 내용

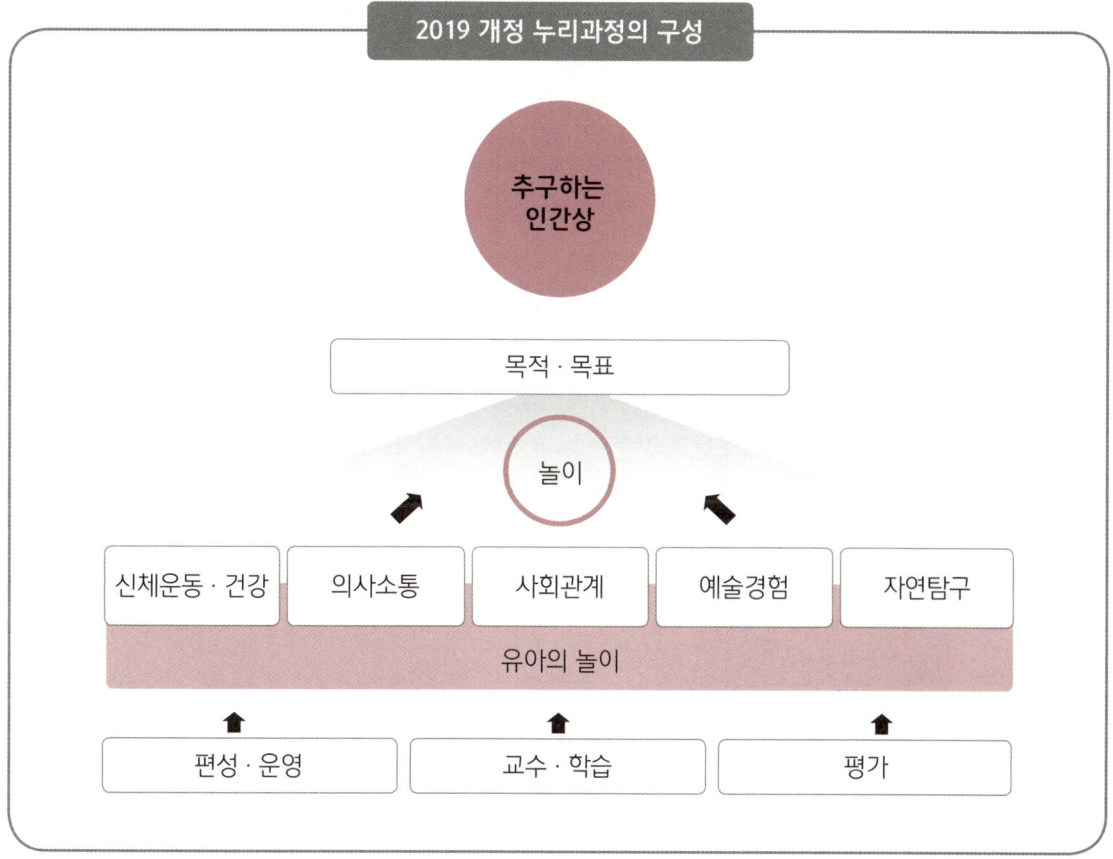

2부 | 총론

(해설서 p.24~56)

★ Ⅰ. 성격

★★★ 성격 | 누리과정은 3~5세 유아를 위한 국가 수준의 ★★★공통 교육과정이다.

* 국가 수준 교육과정의 구성 체계 확립의 출발점
  * ★'성격' 항목을 신설(국가 수준 교육과정의 구성 체계를 확립)
  * 「2015 개정 초·중등학교 교육과정」 성격의 구성 체계와 연계
* '공통'이란 유치원과 어린이집 모두를 지칭
  * 유치원과 어린이집에서 누리과정을 운영할 때 우선적으로 고려해야 할 공통적이고 일반적인 기준을 국가가 고시한 것
    ⇨ 차별 없이 양질의 교육적 경험

가. ★★국가 수준의 공통성과 지역, 기관 및 개인 수준의 다양성을 동시에 추구한다.
* 국가 수준의 공통성: 유치원과 어린이집에서 교육과정을 구성하고 운영할 때 고려해야 할 공통적이고 일반적 기준
* 지역 수준의 다양성: 지역사회의 상황과 여건을 고려하여 누리과정을 특색 있게 운영
* 기관 수준의 다양성: 국가, 지역 수준의 교육과정 반영 + 각 기관의 철학, 학급(반) 및 학부모의 특성에 따라 운영
* 개인 수준의 다양성: 교사가 담당 학급(반) 유아의 연령 및 개별 특성, 발달 수준 등 개인차를 교육과정에 반영하여 운영

나. ★유아의 전인적 발달과 행복을 추구한다.
* 전인적 발달: 건강하고, 자주적이고, 창의적이며, 감성이 풍부하고 더불어 사는 사람으로 성장한다는 것
* 행복: 자유롭게 놀이할 때 행복해짐

다. ★★★유아 중심과 놀이 중심을 추구한다.
* 유아 중심 추구: 유아의 건강과 행복, 놀이를 통한 배움의 가치를 최대한 존중하여 반영
  by 교사가 유아의 목소리에 귀 기울이며, 유아의 의견을 존중
* 놀이 중심 추구: '유아가 주도하는 놀이'를 중심으로 교육과정을 구성하고 운영
  * 유아는 놀이를 하며 세상 탐색, 사람들과 교류, 놀이를 통해 자연스럽게 배움
  * 교사가 계획하여 주도하는 교육과정, 유아가 주도적으로 놀이하며 배우는 교육과정으로의 변화

라. ★유아의 자율성과 창의성 신장을 추구한다.
* 자율성 신장: 스스로 자신이 할 수 있는 일을 하고, 하고 싶은 일을 선택하며, 책임지는 경험하기
* 창의성 신장: 호기심을 가지고 주변 세계를 탐색, 탐구하며 재미있는 상상을 해나가고 자신만의 방식으로 놀이를 변형하고 창조
* 교사의 유아 자율성, 창의성 신장 지원 방법: 유아가 스스로 문제 해결하는 것 격려, 자신의 경험과 생각을 자유롭게 표현할 수 있도록 도와줌

마. ★유아, 교사, 원장(감), 학부모 및 지역사회가 함께 실현해가는 것을 추구한다.
* 협력 및 참여를 통해 함께 실현해가는 교육과정
* 교사, 원장(감) = 교육과정의 주체(유아의 관심과 흥미 및 놀이에 대한 이해를 바탕으로 유아의 놀이를 지원), 부모교육의 주체(학부모가 유아·놀이 중심 교육과정의 의미를 이해하고 협력하도록)
* 학부모: 유아가 가정과 기관에서 주도적으로 충분히 놀이할 수 있도록 기관과 협력하고 지원
* 유치원과 어린이집: 지역사회의 인적, 환경적, 문화적 자원을 통해 유아가 풍부한 경험을 할 수 있도록 지원

Ⅱ. 구성 방향

★★★ 추구하는 인간상(5)

- 미래의 핵심역량을 반영한 ★초·중등학교 교육과정의 인간상과 연계
- 교사: 놀이를 통해 인간상을 ★통합적으로 경험하도록 지원
- ★추구하는 인간상 = 이미 일상에서 놀이하며 배우는 현재의 모습 + 동시에 앞으로 배우며 성장해야 할 모습

가. ★★★건강한 사람 = 몸 + 마음이 고루 발달, 스스로 건강함을 유지 + 안정적이고 안전한 생활을 하는 사람
- 누리과정에만 제시된 인간상(일생에서 가장 중요한 신체와 정신 건강의 기초를 형성하는 유아기의 특성을 고려)
- 유아 특성: 몸을 자유롭게 움직이며 놀이하는 것을 좋아함, 세상과 즐겁게 교류, 자신의 건강과 안전을 스스로 지킴
- 지원: 튼튼한 몸 + 안정된 정서(바탕) ⇨ 자신을 소중히 여기며, 일상에서 건강한 생활을 실천, 위험한 상황에서 자신을 보호하는 경험을 통해 건강한 사람으로 성장

나. 자주적인 사람 = 자신을 잘 알고 존중하며 자신감을 가지고 스스로 할 수 있는 일을 주도적으로 해나가는 사람
- 유아 특성: 하고 싶은 놀이나 일을 스스로 결정, 적극적으로 참여하며 이끎
- 지원: 자신에 대한 이해(바탕) ⇨ 자신을 ★가치 있고 긍정적인 존재로 여기며, 잘 할 수 있는 일이 무엇인지 알고 자신의 능력을 확장하기 위해 스스로 노력하는 사람으로 성장

다. 창의적인 사람 = 주변 세계에 열려 있고, 호기심이 많으며, 자기만의 방식으로 상상하고 느끼고 표현하고 탐구하는 가운데 새롭고 독창적인 생각을 하는 사람
- 유아 특성: 자연, 일상에서 만나는 다양한 사물, 문제에 호기심이 많고 상상력이 풍부하며 궁금한 것을 적극적으로 탐구하면서 스스로 답을 찾아냄
- 지원: 놀이를 통해 관심과 흥미에 따라 세계를 탐색, 도전, 실험하는 과정에 적극적으로 참여하는 사람으로 성장

라. ★감성이 풍부한 사람 = 예술을 사랑, 존중하며 자신을 둘러싼 주변 세계에 경이감, 아름다움을 느끼고 즐길 수 있는 풍부한 ★문화적 감수성을 지닌 사람
- 교양 있는 사람(초·중등학교 교육과정, 유아기 특성 고려하여 적절한 표현으로 조정)
- 유아 특성: 다양한 사물과 매체, 사람과 자연에 민감 + 주변의 다양한 예술과 문화에 관심을 가지며 그 속에서 아름다움과 재미를 발견 ⇨ 다양한 언어, 노래, 몸짓으로 표현
- 지원: 일상과 놀이 속에서 아름다움을 발견, 공감 ⇨ 다양한 예술로 표현, 문화를 향유하는 사람으로 성장

마. 더불어 사는 사람 = 사회에 소속감을 느끼고, 다른 사람과 생명을 존중, 자연과 더불어 살아가며 보다 나은 사회를 만들기 위해 사회문제에 관심을 갖고 협력하는 민주 시민
- 유아 특성: 주변 사람을 포함한 모든 생명에 대한 감수성이 뛰어나며, 자신과 친근한 사람 및 주변 세계와 관계를 맺으면서 자발적으로 사회질서와 소통 방식을 배워나감
- 지원: 가족, 이웃, 동식물과 주변 환경에 관심을 가지고 소중히 여기며, 서로 배려하는 마음과 태도, 책임 의식을 가진 사람으로 성장

★★★ 목적과 목표

- 추구하는 인간상 = 교육적 비전(우리나라 ★모든 학교 교육과정이 공통적으로 추구)
- 목적 =
  - ★각 학교 급에서 학습자의 특성을 고려하여 지향하는 교육 목적
  - 유아기의 특성을 반영하여 누리과정이 지향해야 하는 바를 제시함
- 목표 =
  - 유아가 추구하는 인간상으로 성장하기 위해 필요한 사항을 중심으로 구성
  - 인간상의 구체적인 내용을 설명함
    ⇨ ★인간상, 목적, 목표 = 체계적으로 연계되어 있음

- * ★★★누리과정의 목적 = 유아가 ★놀이를 통해 심신의 건강과 조화로운 발달을 이루고 ★바른 인성과 민주 시민의 기초를 형성하는 데에 있다.
- * ★놀이를 통해: 유아기의 고유한 특성 강조 ★'바른 인성' 추가
- * ★하위 목표(5)(새롭게 조정 제시)

Ⅱ. 구성 방향

가. 자신의 소중함을 알고, 건강하고 안전한 생활 습관을 기른다. ⇨ '건강한 사람'으로 성장
- 몸, 마음에 대한 긍정적인 생각을 키워, 자신을 소중히 여기는 사람으로 성장하도록 돕기
- 신체 리듬에 맞게 생활 + 위험한 상황에 대처하는 방법들을 배울 수 있도록 지원

나. 자신의 일을 스스로 해결하는 기초능력을 기른다. ⇨ '자주적인 사람'으로 성장
- 자신의 생각과 능력을 알고, 자신감(바탕) ⇨ 자신의 일을 스스로 결정, 해결하기 위해 필요한 기초능력을 기르도록 돕는 것
- 좋아하고 잘할 수 있는 일 알기 by 하고 싶은 놀이에 적극적으로 참여. 다양한 시도
- 자신이 가진 여러 가지 능력을 확장하는 경험이 필요함
- Self: 자신을 이해하고 소중히 여기며 자신의 일을 주도적이고 자율적으로 해결
- With Others: 다른 사람과 함께 생활하는 동안 자신의 생각을 자신 있게 표현하며, 주어진 일에 책임감을 가지고 해결

다. 호기심과 탐구심을 가지고 상상력과 창의력을 기른다. ⇨ '창의적인 사람'으로 성장
- 놀이를 통해 유아는 한 번도 해 보지 않은 독특한 상상을 하고 누구도 생각하지 못한 새로운 생각을 만들어냄
- 주변 세계에 대한 호기심, 자유롭게 상상하며, 융통성 있는 발상의 전환을 지원
- 새로운 일에 대한 열린 태도, 도전 정신, 독창적인 능력을 키우도록 지원

라. 일상에서 아름다움을 느끼고 ★문화적 감수성을 기른다. ⇨ '감성이 풍부한 사람'으로 성장
- 자연과 문화에 대한 감수성(바탕)
- 유아는 자신이 느낀 아름다움과 경이로움, 시적인 감수성을 예술적으로 표현하는 과정을 즐기며, 자연과 문화에 대해 열린 마음을 가지고 향유해야 함
- 놀이를 통하여 문화적 공감 능력과 심미적 감수성을 키워갈 수 있도록 지원

마. 사람과 자연을 존중하고 배려하며 소통하는 태도를 기른다. ⇨ '더불어 사는 사람'으로 성장
- 가족과 친구, 이웃과 관계를 맺고 필요할 때 도움을 주고받으며 다른 사람들과 갈등을 원만하게 해결해 보는 경험 필요
- 놀이를 통하여 자연을 소중히 여기고 다른 사람과 협력, 소통하는 방법을 경험할 수 있는 기회를 제공, 공동체 의식과 민주 시민의 역량을 키울 수 있도록 지원

★★★ 인간상, 목표, 5개 영역과의 연계성
- 누리과정은 유아가 ★현재 경험하는 내용이 중요함을 강조: 유아는 현재의 경험을 통하여 미래로 성장해 감
- 5개 영역의 내용을 일상적으로 경험하며 ★★궁극적으로 추구하는 인간상을 향하여 성장함
- ★★누리과정의 목표는 5개 영역의 목표와 일대일 대응 관계 ✕
- ★★★인간상과 목표는 일대일 대응 관계 ◯ (달라진 내용)

★★ 구성의 중점(5)

가. 3~5세 모든 유아에게 적용할 수 있도록 구성한다.
- * ★모든 유아: 연령, 발달, 장애, 종교나 가족구성, 지역 등의 사회·경제적 배경과 문화적 배경에 의해 배제, 차별 ✕
- 국가 수준의 교육과정, 유치원과 어린이집에 다니는 3~5세 유아가 경험해야 할 공통적이고 일반적 기준을 제시
- 유아의 관심사, 능력, 발달적 요구 등의 차이를 존중

Ⅱ. 구성 방향	나. ★**추구하는 인간상 구현**을 위한 **지식, 기능, 태도 및 가치**를 반영하여 구성한다. 　◦ 'OECD 교육 2030' 교육과정의 국제적 동향: 지식, 기능, 태도 및 가치 – 미래 사회 역량과 연계하여 설명 　◦ 배움의 주체인 학습자는 ★'역량 중심 교육과정'을 통해 지식, 기능, 태도 및 가치를 경험 　　⇨ 이를 바탕으로 주도적으로 배움의 방향을 찾아가며 궁극적으로 개인과 사회의 안녕을 추구 다. **신체운동·건강, 의사소통, 사회관계, 예술경험, 자연탐구**의 5개 영역을 중심으로 구성한다. 　◦ 자연스럽게 **경험하거나 경험해야 하는** 교육내용을 5개 영역으로 나누어 제시 　◦ ★[주의] 5개 영역을 분절하여 이해하거나 특정 교과 또는 연령별로 가르쳐야 하는 세부내용으로 이해하지 않도록 유의함 　◦ ★★5개 영역의 통합적 실천이 중요 라. ★★★3~5세 유아가 **경험해야 할 내용**으로 구성한다. 　(배워야 할 ✕ 경험해야 할 ○ / 연령별 구분 ✕) 　* 경험 = 유아가 생활하며 **직접 체험**, 추상적 지식이 아닌 교육과정의 실제를 의미 　◦ 5개 영역의 내용을 총 **59개 내용**으로 ★간략화 　◦ 자신의 연령과 발달에 따라 자연스럽게 놀이하며 배우는 경험을 있는 그대로 이해할 필요 ○ 마. ★★**0~2세 보육과정** 및 **초등학교 교육과정**과의 **연계성**을 고려하여 구성한다. 　◦ 0~2세 보육과정 내용과 3세 유아의 경험이 분절되지 않고 자연스럽게 연계되도록 구성함 　◦ 초등학교 교육과정과의 연계를 위하여 교육내용의 ★계열성을 포함하여 체계와 형식을 통일하여 구성함 　◦ ★추구하는 인간상, 목적, 목표 등에서는 초등학교 교육과정과 형식은 통일하되, 유아기의 고유한 특성이 드러나도록 내용을 구성 　◦ 3~5세의 경험과 초등학교 1학년에서의 경험이 단절되지 않고, ★유아들이 순조롭게 **전이**하도록 구성
Ⅲ. 누리과정의 운영	★★ **편성·운영** 　(기존 누리과정에서는 편성, 운영이 분리되었으나, 통합됨) 가. **1일 4~5시간**을 **기준**으로 편성한다. 　* 1일 4~5시간의 의미: 유아·놀이 중심 교육과정의 운영 시간 + 국가가 누리과정 운영에 필요한 행정적·재정적 지원을 하는 시간 나. **일과 운영**에 따라 **확장**하여 편성할 수 있다. 　◦ 각 기관의 실정과 지역적 특성을 반영하여 융통성 있게 편성·운영 　◦ 운영 시간을 확장하여 편성·운영할 경우에도 개정 누리과정이 지향하는 ★유아·놀이 중심 교육과정이 이루어질 수 있도록 다. ★누리과정을 바탕으로 **각 기관의 실정**에 적합한 **계획**을 수립하여 운영한다. (교육계획 수립) 　◦ 각 기관의 실정에 적합한 계획: 교사가 기관과 학급(반) 수준에서 유아의 놀이를 지원하기 위해 필요한 사항을 미리 생각하여 준비하는 모든 과정이 포함 가능 　◎ **자율적인 계획** 수립 　　① 기관과 교사의 '자율성'을 강조 (★계획안의 **종류, 형식, 분량** 등을 자율적으로 조정하여 작성) 　　　예 매년 작성하는 연간 계획 이외에 월간과 주간, 주간과 일일 계획을 통합 or 　　　　기관과 담당 학급(반) 특성에 따라 간단한 일지 등을 활용하여 계획안을 작성 　　② 교육 + 보육 모두를 포괄하여 ★'놀이를 중심으로 기록'하고 ★'교사의 지원 방안'을 기술 　　③ 활동할 내용을 미리 계획하여 안내하는 방식 ⇨ 실제 놀이한 내용, 배움에 대한 기록을 **공유**하는 방식으로 변화 　◎ **유아의 놀이**를 **지원하는 계획안** 작성 　　◦ 계획안 작성의 중심: 유아가 놀이하며 경험한 내용 　　◦ 계획안 내용: 놀이한 내용 + 놀이를 지원하는 내용을 포함 + 안전 관련 사항, 유아 개별 지원 사항 　　　　(정해진 형식 ✕, 자율적인 형식으로, ★사전 계획을 최소화) 　　◦ 계획안 자율적 작성 + 사전 계획을 최소화 ⇨ 교사가 유아 주도 놀이를 적극적으로 지원 가능

Ⅲ. 누리과정의 운영

라. 하루 일과에서 ★바깥 놀이를 포함하여 ★유아의 놀이가 충분히 이루어지도록 편성하여 운영한다.
  ◦ 유아의 흥미와 관심에 따라 놀이를 충분히 즐길 수 있도록 탄력적으로 편성·운영하는 것이 중요

◎ 융통성 있는 하루 일과 운영
  ◦ 유아의 하루 일과 = ① 놀이, ② 일상생활, ③ 활동 등
    ① 놀이: 바깥 놀이를 포함하여 하루 일과 중 ★가장 길게, ★우선적으로 편성·운영
    ② 일상생활(등원, 손 씻기, 화장실 다녀오기, 간식, 점심, 낮잠, 휴식): 신체적 리듬을 반영하여 편성·운영
    ③ 활동: 놀이를 통한 배움을 확장해 갈 수 있도록 돕는 교사의 지원, 유아 주도 놀이를 지원하기 위해 필요에 따라 활동을 계획하여 운영 가능
  ◦ 유아가 주도하는 놀이의 흐름에 따라 융통성 있게 일과를 운영(활동 모두 하기 ×, 정해진 순서대로 일과를 운영 ×)

◎ ★★★2시간 이상의 충분한 놀이시간 운영
  ◦ 놀이시간 제공: 짧게 여러 번 제공 < ★긴 시간으로 편성 ⇨ 놀이의 흐름이 끊기지 않고 + 충분히 놀이, 몰입
    • 바깥 놀이를 포함하여 놀이시간을 2시간 이상 확보(날씨와 계절, 기관의 상황, 유아의 관심사와 놀이 특성 등을 고려)
      예 바깥 놀이 ⇨ 실내 놀이(미세먼지, 날씨 등을 고려), 다른 날은 바깥 놀이를 길게 편성할 수도 있다.

마. 성, 신체적 특성, 장애, 종교, 가족 및 문화적 배경 등으로 인한 차별이 없도록 편성하여 운영한다.
  ◦ 자신과 상대와의 다른 점을 틀린 것 × ⇨ 다른 특성으로 받아들이고 편견 없이 대할 수 있도록 지원
  ◦ Do not: 비교, 평가, 불이익 × / 고정적인 성 역할, 특정 종교를 강요 ×
  ◦ Do: 다양한 가족 형태 및 문화적 배경을 이해할 수 있는 경험을 제공 ⇨ 다양성을 존중, 배려

바. 유아의 발달과 장애 정도에 따라 조정하여 운영한다.
  ◦ 자신에게 적합한 방식으로 놀이할 수 있도록 누리과정을 조정하여 운영
  ◦ 발달 지연 또는 장애 유아도 또래 유아와 함께 하는 경험이 필요
  ◦ 모든 유아가 ★보편적인 환경에 접근, 참여할 수 있도록 교육환경·내용·방법 등을 조정하여 운영
  ◦ 특수학급, 통합학급 편성 가능
  ◦ 교사의 지원: 장애 유아의 특성과 요구를 파악하여 ★'개별화교육계획'을 수립, 개별 장애 유아의 교육적 요구에 적합한 교육 실시, 고안된 장치, 보조기구, 자료를 활용하여 유아가 장애로 인한 불편함을 덜 느낄 수 있도록 지원
  ◦ 관련 기관의 전문가와 서로 소통하고 협력하는 것이 중요

사. 가정과 지역사회와의 협력과 참여에 기반하여 운영한다.
  ◦ 교육과정의 주체인 가정, 기관, 지역사회 등과 상호 연계, 협력해야 함
  * 가정과의 협력과 참여
    • 유아·놀이 중심 교육과정 운영을 위해 부모의 역할이 가장 중요
    • ★부모의 역할: 이해(놀 권리 + 놀이하며 배우는 놀이의 가치) + 가정에서 유아의 놀이를 지원
    • ★부모 지원 방법: 부모 참여, 간담회, 워크숍, 상담 등 기회 제공
  * 지역사회와의 협력과 참여
    • 지역사회: 유아의 다양한 경험을 지원하는 풍부한 자원
    • 교사의 지원: 유아들이 지역사회의 여러 기관이나 장소를 직접 경험하면서 지역사회에 관심을 가질 수 있도록 지원
      예 지역사회 문화예술단체와 시설, 공공기관 및 지역 인사 등을 활용하여 유아의 경험 확장 기회를 마련

아. ★★**교사 연수**를 통해 누리과정의 운영이 **개선**되도록 한다.
- 교사: 유아의 놀이와 배움을 지원하는 교육과정의 주체 + 유아와 함께 배우고 성장하는 전문가
- 누리과정의 실행자로서 유아의 '놀이를 지원'하는 교사의 역할을 강조
- 누리과정의 실천, 지속적인 개선을 위해서는 ⇨ 교사 연수 필수
- 교사 연수: 다양한 유형의 교육, 배움 공동체, 소모임 등 자발적 참여

★★ 교수·학습

- 교사를 유아의 '놀이 지원자'로 제안
- [교사] 놀이의 특성, 의미, 가치를 이해하여 유아가 즐겁게 놀이하면서 배우는 경험을 지원
- 적절하게 환경을 구성, 유아와 바람직한 상호작용을 하여 유아가 놀이에 몰입하고 놀이를 확장하도록 돕는 역할

Ⅲ. 누리과정의 운영

가. 유아가 **흥미**와 **관심**에 따라 놀이에 **자유롭게 참여**하고 **즐기도록** 한다.
- ★유아가 주도하는 놀이 = 유아가 자신만의 방식으로 자유롭게 이끌어 가는 놀이를 의미
- 유아 주도 놀이 활성화, [언제?] 성인의 간섭과 통제가 최소화, 유아가 다양한 놀이 환경과 만날 때
- 교사가 미리 준비한 놀이를 선택하게 하는 방식 × < 자유롭게 놀이하며 즐기는 방식
- 유아에게 놀이는 앎, 삶의 방식 / 놀이를 통해 자신이 경험한 세상을 재구성, 세상에 대한 이해를 넓힘
- [교사] 놀이 상황, 맥락에 따라 새롭게 생성되는 유아의 놀이를 존중, 이해하면서 유아가 필요로 하는 놀이자료, 놀이 공간, 놀이 규칙과 안전 등을 고려하여 필요한 지원

나. ★★★유아가 놀이를 통해 **배우도록** 한다.
- ★놀이를 통한 유아의 배움을 강조

◎ **놀이를 통한 배움의 이해**
- 놀이 = 시작과 끝이 정해져 있는 것 ×, 이어지고 끊어지며 새롭게 생성되어 가는 연속적 과정 = 곧 배움의 과정
- 5개 영역, 59개의 내용 = 3~5세 유아가 유치원과 어린이집에서 경험해야 할 '의미 있고 가치 있는 배움의 내용'으로 구성 = ★가르쳐야 할 내용 × < 유아가 즐겁게 놀이하면서 배우는 내용

◎ **놀이와 연계한 활동을 통한 유아의 배움 지원**
- 일상생활, 활동에도 유아의 흥미와 관심을 반영하여 유아가 즐겁게 경험하며 배우도록 지원
- [교사의 활동 운영 시] 유아가 주도하는 놀이의 내용과 연계 & 계획했더라도 언제든지 수정 가능
  - 예 유아가 하고 있는 놀이에 부합하면서 유아의 흥미나 관심과 관련된 동화 듣기, 노래 부르기, 요리하기, 게임(활동) 등을 제안, 놀이를 친구들에게 소개하기, 놀이 규칙 정하기, 특정 관심사에 대해 함께 알아보기 등 상황에 따라 이야기를 나누기
- ★미리 정해진 생활주제에 따라 활동을 진행 × < 유아가 주도해 가는 놀이와 연계하여 활동을 진행 ○
- [안전교육 계획] 건강과 안전을 위해 필수적으로 요구되는 일상생활 습관 지도나 안전교육을 계획하여 운영
- [안전교육 실시] 놀이 안전, 생활 안전을 지키고 + 위험한 일이 발생하였을 때 도움을 받아 대처할 수 있는 능력을 기르는 안전교육
- [안전교육이 필요한 항목] 화재안전, 교통안전, 약물안전, 유괴에 대처하는 방법 등 in 안전교육 관련 법령 및 지침 등

◎ **자율성**을 바탕으로 유아의 놀이 배움 지원
- 유아가 놀이에서 경험하는 배움을 지원하기 위해 교사의 자율성을 강조
- [교사] 상황에 따라 필요한 교육적 판단을 자율적으로 할 수 있어야 한다.
  - 예 유아의 놀이를 존중하여 계획된 활동을 변경
- [유아의 놀이를 존중한다는 것] = 배움에 필요한 지원 내용을 생각, 준비, 지원하는 과정을 모두 포함

- ○ [교사의 자율적 판단의 근거] = 관찰기록(놀이하며 경험한 내용, 놀이에서 나타나는 배움 기록)
- ○ 교사는 계획안을 활용 ⇨ 유아가 실제 놀이한 내용 + 교사의 지원 내용도 함께 작성
- ○ 계획안은 유아가 놀이하며 배우는 과정을 '이해'하는 자료가 되며, 이를 작성하면서 유아에게 '필요한' 놀이 지원도 함께 계획 가능

다. 유아가 다양한 놀이와 활동을 경험할 수 있도록 실내외 환경을 구성한다.
- ○ (보고 듣고 만지며 자유롭게 표현할 수 있는) 놀이 환경 = 유아가 놀이하는 실내외 모든 공간 + 놀이자료 / 중요한 교육적 자원

◎ **다양하고 안전한 실내 놀이 공간 구성**
- ○ [교사] 놀이 공간을 구성하고 변형해 나가며 유아의 자유로운 놀이를 지원
- ○ [교실의 흥미 영역 구성] 가장 좋아하는 놀이 중심 구성, 유아들이 흥미를 보이지 않는 영역
  = ★다른 영역과 통합하여 재구성, 대체 / 관심과 흥미, 요구에 따라 새로운 영역을 구성 ○
- ○ ★유아가 주도적으로 놀이 영역을 창조할 수 있도록 지원 (cf. 안전에 문제가 없는지 먼저 파악)

* **실외 놀이 공간 구성**
  - 실외 공간 = 유아가 마음껏 뛰어놀며, 자연과 계절의 변화를 만나고 탐색할 수 있는 놀이 환경
  - 안전하게 놀이할 수 있는 공간과 자료로 구성
  - 활발한 신체 움직임을 바탕으로 모험, 도전을 하면서 궁금한 것을 찾아 자유롭게 탐색하는 놀이를 다양하게 경험할 수 있는 놀이 환경을 구성
  - 실외 자투리 공간, 텃밭, 통로, 작은 마당 등은 공간의 특성과 안전을 고려하여 놀이 환경으로 구성
  - 유치원과 어린이집의 상황에 따라 인근 공원과 놀이터 등도 놀이 공간으로 활용

◎ **풍부한 놀이자료 제공**
- ○ 놀이자료 = 놀이에 사용할 수 있는 놀잇감, 매체, 재료와 도구 등을 포함
- ○ 자신의 감정과 생각, 상상 등을 자유롭게 표현하는 수단이자 세상에 대한 이해를 넓혀 나가는 데 중요한 역할을 하는 매개
- ○ ★비구조적인 열린 자료를 풍부하게 제공하여 유아가 자신만의 방식으로 활용할 수 있도록 지원
- ○ 유아가 찾아낸 새로운 놀이자료나 창의적인 놀이 방식을 인정, 존중
- ○ [★놀이자료 제공 시 유의] 유아가 자유롭게 탐색할 수 있도록 자료의 사용 방법이나 놀이 방식을 지나치게 제한하지 않도록

라. 유아와 유아, 유아와 교사, 유아와 환경 간에 능동적인 상호작용이 이루어지도록 한다.
- ○ [유아] 또래, 교사 및 자신을 둘러싼 환경 등과 관계를 맺으며 성장
- ○ 놀이에서 또래 친구와 교사, 자연 환경 등과 적극적으로 상호작용하면서 세상을 이해하고 배움
- ○ [교사] 유아가 놀이에서 만나는 다양한 관계에 관심을 기울이고 함께 상호작용을 하며 배움을 지원

◎ **유아와 유아 간의 상호작용**
- ○ 유아가 주도하는 놀이 중심의 개정 누리과정에서는 유아와 유아 간의 상호작용이 더 활발하고 빈번하게 일어난다.
- ○ 또래와 함께하는 놀이의 기능: 자신의 생각을 표현, 생각을 바꾸기, 더 재미있게 놀이하기 위해 양보, 배려, 다른 의견을 수용하여 조절하는 경험
- ○ [교사] 유아들이 자유롭고 활기차게 놀이할 수 있는 '분위기를 제공'하여 유아 간의 다양한 상호작용을 격려

◎ **교사와 유아 간의 상호작용**
- ○ [교사] 유아의 놀이에 귀 기울여 놀이의 의미와 배움을 발견 ⇨ 확장하기 위해 다양한 상호작용하기
- ○ [교사의 상호작용]
  ① 유아의 흥미와 관심이 어디에 있는지 파악하고 ⇨ 칭찬, 격려, 미소, 공감 등 '정서적 또는 언어적 상호작용'을 통해 유아의 놀이를 긍정적으로 '수용'하고 '격려'
  ② 답이 정해진 질문, 일방적으로 지식을 전달 × < 유아의 흥미와 관심에 '교감'하며 '놀이를 지원' 하는 상호작용

Ⅲ. 누리과정의 운영

③ 유아와 주변세계를 이해하는 '공동의 놀이자'로서 놀이에서 발생하는 문제를 함께 해결하면서 유아의 배움을 이끄는 상호작용
- [교사에게 필요한 태도]: 유아의 놀이에서 나타나는 상상력과 사물을 의인화하여 이해하는 유아의 '독특한 놀이 표현'을 지지하고 함께 교감하는 태도

◎ 유아와 환경 간의 상호작용
- 환경 = 유아의 놀이가 활성화되는 배경 + 유아가 다양한 배움을 경험하는 원천
- 유아와 환경 간의 상호작용: 유아 주변의 친근한 공간, 자료, 일상생활에서 자연스럽게 접하는 모든 환경과의 교감을 포함
- 놀이에서 다양한 사물, 자료, 자연물 등을 만지고 움직여 보며 새로운 흥미와 관심을 가지게 되고, 이는 창작적 표현으로 이어짐
- 유아가 환경과 교감하면서 표현하는 말과 행동은 모두 유아가 환경과 상호작용하며 배우는 과정
- [교사] 유아와 환경 간의 상호작용에 주의를 기울이고 존중하며 유아들이 환경과 즐겁게 상호작용할 수 있도록 지원

마. 5개 영역의 내용이 ★통합적으로 유아의 경험과 연계되도록 한다.
- [교사] 5개 영역의 내용이 유아가 놀이를 하며 통합적으로 경험하는 것임을 이해
- [유아] ★놀이를 하며 이미 5개 영역을 통합적으로 경험함 / 경험은 영역별로 이뤄지지 ×
  - 예 유아는 모래놀이를 하며, 신체를 움직이고(신체운동·건강), 친구와 대화도 하며(의사소통), 그림도 그릴 수 있다(예술경험). 모래와 물을 섞으며 물질의 변화에 대해 호기심과 탐구심(자연탐구)을 가질 수도 있다.
- 놀이에서 5개 영역의 내용이 자연스럽게 통합적으로 나타나는 것을 발견
  ⇨ 유아가 놀이하며 배우고 있음을 알 수 있다.
* 5개 영역의 내용: 정해진 생활 주제 + 유아의 관심과 흥미에 따라 다양하게 통합 가능
  • 유아가 관심을 가지는 그림책, 사물, 우연한 상황 등도 충분히 유아의 '경험'을 '통합적으로 연계하여 지원'할 수 있는 자원 ○
    - 예 유아가 놀이하면서 자연스럽게 경험하게 되는 계절, 국경일 + 유아가 놀이하면서 관심을 보이는 동화나 곤충, 그네 등과 같은 주제 등을 '유아의 경험'과 '5개 영역을 통합적으로 연계하여 지원'
  • [교사의 지원] 놀이 상황, 맥락에 따라 5개 영역을 다양한 방식으로
    ⇨ 융통성 있게 유아의 경험과 연계하여 지원할 필요 ○

바. 개별 유아의 요구에 따라 휴식과 일상생활이 원활히 이루어지도록 한다.
- 하루 일과에 놀이 + 휴식을 적절하게 안배, 개별 유아의 요구를 반영
- 건강 상태, 날씨나 계절, 기관의 상황 등에 따라 하루 일과를 융통성 있게 운영
- 획일적인 하루 일과 운영 < 배변이나 낮잠, 휴식 등 유아마다 다른 신체 리듬을 반영하여 운영
- 놀이의 상황과 개별 유아의 요구 등을 적절히 반영

사. 유아의 연령, 발달, 장애, 배경 등을 고려하여 개별 특성에 적합한 방식으로 배우도록 한다.
* 유아의 연령, 발달 고려: 같은 연령이라도 개별 유아의 특성이 다르듯이 유아가 놀이하는 모습도 다르게 나타난다.
* 유아의 배경 고려: 가정에서 경험하는 다양한 문화적 특성을 서로 인정, 존중, 가치 있게 여길 수 있어야 한다.
* 유아의 장애 등 고려: 서로 다른 관심과 능력을 가지고 있으며 다양한 맥락 속에서 자신만의 방식으로 놀이하고 배움
  • [교사] 유아의 특성에 적합한 지원을 위해 발달적 특성이나 장애 정도, 문화적 배경을 우선적으로 파악해야 하며, 필요할 경우 관련 기관 또는 전문가와 협력

Ⅲ. 누리과정의 운영

★★ 평가

- ★간략화, 각 기관의 자율적인 평가를 강조
- 평가의 목적, 대상, 방법, 결과의 활용을 바탕으로 누리과정 평가를 자율적으로 실시

가. 누리과정 운영의 질을 진단하고 개선하기 위해 평가를 계획하고 실시한다. (평가의 목적)
- 지역 특성, 각 기관 및 학급(반)의 상황과 요구를 고려, ★'자율적으로 평가 계획'
- ★평가의 내용, 평가 주기 및 시기, 평가 방법 등에 대한 계획은 각 기관 구성원들 간의 민주적인 협의 거쳐 결정

나. 유아의 특성 및 변화 정도와 누리과정의 운영을 평가한다. (평가의 대상)
- 평가: 유아 평가 + 누리과정 운영 평가
- * 유아 평가
  [목적] 유아의 전인적인 발달 + 행복 지원
  [교사] 놀이, 일상생활, 활동 속에서 유아의 고유한 특성, 의미 있는 변화를 발견
  [유아 평가 관찰 Point] 유아가 가장 즐기고 잘하는 것, 놀이의 특성, 흥미와 관심, 친구 관계, 놀이를 이어가기 위한 자료의 활용 등
- * 누리과정 운영 평가
  [내용] ★놀이시간의 충분한 운영, ★유아 주도적인 놀이와 배움이 이루어지고 있는지, ★놀이 지원이 적절한지 등을 평가 + (필요에 따라) 부모와의 협력이나 행정적·재정적 지원이 적절하게 이루어지고 있는지 평가
  [누리과정 운영 평가의 연계] 유아의 특성 및 변화 정도와 연계하여 파악 가능

다. 평가의 목적에 따라 적합한 방법을 사용하여 평가한다. (평가의 방법)

평가의 목적	평가의 방법
유아 특성과 변화 정도를 파악	○ 실제 놀이 모습을 계획안에 기록, 놀이 결과물과 작품 등을 일상적으로 수집 (* 관찰 기록 시, 유아의 말, 몸짓, 표정 등에서 드러나는 놀이의 의미와 특성에 주목) ○ 관찰기록은 계획안에 포함 가능
누리과정 운영에 대한 평가	○ 개선이 필요한 사항에 따라 자율적으로 실시 ○ 기관별, 학급별 상황이나 필요성에 따라 적합한 방법을 선택

- ★평가 자료를 만들고 수집하는 데 과도한 노력 × < 유아의 놀이에 더 집중하고 지원하는 것이 중요
- ★개별 유아를 정기적으로 관찰 < 배움이 나타나는 또래 간의 놀이나 활동 등 유아들이 '일상에서 놀이하며 배우는 자연스러운 상황'에서 유아의 특성과 변화를 이해하는 평가하기
- ★★[주의] 59개 내용이 성취기준 ×, 나타나는지 여부만을 체크 ×

라. 평가의 결과는 유아에 대한 이해와 누리과정 운영 개선을 위한 자료로 활용할 수 있다.
(평가 결과의 활용)
- 누리과정이 추구하는 인간상, 목적, 목표 등에 비추어 ⇨ 유아의 특성과 변화 정도를 이해 + 유아의 배움과 성장에 도움이 되도록 지원하는 데 활용
- 부모와의 면담 자료 및 유아의 생활지도 등에 활용
- 누리과정 운영 평가의 결과 = 각 기관에서 유아·놀이 중심 교육과정의 운영을 보다 나은 방향으로 개선하는 데 활용

Ⅲ. 누리과정의 운영

3부 「2019 개정 누리과정」 5개 영역 이해하기

(해설서 p.58~60)

- **5개 영역 내용 ★★간략화**
  - 5개 영역을 유지, 범주와 내용을 간략화
  - 1 영역: 3 내용범주, 3×5 영역 = 총 15개 내용범주
  - 내용: 신체운동·건강(12), 의사소통(12), 사회관계(12), 예술경험(10), 자연탐구(13) / ★59개로 간략화

- **5개 영역의 통합적 이해**
  - 영역별 해설의 마지막 부분인 「○○영역의 통합적 이해」
  - 각 놀이 사례에서 5개 영역의 내용이 어떻게 통합적으로 나타나는지 해설
  - 내용별로 이해 ×, 통합적으로 이해 ⇨ ★추구하는 인간상을 향해 성장해 감

- **★유아의 실제 경험 강조**
  - ★연령으로 구분 × (★이유 = 유아 경험의 실제를 존중, 유아는 자신의 방식에 따라 가장 적합하게 놀이함)

- **총론과 영역별 내용의 관계**
  - 총론: 5개 영역을 어떻게 운영해야 하는지 안내함
    ⇨ 교사가 숙지해야 할 주요한 사항
  - 3~5세 유아가 경험해야 할 내용으로 구성한다. (구성의 중점 '라'항)
  - 하루 일과에서 바깥 놀이를 포함하여 유아의 놀이가 충분히 이루어지도록 편성하여 운영한다. (편성·운영 '라'항)
  - 유아가 흥미와 관심에 따라 놀이에 자유롭게 참여하고 즐기도록 한다. (교수·학습 '가'항)
  - 유아가 놀이를 통해 배우도록 한다. (교수·학습 '나'항)
  - 5개 영역의 내용이 통합적으로 유아의 경험과 연계되도록 한다. (교수·학습 '마'항)

- **★영역별 목표와 내용범주의 연계**
  - 영역별 목표와 내용범주는 그 의미가 서로 연계
  - 연계의 의미: 59개의 내용을 놀이를 통해 자연스럽게 배우며 <u>목표를 경험</u> 가능

- **'내용 이해'와 '유아 경험의 실제'를 연계하여 제시**
  - 교사가 영역별 내용과 유아의 경험을 바로 연계하여 이해할 수 있도록 구성
  - '내용 이해'와 '유아 경험의 실제' 예시는 일대일 대응 방식으로 기술 ×
    ∵ 59개 내용은 놀이에서 통합적으로 나타나는 경험임
  - '내용 이해'와 '유아 경험의 실제'의 예시 수는 범주마다 다름

- **59개 내용 설명과 평가를 연계할 때의 유의점**
  - 놀이 분석 사례, 평가의 예시 ×
  - [★유의] 59개의 내용을 유아의 발달 및 성취기준으로 인식하여 개별 유아의 놀이를 관찰하고 평가하는 틀로 활용 ×

「신체운동 · 건강」

(해설서 p.61~71)

"조금 힘들 것 같지만, 나도 할 수 있어요."
- 유아: 몸을 움직여 놀이하는 것을 좋아함, 자신의 몸을 건강하고 안전하게 지킬 수 있는 힘 ○
- 신체운동 · 건강 내용: 자신의 몸에 관심을 가짐 + 신체활동에 즐겁게 참여 + 건강하고 안전한 생활을 해나가는 다양한 경험
- 교사: 신체활동의 즐거움 느끼도록 지원(몸을 충분히 움직이는 경험 제공) + ★기초 체력 키우기
  + 일상에서 건강하고 안전한 생활을 실천할 수 있도록 지원

> **목표** 실내외에서 신체활동을 즐기고, 건강하고 안전한 생활을 한다.

> **하위 목표**

1) 신체활동에 즐겁게 참여한다.
2) 건강한 생활습관을 기른다.
3) 안전한 생활습관을 기른다.

- ■ '신체활동 즐기기'
  - 스스로 신체를 움직이는 동안, 자연스럽게 자신의 신체를 인식 + 조절
  - 실내외에서 다양한 신체활동에 자발적으로 참여하며 신체활동을 즐기는 내용
- ■ '건강하게 생활하기'
  - 스스로 몸과 주변을 깨끗이 하고 + 즐겁게 식사 + 신체리듬에 맞게 휴식 + 질병 예방 실천
- ■ '안전하게 생활하기'
  - 안전하게 놀이하고 생활 + 자주 접하는 TV, 컴퓨터, 스마트폰을 바르게 사용 + 교통안전규칙 지키기 +
    안전사고, 화재, 재난, 학대, 유괴 등 위험한 일 발생 시 도움 요청 or 대처하는 방법 경험하는 내용

> **목표 및 내용범주 이해하기**

- 다양한 1) 신체활동에 즐겁게 참여 + 2) 건강한 생활습관을 기르며(청결, 위생, 즐거운 식사, 적당한 휴식)
  + 3) 안전한 생활습관을 기르는(일상에서 안전하게 생활하는 방법을 배우고 + 실천하는) 내용으로 구성

> **★★★ 주요 개정 내용**

1) ★★내용범주 통합: '신체활동 즐기기'(기존 내용범주 '신체 인식하기 + 신체 조절과 기본 운동하기 + 신체활동에 참여하기')
   - 이유: 자유롭게 신체를 움직이며 놀이하는 즐거운 경험을 강조
2) ★'건강하게 생활하기' 내용에서 옮겨진 것: 배변, 낮잠 등 유아의 일상생활 관련 내용 ⇨ 교수 · 학습의 '바'항 옮김
   - 교수 · 학습의 '바'항: 개별 유아의 요구에 따라 휴식과 일상생활이 원활히 이루어지도록 한다.
     ∴ 하루 일과 전체에서 지원
3) ★'안전하게 생활하기' 내용 강화: 법령 및 지침에 제시된 내용을 최대한 반영(유아안전교육 강조하기 위함)

내용범주	내용
★★★ 신체활동 즐기기 (4)	■ 신체를 인식하고 움직인다. 　◦ 자신의 신체에 관심 가지고 + 신체 각 부분의 특성을 알고, 다양하게 움직이는 내용 　　예 물놀이 체조(허리 돌리기, 무릎 굽혔다 피기, 손목·발목 돌리기, 어깨 으쓱거리기, 목 번갈아가며 돌리기) ■ 신체 움직임을 조절한다. 　◦ 몸을 움직이며 균형을 잡고 + 다양하게 조절(3) - 몸 / 도구의 움직임 / 소근육 움직임(눈과 손의 협응) 　　예 얼음땡 놀이(술래의 이동에 따라 자신의 이동 빠르기, 방향, 멈춤 등을 조절함) ■ ★기초적인 이동운동, 제자리 운동, 도구를 이용한 운동을 한다. 　◦ 이동운동(한 곳에서 다른 곳으로 몸을 움직이는 걷기, 달리기, 뛰어넘기) = 이동 동작 　◦ 제자리운동(구부리기, 뻗기, 돌기 등) = 비이동 동작 　◦ 도구를 이용한 운동(공·줄·후프 이용) = 조작적 동작 　　예 안정된 자세로 오랫동안 후프 돌리기 ■ 실내외 신체활동에 자발적으로 참여한다. 　◦ 하루 일과에서 실내외의 다양한 신체활동에 자발적으로 즐겁게 참여 　　예 달리기 할 사람? 제안에 자발적으로 참여
★★ 건강하게 생활하기 (4)	■ 자신의 몸과 주변을 깨끗이 한다. 　◦ 몸을 깨끗이 하는 적절한 방법(손 씻기, 이 닦기) 알고, 실천 + 주변을 깨끗이 하기(정리정돈) ■ ★몸에 좋은 음식에 관심을 가지고 ★★바른 태도로 즐겁게 먹는다. 　◦ ★바른 태도로 즐겁게 음식을 먹는 내용이 새롭게 추가됨 　　① 몸을 건강하게 하는 음식 관심 가지기 + ② 음식 소중히 여기기 + ③ 바른 태도로 즐겁게 먹기 　　(제자리 앉기 + 골고루 + 즐겁게 먹기) 　　예 시금치가 싫다고 먹지 않는 유아 ⇨ 양념(깨소금, 참기름)에 직접 유아들이 무치는 활동 ⇨ 유아들이 서로 먹으려 함 　　[교사의 언어적 지원] "시금치에 양념 옷을 입혀 맛있게 변신시켜 줄까?" ■ 하루 일과에서 적당한 휴식을 취한다. 　◦ 피곤, 아플 때, 많이 움직여서 쉬고 싶을 때 ⇨ 적절한 휴식을 취하는 내용 　　예 바깥 놀이에서 많이 움직이고 유아들이 '너무 더워요!' 　　[교사의 지원] 선풍기 틀기, 얼굴·팔 씻기, 교실 바닥에 앉기도 눕기도 하게 함 ■ ★★질병을 예방하는 방법을 알고 실천한다. 　◦ 질병의 위협으로부터 건강 유지하는 다양한 '생활방식' = 몸을 청결히 하기, 날씨와 상황에 알맞은 옷 입기, 찬 음식 적당히 먹기, 정해진 시간에 자고 일어나기, 따뜻한 물 마시기 등을 '경험'하는 내용 　　예 감기에 걸린 유아 　　[교사의 지원] 가정에서 가져온 따뜻한 물 자주 마시도록 지원

★ 안전하게 생활하기 (4)	■ 일상에서 안전하게 놀이하고 생활한다. 　◦ 일상에서 위험한 장소, 상황, 도구 알기 + 안전한 놀이 방법 / 규칙을 지키며 놀이, 생활하는 내용 　　　예 미끄럼틀을 아래에서 거꾸로 타고 올라가려는 유아 　　　　★[교사의 지원] 안전한 미끄럼틀 이용 약속을 정하자고 제안하기 ■ TV, 컴퓨터, 스마트폰 등을 바르게 사용한다. 　◦ 바르게 사용한다(① 필요한 상황에서 적절하게 + ② 바른 자세로 이용) 　　　예 색종이 컴퓨터와 자판을 만들어 공룡을 검색하는 척하는 유아, "같이 찾아볼래?"라고 제안 ■ ★교통안전 규칙을 지킨다. 　◦ 교통안전 규칙(① 안전한 보행 + ② 안전한 도로 횡단 + ③ 교통기관의 안전한 이용 등)을 알고, 실천하는 내용 　　　예 블록과 교통표지판, 자동차로 길 만들고 보행하는 사람 놀이 ■ ★★안전사고, 화재, 재난, 학대, 유괴 등에 대처하는 방법을 경험한다. 　◦ ① 안전사고, 화재, 재난, 학대, 유괴 등 위험에 처한 상황 '알고' + 　　② 주변에 도움 요청 방법 '배우며' + ③ 평소 훈련에 따라 대피 연습 등을 함 　　　예 지진대피 훈련: 화재경보기 소리 + 지진 대피 방송 ⇨ 책상 아래 + 벽 쪽으로 대피 ⇨ 　　　　지진이 멈췄다는 안내방송 ⇨ 교사의 안내에 따라 대피(침착, 신속하게)

<신체 운동·건강 영역의 통합적 이해>

"나 잘하죠?"

활용tip ▶ 사례에 알맞은 '관련 내용'을 인출해 보세요.

영역	사례	내용
신체운동·건강	유아는 모래 구덩이에서 올라올 때 다리를 넓게 벌려야 한다는 것을 앎. 유아는 넘어졌을 때 손바닥과 무릎에 묻은 모래를 툭툭 털어 냄.	신체를 인식하고 움직인다.
	모래 구덩이를 뛰어넘을 때 자신의 팔과 다리, 허리 등의 움직임을 조절함.	신체 움직임을 조절한다.
	유아들은 한 곳에서 다른 곳으로 점프하며 몸이 움직이는 방향과 공간에 대해 느끼며, 힘과 빠르기를 다르게 하여 몸을 이동함.	기초적인 이동운동, 제자리 운동, 도구를 이용한 운동을 한다.
	유아들은 스스로 모래 구덩이를 뛰어넘으며 신체활동에 즐겁게 참여함.	실내외 신체활동에 자발적으로 참여한다.
	유아들은 모래 구덩이의 크기와 너비를 살펴보고, 자신이 잘 뛰어넘는 방법에 대해 생각하며 놀이함. 모래가 튀어서 친구의 얼굴에 묻거나 눈에 들어가면 위험할 수 있다는 것을 알고 행동을 조심함.	일상에서 안전하게 놀이하고 생활한다.
의사소통	유아는 소꿉놀이를 하면서 친구들을 관심 있게 지켜봄.	말이나 이야기를 관심 있게 듣는다.
	유아는 교사에게 자신의 경험과 느낌, 생각을 말함.	자신의 경험, 느낌, 생각을 말한다.
사회관계	유아는 모래 구덩이 뛰어넘기를 성공하며 성취감과 만족감을 느낌. 유아는 모래 구덩이를 훌쩍 뛰어넘을 수 있는 자신의 능력을 알고, "나 잘하죠?"라고 말하며 자신을 가치 있는 존재로 느낌.	나를 알고 소중히 여긴다.
	유아는 활짝 웃으며 모래 구덩이를 훌쩍 뛰어넘은 기쁨을 표현함. 이와 달리 실패한 유아는 성공한 유아가 부럽고 한편으로 속상하지만 모래 구덩이 뛰어넘기를 다시 도전함. 유아는 친구의 얼굴에 모래가 튀었을 때, 친구의 찡그린 얼굴 표정을 보고 친구의 감정을 알아차렸고, 미안한 마음을 적절한 말로 상황에 맞게 표현함. 유아는 말없이 얼굴에 묻은 모래를 털어 내면서 친구의 실수를 이해해 줌.	서로 다른 감정, 생각, 행동을 존중한다.
자연탐구	유아들은 자신이 뛰어넘을 수 있는 모래 구덩이의 너비를 비교한 뒤 자신이 잘 뛰어넘을 수 있는 거리를 선택함.	일상에서 길이, 무게 등의 속성을 비교한다.

「의사소통」

(해설서 p.72~80)

"저기 저 사람 봐. 날아가고 있어."
- 유아: 능동적인 의사소통자(주변 사람들과 소통 + 관계를 맺기)
  = 다른 사람의 말을 주의 깊게 듣고 + 자신의 생각·느낌을 다양한 방법으로 표현 / 소통하는 것을 즐김
  + 책·이야기에 관심을 가짐
- 의사소통 내용: 다른 사람과 소통 + 일상의 글자·상징에 관심을 가짐 + 책·이야기를 즐기는 경험과 관련된 내용
- 교사: 자신의 느낌과 생각을 적절하게 말하는 경험 ⇨ 바른 언어생활을 할 수 있도록 지원
  + 아름다운 우리말이 담긴 책·이야기에 흥미 + 언어가 주는 재미와 상상 ⇨ 충분히 즐길 수 있도록 지원

[목표] 일상생활에 필요한 ★의사소통 능력과 ★상상력을 기른다.

[하위 목표]

1) 일상생활에서 듣고 말하기를 즐긴다.
2) 읽기와 쓰기에 관심을 가진다.
3) ★책이나 이야기를 통해 상상하기를 즐긴다.

- '듣기와 말하기'
  ◦ ① 다른 사람의 말·이야기를 관심 있게 듣고 + ② 자신의 경험, 느낌, 생각을 상황에 적절한 단어를 사용하여 말하기
    + ③ 고운 말 사용
- '읽기와 쓰기에 관심 가지기'
  ◦ ① 말과 글의 관계에 관심을 가지고 + ② 주변의 상징, 글자 등 읽기 + ③ 글자와 비슷한 형태로 표현
- '책과 이야기 즐기기'
  ◦ ① 다양한 책에 관심, 상상 + ② 동화, 동시에서 말의 재미를 느끼고 + ③ 말놀이·이야기 짓기를 즐김

[목표 및 내용범주 이해하기]

◦ 1) 다른 사람의 말·이야기를 듣고 말하기를 즐기며 + 2) 주변의 상징을 읽고 + 3) 글자와 비슷한 형태로 써 보기에 관심을 가짐 + 4) 다양한 책과 이야기를 통해 상상하기를 즐기는 내용으로 구성

[★★★ 주요 개정 내용]

1) ★★내용범주 통합: 기존 누리과정 '듣기' + '말하기' = '듣기와 말하기' / '읽기' + '쓰기' = '읽기와 쓰기에 관심 가지기'
   ◦ ★이유: 듣고 말하는 경험이 분리되지 않음 / 읽고 쓰는 경험이 분리되지 않음
2) ★★새로운 내용범주: '책과 이야기 즐기기'(관련: 초등학교 교육과정 중 '문학')
   ◦ 동화, 동시, 말놀이, 이야기 짓기 등 일상에서 자연스럽게 문학을 즐기는 경험에 중점

내용범주	내용
★★ 듣기와 말하기 (6)	■ **말**이나 **이야기를 관심 있게 듣는다.** 　○ 다른 사람이 하는 말 + 흥미로운 주제 + 익숙한 경험이 담긴 이야기에 관심을 가지며 듣는 내용 　　**예** 옆에서 이야기를 듣던 유아들이 원숭이 동작과 목소리를 흉내 내며 웃는다. ■ 자신의 **경험**, **느낌**, **생각**을 **말한다.** 　○ 상대방에게 자신의 경험, 느낌, 생각을 **자유롭게** 말하는 내용 　　**예** 유아가 친구들에게 동물원에 놀러 갔던 이야기를 신나고 재미있게 들려준다. ■ **상황에 적절한 단어**를 사용하여 말한다. 　○ 때, 장소, 대상, 상황 고려 ⇨ 적절한 단어·문장을 선택하여 말하는 내용 　　**예** 유아는 "나는 호랑이다. 어흥!" 하며 눈을 크게 뜨고, 목소리를 굵고 거칠게 한다. 이어 원숭이에 대한 이야기를 할 때는 가늘고 날카로운 음성으로 바꿔 말한다. 　　**예** 유아들이 병원 놀이를 한다. 　　　의사 역할 유아: "어디가 아파서 오셨어요?"라고 묻자 환자 역할 유아: "의사 선생님, 배가 너무 아파요."라고 말하며 배를 움켜쥔다. 의사가 진찰을 한 후 옆에 있던 간호사 역할을 하는 유아: "이쪽으로 오세요. 주사 맞아야 합니다."라고 말한다. ■ **상대방이 하는 이야기를 듣고 관련**해서 말한다. 　○ 이야기하는 내용을 듣고 + 말하는 사람의 생각, **의도**, 감정을 고려하여 말하는 내용 　　**예** 선생님이 유아에게 웃음참기놀이의 방법을 물어보자, 유아는 자신이 생각한 웃음참기놀이의 방법을 또박또박 설명한다. ■ **바른 태도로 듣고 말한다.** 　○ 말하는 사람에게 주의를 기울이며 듣는 내용이다. (바른 태도 = 말을 끝까지 듣고, 자신의 의견을 말하는 내용) 　　**예** 수정이가 "나는 아이스크림이 좋아. 왜냐하면 시원하고 달콤…" 하고 말을 끝내기도 전에 옆에 있던 우진이가 "나는 짜장면!" 하며 끼어든다. 그때 수정이가 "야! 내가 말하고 있잖아. 내 말 아직 안 끝났거든. 기다려 봐."라고 말하며 "아이스크림은 달콤해. 딸기 아이스크림이 제일 좋아. 넌?" ■ **고운 말**을 **사용**한다. 　○ **유행어**, **속어**, **신조어**, 상대방을 **비난**하는 말을 사용 ×, 우리말을 바르게 사용하는 내용
★ 읽기와 쓰기에 관심 가지기 (3)	■ **말과 글의 관계에 관심을 가진다.** 　○ '말 ⇨ 글 + 글 ⇨ 말'로 옮겨지는 것에 관심을 갖는 내용 　　**예** 유아가 "선생님, 우리 지금 가게 만들 건데 '김밥가게' 어떻게 적어요?" 하며 선생님에게 도움을 요청한다. 선생님은 유아가 잘 볼 수 있도록 보드판에 천천히 '김밥가게' 글자를 크게 적는다. ■ ★**주변의 상징**, **글자** 등의 **읽기**에 관심을 가진다. 　○ 일상에서 자주 보는 상징(표지판, 그림문자 등) + 글자 읽기에 관심을 갖는 내용 　○ 상징, 글자에는 사람들의 생각·감정·정보가 담겨 있다는 것을 이해하는 내용 　　**예** 유아가 교실 입구의 비상구 표시등을 가리키며 "저것 봐! 사람이 초록 색깔이야. 이렇게 하고 있어." 하며 비상구 사람의 모습을 흉내 낸다. 함께 이야기를 나누던 유아는 "나 저거 알아. 저거는 불날 때 저쪽으로 빨리 피하라는 말이야."라고 말한다. ■ **자신의 생각을 ★글자와 비슷한 형태로 표현**한다. 　○ 자신의 생각, 말을 ① 끼적거리기 ② 글자와 비슷한 선·모양, 글자와 비슷한 형태로 표현하는 내용 　　**예** 유아는 보드판의 글자를 보며 천천히 따라 적는다.

★★ 책과 이야기 즐기기 (3)	■ 책에 관심을 가지고 ★상상하기를 즐긴다. ◦ 책에 흥미를 가지며, 책 보는 것을 즐기고 + 상상하는 즐거움을 경험 　예) 유아가 여러 책을 한꺼번에 쌓아 두고 읽는다. 다른 유아가 와서 "내가 좋아하는 공룡 책 여기 있어?" 하며 책을 찾는다. 　예) 브라키오사우루스가 나오자 "와! 정말 길다. 여기서 여기 끝까지 미끄럼 타면 진짜 재미있겠다.", "그런데 여기까지는 어떻게 올라가지?" 하며 낄낄낄 웃는다.
	■ 동화, 동시에서 말의 재미를 느낀다. ◦ 동화·동시를 자주 들으며 우리말의 재미 + 아름다움을 느끼는 내용 　예) 3세 반에서 교사가 동시를 읽어 주자 유아들이 서로 "꼬불꼬불?"이라고 말하며 까르르 웃는다. 그리고 유아들은 리본 막대를 휘두르며 "꼬불꼬불." 하며 서로 까르르 웃는다.
	■ 말놀이와 이야기 짓기를 즐긴다. ◦ 말놀이(끝말잇기, 수수께끼, 스무고개 등)를 즐기는 내용 ◦ 자신의 경험, 생각, 상상을 기초로 새로운 이야기를 만드는 과정을 즐기는 내용 　예) 유아가 책장을 넘기며 공룡 이름 맞추기 함. 　예) 서은이가 친구들에게 이야기를 한다.　서은: "그 공주님이 사는 성에는 아~주 유명한 사다리가 있어. 그런데 그 사다리는 하늘까지 올라가고, 또 하늘을 넘어 가지고~"　하영: "우주도 넘어?"　서은: "어. 우주에 우주까지도 넘는대."　유아들: "헤엑~~"

<의사소통 영역의 통합적 이해>

"말놀이, 끝없이 이어지는 아이들의 이야기"

활용 tip ▶ 사례에 알맞은 '관련 내용'을 인출해 보세요.

영역	사례	내용
신체운동·건강	유아들은 이야기에 나오는 상황을 몸짓으로 표현할 때 자신의 신체 움직임을 조절함.	신체 움직임을 조절한다.
의사소통	유아들은 솔비가 지어낸 재미있고 풍부한 상상 이야기를 적극적으로 들음.	말이나 이야기를 관심 있게 듣는다.
의사소통	유아는 자신의 느낌, 생각을 친구들 앞에서 말함.	자신의 경험, 느낌, 생각을 말한다.
의사소통	유아들은 상상의 세계에 맞는 단어를 선택하기도 하고, 현실 세계에 적절한 단어를 선택하여 이야기함.	상황에 적절한 단어를 사용하여 말한다.
의사소통	유아들은 서로 이야기를 듣고 맞장구치며 관련하여 말함.	상대방이 하는 이야기를 듣고 관련해서 말한다.
의사소통	유아들은 이야기 속에 몰입하여 상상하기를 즐김.	책에 관심을 가지고 상상하기를 즐긴다.
의사소통	유아들은 말도 안 되지만 나름대로 의미가 있는 말을 만들며 상상의 이야기를 즐김.	말놀이와 이야기 짓기를 즐긴다.
사회관계	유아들은 솔비의 말에 맞장구치며 즐겁게 대화를 나누는 좋은 관계에 있음.	친구와 서로 도우며 사이좋게 지낸다.
사회관계	유아들은 신나게 이야기하는 솔비의 상상 이야기를 재미있게 들음.	서로 다른 감정, 생각, 행동을 존중한다.
예술경험	솔비는 음의 고저와 장단을 살려 아주 많거나 크다는 표현을 할 때는 높고 긴 소리를 내고, 그 앞 어휘의 끝은 소리를 낮춰 가며 이야기를 함.	신체, 사물, 악기로 간단한 소리와 리듬을 만들어 본다.

(해설서 p.81~90)

「사회관계」

"내가 도와줄게."
- 유아: • 자신을 소중히 여기고 + 주변 사람과 관계를 맺음 + 다른 사람을 배려·존중함
  • 자신이 살고 있는 사회와 세상에 대해 알고 싶어 함
- 사회관계 내용: 자기 자신·다양한 삶의 모습을 이해 + 더불어 살아가기 위해 필요한 의미 있는 경험과 관련
- 교사: • 자신을 소중하고 가치 있는 사람으로 여기며 + 다른 사람과 더불어 살아가는 방법을 익히도록 도움
  • 자신이 속한 사회와 주변 세계에 대해 관심 + 적응 지원

목표
자신을 존중하고 ★더불어 생활하는 태도를 가진다.

하위 목표
1) 자신을 이해하고 존중한다.
2) 다른 사람과 사이좋게 지낸다.
3) 우리가 사는 사회와 다양한 문화에 관심을 가진다.

- '나를 알고 존중하기'
  ○ 자신을 나타낼 수 있는 것, 감정을 알고 상황에 맞게 적절하게 표현 + 자신이 할 수 있는 것을 스스로 해 봄
    ⇨ 긍정적인 ★자아존중감 + ★자율성 경험
- '더불어 생활하기'
  ○ 가족의 의미·소중함을 알며 + 친구와 서로 돕고 양보·배려·협력·사이좋게 지내고
    + 사람들마다 감정, 생각, 행동이 각기 다름을 알고 존중 ⇨ 친구와의 갈등을 여러 가지 긍정적인 방법으로 해결하는 내용
    + 친구와 어른께 예의 바른 태도로 말하고 행동, 사회 공동체의 일원으로서 약속·규칙의 필요성을 알고 지키는 내용
- '사회에 관심 가지기'
  ○ 사회 구성원으로서 자신이 사는 지역에 관심을 가지고 탐구 + 우리나라의 상징·언어·문화를 알아 가면서 대한민국 국민으로서 긍지·자부심을 가지는 내용 + 다른 나라의 다양한 문화에 관심을 가지고 존중하는 경험

목표 및 내용범주 이해하기

○ 1) 자신을 이해·존중 + 2) 친구, 가족, 다른 사람들과 사이좋게 지내며 + 3) 속한 지역사회·우리나라·다양한 문화에 관심을 갖는 내용

★★★ 주요 개정 내용

★세부내용 통합 :
1) ★★'나를 알고 존중하기': 기존 누리과정 '나'와 관련된 세부내용 통합, 새롭게 제시
2) ★'더불어 생활하기': • 가장 가까운 가족·친구를 중심으로 ⇨ 다른 사람과의 관계에서 경험하는 사회적 가치나 태도를 통합하여 제시
   • ★★인성덕목 반영: 예(禮), 존중, 배려, 협력 등
3) 내용범주 '사회에 관심 가지기': 문화 다양성을 이해·존중하는 내용 포함 '그대로 유지'

내용범주	내용
★★ 나를 알고 존중하기 (3)	■ ★★나를 알고 소중히 여긴다. ○ 자신을 나타내는 나이, 성별, 모습 등에 대해 알고 + 자신을 소중히 여기며 + 가치 있는 존재로 느끼는 내용 　예 5세 반 유아들이 숨바꼭질을 하려고 모여든다. 유아가 "나는 진짜 잘 숨을 수 있어."라고 말하자, 다른 유아들이 "나도 잘하거든. 나는 몸이 작아서 아무 데나 숨을 수 있어.", "나도 잘 숨거든!"이라고 말한다. ■ 나의 감정을 알고 상황에 맞게 표현한다. ○ 자신의 감정에 대해 알고 + 다양한 상황에서 자신의 감정을 적절하게 표현하는 내용 　예 이때 다른 유아가 "나도 할래." 하며 다가온다. 먼저 숨바꼭질을 하던 유아가 "너는 늦게 왔으니까 먼저 술래 해!"라고 말한다. 늦게 온 다른 유아는 "그런 게 어딨어! 네가 하기 싫어서 그런 거잖아. 가위바위보로 정해. 나도 술래하기 싫다고!"라고 말한다. ■ ★내가 할 수 있는 것을 스스로 한다. ○ 자신이 할 수 있는 일을 알고 + 자신감 가지고 + 자율적으로 실천해 가는 내용 　예 유아가 등원하자마자 선생님에게 오늘 자신이 도우미인 것을 확인하며 말한다. "저는 도우미 하는 날이 좋아요. 저는 화분에 물주는 것도 잘하고, 친구들에게 간식을 나눠 주는 것도 잘할 수 있어요."라고 말한다. 선생님이 "그럼 오늘의 도우미는 제일 먼저 무엇을 할 생각이야?"라고 웃으며 묻자, "화분에 물 주러 가야지."라고 말하며 물을 뜨러 화장실 쪽으로 간다.
★★★ 더불어 생활하기 (6)	■ 가족의 의미를 알고 화목하게 지낸다. ○ 자신의 가족 구성원을 알고 + 가족과 함께 생활, 서로 돕고 살아간다는 것을 경험하는 내용 ○ 가족의 구성원 → 다양함을 이해하고 존중하는 내용 　예 4세 유아는 가족과 지냈던 일에 대해 그림을 그리며 웃으면서 말한다. "엄마, 아빠랑 캠핑 갔는데 정말 재미있었어요. 아빠가 밥하고 고기를 구웠고, 엄마는 식탁을 차렸어요. 저는 물컵을 꺼냈어요. 밥을 다 먹고 나서, 같이 공놀이도 하면서 놀았어요." ■ 친구와 서로 도우며 사이좋게 지낸다. ○ 친구들과 함께 놀이하는 즐거움을 느끼고 　+ 친구와 서로 도우며 배려·협력하며 더불어 살아가는 내용 　예 3세 도하 손을 잡아 이끈다. "도하야, 아까 네가 제일 먼저 왔지? 여기에 네 이름 적어 봐. 못 적으면 형아가 적어 줄까?"라고 말한다. ■ ★★친구와의 갈등을 긍정적인 방법으로 해결한다. ○ 친구와 갈등이 생겼을 때　⇨　자신의 감정·생각을 제대로 표현 + 배려, 양보, 타협 등을 통해 해결하는 내용 　예 유아들이 도화지에 물감을 흘리면서 무늬를 만들고 있다. 4세 수연이가 높은 위치에서 물감을 흘러내리게 하다가 물감이 현우의 팔에 튄다. 현우가 얼굴을 붉히며 "야! 내 팔에 물감이 튀었잖아!"라고 말하자 수연이는 "미안해, 이제 작게 뿌릴게."라고 말하며 아까보다 낮은 위치에서 물감을 흘러내리게 한다. (배려) 　예 유아들이 고무줄뛰기를 하고 있다. 고무줄뛰기를 하고 싶은 유아들이 많아지자 서로 먼저 뛰겠다고 큰 소리로 이야기한다. 5세 유아들이 누가 먼저 할지 순서를 정해야 한다고 말한다. 이때, 우재가 "우리 먼저 온 순서대로 여기 이름을 적으면 되잖아."라고 말한다. (타협) ■ 친구와 어른께 예의 바르게 행동한다. ○ 친구와 어른께 배려, 존중, 공경하는 마음을 담아 예절을 실천

★★★ 더불어 생활하기 (6)	■ ★서로 다른 감정, 생각, 행동을 존중한다. ○ 다른 사람들의 감정, 생각, 행동에 관심을 갖고 + 서로 다를 수 있음을 이해·존중하는 내용 　예 5세 유아가 '가위바위보' 하여 이긴 사람이 한 계단씩 올라가는 놀이를 한다. 먼저 계단을 올라간 두 유아가 계단을 다 오르지 못한 유아를 남겨 두고 미끄럼틀로 뛰어간다. 혼자 남은 유아가 "나 혼자만 여기 있잖아." 하며 울먹이자, 미끄럼틀로 뛰어가던 유아가 되돌아와 친구의 어깨를 두어 번 토닥이며 "같이 가자."라고 말한다. 그리고 손을 잡고 함께 계단을 올라 미끄럼틀 쪽으로 달려간다. ■ ★약속과 규칙의 필요성을 알고 지킨다. ○ 다른 사람과 더불어 살아가기 위해 필요한 약속과 규칙이 있음을 이해하는 내용 ○ 상황에 따라 필요한 약속과 규칙을 의논하여 정하고 지킴 　예 실내 놀이를 마친 뒤 5세 반의 몇몇 유아들이 놀이할 때 불편한 점이 있었다고 말한다. 하선이가 "우리끼리 약속 좀 만들어야겠다."라고 말하자 유아들이 매트 위에 모여 앉았고, 진지하게 이야기를 나누며 놀이 약속을 정한다. 다음 날, 유아들끼리 정한 약속을 교사는 색종이에 적어 칠판에 붙여 준다. 한 유아는 놀이 약속 옆에 손가락 도장을 찍으며 "내가 지킬 수 있는 약속이 이거야."라고 말한다.
사회에 관심 가지기 (3)	■ 내가 살고 있는 곳에 대해 궁금한 것을 알아본다. ○ 자주 접하는 가까운 주변 지역·이웃에 대해 관심을 가지고 + 궁금한 것을 알아보며 + 지역 구성원으로서 유대감·소속감을 느끼는 내용 　예 유아들이 함께 블록으로 동네를 만든다. 유아들은 도서관을 만들면서 이야기를 나눈다. "여기는 도서관! 우리 도서관 가 봤지? 우리 동네에 도서관이 있으니까 좋다. 그치?", "응, 선생님한테 내일 또 도서관 가자고 말씀드리자." ■ 우리나라에 대해 자부심을 가진다. ○ 우리나라의 전통에 친숙 + 우리나라의 상징, 언어, 문화 등을 경험 + 우리나라에 대해 자랑스러운 마음을 가지는 내용 　예 우재: "너희들은 우리나라에서 누가 제일 좋아?"　유아들: "이순신 장군! 세종대왕!"　교사: "왜 좋아하는데?"　시연: "한글을 만들었잖아요. 나는 한글을 진짜 잘 쓰는데, 한번 보세요." (모랫바닥에 나뭇가지로 자신의 이름을 쓴다.)　유아들: "나도 내 이름 써야지, 아! 맞다. 내일 한글날이라 했지." ■ ★다양한 문화에 관심을 가진다. ○ 다른 나라의 다양한 문화·생활양식에 관심을 가지고 + 문화의 다양성을 이해·존중하는 내용

<사회관계 영역의 통합적 이해>

"알겠어. 미안해!"

활용 tip ▶ 사례에 알맞은 '관련 내용'을 인출해 보세요.

영역	사례	내용
의사소통	은성이는 갈등 상황에 있는 유아들의 말을 관심있게 들음.	말이나 이야기를 관심 있게 듣는다.
	우주와 서연이는 자신의 입장을 적극적으로 주장함.	자신의 경험, 느낌, 생각을 말한다.
	유아들은 상황에 적절한 단어와 문장을 사용하여 말함.	상황에 적절한 단어를 사용하여 말한다.
	갈등 중에 있는 유아들이나 갈등을 해결하려는 유아 모두 서로의 이야기를 듣고 상대방의 생각, 의도, 감정을 이해하여 관련지어 말하고자 노력함.	상대방이 하는 이야기를 듣고 관련해서 말한다.
사회관계	서연이는 자신의 귀가 아프다는 것을 알고 보호하려고 하며, 우주는 자신의 행동에 대한 오해를 풀기 위해 적극적인 태도를 취함.	나를 알고 소중히 여긴다.
	갈등 중에 있는 두 유아는 서로 자신의 속상한 감정을 알고 상황에 맞게 말함.	나의 감정을 알고 상황에 맞게 표현한다.
	은성이는 두 친구의 갈등을 긍정적인 방법으로 해결함.	친구와의 갈등을 긍정적인 방법으로 해결한다.
	은성이는 두 유아의 문제 해결을 위해 적극적으로 도움.	친구와 서로 도우며 사이좋게 지낸다.
	은성이는 두 유아가 느끼는 감정, 생각, 행동을 존중하여 갈등의 원인이 된 상황을 재연하기를 제안함.	서로 다른 감정, 생각, 행동을 존중한다.
자연탐구	유아들은 갈등을 해결하는 과정에서 귀 옆에서 크게 말하는 소리는 귀에 대고 하는 소리로 들릴 수 있음을 알게 됨.	물체의 특성과 변화를 여러 가지 방법으로 탐색한다.
	유아들은 귀의 위치, 말소리가 들린 귀 옆 등 방향을 짚어 가며 서로 말함.	물체의 위치와 방향, 모양을 알고 구별한다.

「예술경험」

(해설서 p.91~97)

"빨간색, 노란색, 파란색들이 춤을 추고 있어요."
- 유아: 일상에서 아름다움·경이감을 느끼고 즐기며 표현하는 풍부한 감성을 가진 존재
- 예술경험 내용: 자연, 생활, 예술에서 아름다움을 찾아보고 + 느끼며 + 경험, 생각, 느낌 표현(by 다채롭고 창의적인 방법) + 다양한 예술 표현을 존중하는 경험과 관련된 내용
- 교사: • 아름다움을 느끼고 + 즐기며 + 창의적으로 표현하는 과정 ⇨ 풍부한 감수성을 기르도록 돕는다.
  • 다양한 예술 감상 ⇨ 상상력을 키우고 + 예술 표현이 가지고 있는 고유의 가치를 존중하도록 지원

목표
아름다움과 예술에 관심을 가지고 ★창의적 표현을 ★즐긴다.

하위 목표
1) 자연과 생활 및 예술에서 아름다움을 느낀다.
2) 예술을 통해 ★창의적으로 표현하는 과정을 즐긴다.
3) ★다양한 예술 표현을 존중한다.

- ■ '아름다움 찾아보기'
  - 자연과 생활에서 아름다움을 느끼며 예술적 요소에 관심을 가지고 찾아보는 내용
- ■ ★'창의적으로 표현하기'
  - 노래를 즐겨 부르고 + 간단한 소리·리듬을 만들어 보며 + 자유롭게 움직이며 춤추고 + 다양한 미술 재료와 도구를 활용하여 표현 + 경험·이야기를 극놀이로 표현하는 내용
- ■ '예술 감상하기'
  - 자신, 또래의 작품 + 다양한 예술을 감상·상상하기를 즐기고 + 서로 다른 예술 표현을 존중 + 우리 고유의 전통 예술에 친숙해지는 내용

목표 및 내용범주 이해하기

- 유아가 1) 자연, 생활, 예술에서 아름다움을 느끼고 + 2) 음악, 움직임과 춤, 미술, 극놀이 등의 예술에서 자신의 느낌과 생각을 창의적으로 표현하는 과정을 즐기며 + 3) 다양한 예술 작품을 감상하며 다른 사람의 예술 표현을 존중하는 내용으로 구성

★★★ 주요 개정 내용

1) ★★새로운 내용범주 '아름다움 찾아보기': 자연과 생활, 예술에서 아름다움을 느끼고 즐기는 경험을 반영
2) '창의적으로 표현하기': 자신의 느낌·생각을 음악, 움직임과 춤, 미술, 극놀이 등을 통해 자유롭게 표현하는 과정을 즐기는 내용
3) '예술 감상하기': 다양한 예술을 통해 ★상상하기를 즐기고 + 우리나라 고유의 전통 예술에 친숙해지는 경험을 강조

내용범주	내용
★★ 아름다움 찾아보기 (2)	■ 자연과 생활에서 아름다움을 느끼고 즐긴다. ○ 주변에서 만나는 자연, 공간, 사물 등의 아름다움을 풍부하게 느끼며 + 즐기는 내용 예 벚꽃이 바람을 타고 눈처럼 휘날린다. 유아들이 "저것 봐! 눈이 오는 것 같아. 분홍색 눈이야. 정말 예쁘다!" 하며 감탄한다. 유아들은 하늘을 향해 고개를 들고 두 팔을 벌리며 흩날리는 벚꽃잎을 맞기도 하고, 바람결에 날아가는 벚꽃잎을 쫓아다니기도 한다. ■ ★★★예술적 요소(3)에 관심을 갖고 찾아본다. ○ 주변의 자연과 생활에서 ① 음악적 요소: 다양한 ★소리 · ★리듬 등 ② 미술적 요소: ★색 · ★형태 등 ⇨ 아름다움 발견 ③ 움직임 요소: in 사물 · 동식물의 움직임 ⇨ 아름다움 경험하는 내용 예 벚꽃이 바람을 타고 눈처럼 휘날린다. 유아들이 "저것 봐! 눈이 오는 것 같아. 분홍색(미술적 요소: 색) 눈이야. 정말 예쁘다!" 하며 감탄한다. 그리고 땅에 떨어진 벚꽃잎을 조심스럽게 다루며 한 잎 한 잎 줍기도 한다. 예 유아는 바깥 놀이터에서 스카프를 재빠르게(움직임 요소: 속도 / 빠르기) 높이(움직임의 요소: 수준) 올렸다 내리기를 반복하며 바람에 스카프를 날려보기도 한다. 스카프가 펄럭이고 날아가는 모습을 보며 "바람 따라 춤추는 것 같아.", "파도같이 움직여." 하며 즐거워한다.
★★★ 창의적으로 표현하기 (5)	■ ★노래를 즐겨 부른다. ○ 노래를 즐겨 부르는 방법(3) = ① 흥얼거리거나 친구들과 함께 ② 소리 · 박자 등을 느끼고 ③ 노랫말을 바꾸어 불러 보기 예 "저는 지금 피아노 치고 있어요." 하며 최근에 배운 새 노래 '유리창에 예쁜 은구슬'을 흥얼거린다. 선생님은 "오! 정말 소리가 다르네. 정말 피아노 치는 것 같네." 하며 유아의 곁에서 함께 노래한다. ■ 신체, 사물, 악기로 간단한 소리와 리듬을 만들어 본다. ○ 자신의 신체, 주변의 사물, 리듬 악기 등을 사용 ⇨ 소리와 리듬을 창의적으로 만들어 보는 내용 예 유아가 바깥 놀이터의 소꿉놀이 그릇을 모두 뒤집어 펼쳐 놓고 숟가락으로 여기저기 두드린다. 이때 교사가 지나가자, "선생님, 들어보세요. 소리가 모두 달라요. 저는 지금 피아노 치고 있어요." 한다. 예 "저는 지금 피아노 치고 있어요." 한다. 선생님은 "오! 정말 소리가 다르네. 정말 피아노 치는 것 같네." 하며 유아의 곁에서 함께 노래한다. ■ ★신체나 도구를 활용하여 움직임과 춤으로 자유롭게 표현한다. ○ 자연 · 생활에서 발견한 다양한 움직임 ⇨ 자유롭게 표현 + 나아가 자신의 생각 · 느낌을 자신의 신체, 다양한 도구 활용 ⇨ 움직임과 춤으로 표현하는 내용 예 유아가 창문 밖으로 나뭇잎이 바람에 날리는 모습을 보며 큰 소리로 "와! 저것 봐. 나뭇잎이 데굴데굴 잘도 굴러가고 있어!"라고 말한다. 잠시 후 유아는 교실에 있는 리본 막대(도구)를 들고 동그랗게 흔들면서(움직임 요소: 모양) "나뭇잎이 동글동글 굴러가고 굴러가고."라고 흥얼거린다. ■ ★다양한 미술 재료와 도구로 자신의 생각과 느낌을 표현한다. ○ 자연 · 생활에서 발견한 다양한 재료와 도구 활용 ⇨ 여러 가지 방법으로 표현하는 내용 ○ 자신의 경험, 느낌, 생각 등을 창의적으로 표현하는 과정을 즐기는 내용 예 이 모습을 보고 있던 희원이와 민이가 "애들아, 잠깐 기다려 봐. 우리가 꿀벌 집 만들어 줄게."라고 말하며 상자, 사인펜, 물감 등을 가지고 모인다.

★★★ 창의적으로 표현하기 (5)	■ ★★극놀이로 경험이나 이야기를 표현한다. ◦ 자신의 경험, 다양한 상황, 이야기를 자유롭게 상상 + 극놀이로 표현하는 과정을 즐기는 내용 　예 유아가 친구들에게 꿀벌놀이를 하자고 제안한다.　수진: "나는 여왕벌 할래. 너희들은 모두 일벌 해. 아이 배고파. 일벌들아 꽃에게 가서 꿀을 가져와."　유찬: (날갯짓하며 교실을 한 바퀴 돌아와 수진이에게 손을 내밀며) "이건 꿀이야. 자, 먹으세요!"　승민: "나는 말벌이야. 너희들은 꿀벌이니까 도망가야 돼. 웽웽." 꿀벌 역할을 맡은 두 유아가 "으악!" 하며 달아난다.	
예술 감상하기 (3)	■ 다양한 예술을 감상하며 ★상상하기를 즐긴다. ◦ 다양한 예술(= 자신·또래의 작품 + 음악, 춤, 미술 작품, 극 등)을 감상 + 자유롭게 상상하기를 즐기는 내용 　예 유아들이 분홍색 한지를 구기고 찢어서 꾸민 봄꽃 작품을 감상하며 "와! 예쁘다. 어! 이건 어떻게 했지? 이렇게 하니까 진짜 꽃 같다. 꽃 냄새 맡아 보자. 흠, 꼭 봄꽃 요정이 나타날 것 같아, 그치?" 하며 친구와 마주 보고 웃는다. ■ ★서로 다른 예술 표현을 존중한다. ◦ 자신·또래의 작품, 음악, 춤, 미술 작품, 극 등에 포함된 다양한 표현을 존중하는 내용 　예 한 유아가 "얘들아! 날 좀 보소." 하고 노래를 흥얼거리며 두 손으로 장구를 두드린다. 옆에 있던 유아가 장구를 세운 후 두드리며 "나는 세워서 두드려야지. 2개로도 할 수 있어."라고 말한다. 그러니까 옆에서 바라보던 유아가 "어? 세워서도 할 수 있네. 그렇게 쳐도 좋은 것 같다." ■ 우리나라 전통 예술에 관심을 갖고 친숙해진다. ◦ 우리나라 전통 예술(= 전통 음악, 춤, 미술, 건축물, 극 등)에 관심을 가지고 감상, 우리나라 문화에 친숙해지는 내용 　예 유아들이 '밀양 아리랑'을 들으며 장구를 자유롭게 두드린다.	

<예술경험 영역의 통합적 이해>

"비 오는 날"

활용tip ▶ 사례에 알맞은 '관련 내용'을 인출해 보세요.

영역	사례	내용
신체운동·건강	유아들은 발로 천천히 걷기, 발자국 만들기, 엄지와 검지손가락으로 조심스럽게 꽃잎 줍기, 손바닥으로 모래 다듬기 등의 신체를 인식하고 움직이는 경험을 함.	신체를 인식하고 움직인다.
	유아들은 동백꽃잎, 젖은 모래, 나뭇가지 등 사물의 특성에 따라 손가락 힘의 강도를 조절함.	신체 움직임을 조절한다.
의사소통	유아들은 빗소리와 물웅덩이 등에 대해서 다양한 표현을 하며 서로의 이야기를 관심 있게 듣고 말함.	말이나 이야기를 관심 있게 듣는다.
	유아들은 동백꽃잎이 떨어진 모습을 보며 서로의 생각을 말하고 상대방의 말이나 이야기를 듣고 적절하게 반응함	자신의 경험, 느낌, 생각을 말한다.
사회관계	유아들은 동백꽃잎 케이크를 만들기 위해 서로 역할을 분담하며 협력함. 서로의 모습을 예쁘게 그려 줌.	친구와 서로 도우며 사이좋게 지낸다.
예술경험	유아들은 비가 내리는 날 만나는 자연과 공간, 사물에서 아름다움을 발견하고 풍부하게 느낌. 말없이 조용히 걸으며 주의를 기울여 빗소리를 듣고, 화단에서 발견한 동백꽃잎으로 동백꽃잎 케이크를 만들고, 서로의 모습을 그려주는 모든 과정에서 아름다움을 느끼고 즐김.	자연과 생활에서 아름다움을 느끼고 즐긴다.
	빗소리, 우비에 떨어지는 빗소리, 장화와 흙탕물 도랑이 만나는 소리 등의 음악적 요소, 동백꽃잎의 분홍빛, 곡선, 부드러운 질감과 모래의 까끌까끌한 질감 등의 미술적 요소에 주의를 기울이고, 케이크를 동백꽃잎과 불그스름한 나뭇잎으로 장식하며 케이크의 꼭대기에 동백꽃 한 송이를 장식하는 과정을 통해 색, 모양, 질감, 공간을 탐색함.	예술적 요소에 관심을 갖고 찾아본다.
	동백꽃잎과 불그스름한 나뭇잎, 젖은 모래, 큰 냄비와 작은 그릇을 활용하여 2층으로 올린 동백꽃잎 케이크를 창의적으로 만듦. 동백꽃잎을 하나씩 둥글게 꽂고, 불그스름한 나뭇잎을 이중으로 꽂아 꾸밈. 화단에서 주운 짧고 가느다란 나뭇가지로 젖은 모래 위를 도화지 삼아 서로의 모습을 그려 주며 창의적 표현을 즐김.	다양한 미술 재료와 도구로 자신의 생각과 느낌을 표현한다.
자연탐구	유아들은 젖은 모래는 마른 모래보다 잘 뭉쳐지기도 하지만 모래이기 때문에 잘 부스러진다는 특성을 자연스럽게 탐색함.	물체의 특성과 변화를 여러 가지 방법으로 탐색한다.

(해설서 p.101~113)

「자연탐구」

"얘들아! 여기 꿀벌이 있어."
- 유아: 호기심이 넘치는 과학자 / 궁금한 것에 대해 답을 찾기 위해 적극적으로 탐색·탐구 + 즐김
- 자연탐구 내용: 물질, 사물, 자연현상, 동식물 등의 특성, 변화
  ⇨ 수학적, 과학적으로 탐구하는 다양한 경험과 관련된 내용
- 교사: • 호기심을 가지고 주도적으로 탐구하는 과정을 즐기며 + 스스로 궁금증을 해결해 가도록 돕는다.
  • 주변의 동식물, 생명, 자연환경에 관심을 가지며 + 생명을 소중히 여기고 + 사람과 자연이 더불어 살아가는 방법을 실천 지원

목표 ★탐구하는 과정을 즐기고, ★자연과 더불어 살아가는 태도를 가진다.

하위 목표

1) 일상에서 호기심을 가지고 ★탐구하는 과정을 즐긴다.
2) 생활 속의 문제를 수학적, 과학적으로 탐구한다.
3) 생명과 자연을 존중한다.

- '탐구과정 즐기기'
  ◦ 주변 세계·자연에 대해 지속적으로 ① 호기심을 가지고, 궁금한 것을 ② 탐구하는 과정에 적극적으로 참여하면서 서로 다른 생각에 관심을 갖는 내용
- '생활 속에서 탐구하기'
  ◦ ① 물체의 특성 + 변화를 여러 가지 방법으로 탐색하고, ② 물체를 세어 수량을 알아보고, ③ 물체의 위치·방향·모양을 알고 구별하며, ④ 길이·무게 등의 속성을 비교하고, ⑤ 반복되는 규칙을 찾아보고, ⑥ 모은 자료들을 기준에 따라 분류하며, ⑦ 도구와 기계에 관심을 가지고 ⇨ 생활 속의 문제를 다양하게 탐구하는 내용
- '자연과 더불어 살기'
  ◦ 주변의 동식물에 대해 관심을 가지고, 생명과 자연환경을 소중히 여기며, 날씨와 계절의 변화를 생활과 관련짓는 내용

목표 및 내용범주 이해하기

◦ 1) 호기심을 가지고 궁금한 것을 적극적으로 탐구하는 과정을 즐기며, 2) 생활 속의 문제를 수학적, 과학적으로 탐구해 보면서, 3) 생명과 자연환경을 존중하는 내용으로 구성

★★★ 주요 개정 내용

1) ★★★'탐구과정 즐기기'(기존 누리과정 '탐구하는 태도 기르기')
   ◦ 유아가 주변 세계·자연에 대해 ① 호기심을 가지고 + ② 즐겁게 탐색하는 모습을 반영 제시
2) ★★'생활 속에서 탐구하기'(기존 누리과정 '수학적 탐구하기 + 과학적 탐구하기' 통합)
   ◦ 일상의 문제를 수학적, 과학적 방식으로 탐구하는 유아의 경험을 반영
3) ★★★새로운 내용범주: '자연과 더불어 살기'
   ◦ 생명과 자연환경의 소중함을 경험하는 내용으로 새롭게 편성
   ◦ ★기존 누리과정 사회관계 영역의 세부내용. 내용 + 자연탐구 영역의 세부내용
     = ① '자연과 자원을 아끼는 습관을 기른다'(사회관계 영역의 세부내용) + ② '생명체와 자연환경 알아보기' + ③ '자연현상 알아보기'(자연탐구 영역의 내용)의 세부내용들 ⇨ 종합 ⇨ ★'지속 가능한 사회를 위한 삶의 태도'를 형성하는 내용으로 구성

내용범주	내용
★★★ 탐구과정 즐기기 (3)	■ ★주변 세계와 자연에 대해 지속적으로 호기심을 가진다. 　◦ 물질, 물체, 동식물, 자연현상 등에 호기심을 가지고 + 놀이에서 지속적으로 궁금한 것을 찾아가거나 표현하는 내용 　　예 모래에 물을 부으면 물이 사라지는 '물'과 '모래'의 성질에 대해 관심을 가짐 / 방아깨비를 관찰함 ■ ★★궁금한 것을 탐구하는 과정(5)에 즐겁게 참여한다. 　◦ 궁금한 것을 알아보기 위해 ⇨ 다양한 탐구과정(★관찰, ★비교, ★분류, ★예측, ★실험 등)을 자발적으로 즐기는 내용 　　예 유아들의 모래 구덩이 만들기가 계속되고 있다. 오늘은 유아들이 모래 속으로 물을 붓는다. 한 유아가 "물이 자꾸 없어져."라고 말한다. 옆에 있던 유아들도 함께 "왜 자꾸 없어지지?", "땅을 더 파야 해.", "아니야, 빨리 물을 부어야 해."라고 이야기 나누며 물이 스며드는 것에 호기심을 가진다. (물을 모래에 부으면 사라지는 것에 대해 궁금해하고 탐구하는 과정에 참여함) ■ 탐구과정에서 서로 다른 생각에 관심을 가진다. 　◦ 탐구하는 과정에서 자신의 생각을 또래, 교사와 함께 공유 + 서로 다른 생각에 관심을 가지는 내용 　　예 어제는 메뚜기를 발견하여 관찰하던 유아들이 오늘은 방아깨비를 이리저리 살펴보며 이야기를 나눈다. 수연: "방아깨비 발밑이 찐득찐득해. 너도 해 볼래?" 가현: "약간 간지러운데, 찐득해. 풀에 붙으려고 그런가 봐." 규리: "음... 먹이를 잡아먹으려고 그런 거야." 수연: "이거 봐. 찐득한 발로 내 손을 잡으려고 하는 것 같아."(방아깨비의 생김새와 발이 찐득한 이유에 대한 탐구)
★★ 생활 속에서 탐구하기 (7)	■ 물체의 특성과 변화를 ★여러 가지 방법으로 탐색한다. 　◦ 쉽게 발견 가능한 친숙한 물체, 물질의 기본적 특성 = 크기, 모양, 색, 냄새, 소리, 질감 　　⇨ 관심을 가짐 　◦ 나아가 물체나 물질을 다양한 방법으로 변화 = 자르기, 섞는 등 　◦ 변화되는 특성 & 변화되지 않는 특성이 무엇인지 탐색해 보는 내용 　　예 우리밀 과자를 만드는 과정에서 유아들은 버터와 계란, 밀가루를 숟가락으로 휘저으며 놀라운 표정으로 말한다. "어? 이것 봐! 반죽이 점점 갈색으로 변하고 있어."(색), "색깔이 진하게 변한다.", "점점 찐득찐득해지고 있어."(질감), "섞는 게 힘들어. 이제 네가 해 봐."(밀가루라는 친숙한 물질의 색, 질감의 변화에 관심을 가지고 섞어 보며 다양한 방법으로 변화) ■ ★물체를 세어 수량을 알아본다. 　◦ 일상에서 수에 관심을 가지고, 수량을 세어 ⇨ 많고 적음 및 '수량의 변화'를 알아보는 내용 　　예 민지: "야, 우리 같이 놀자. 뭐할까?" 현우: "나는 술래잡기." 민지: "나는 꼬마야 줄넘기할래." 현우: "우리 손들어서 정하자. 술래잡기하고 싶은 사람 손! … 한 명, 두 명, 세 명. 그러면 줄넘기하고 싶은 사람 손!" 민지: "똑같잖아. 술래잡기도 3명이고, 줄넘기도 3명이잖아." (줄넘기와 술래잡기하고 싶은 인원을 세어 많고 적음을 비교) ■ ★물체의 위치와 방향, 모양을 알고 구별한다. 　◦ 자신과 물체를 기준으로 앞, 뒤, 옆, 위, 아래 등 공간 안에서 위치와 방향을 알아가는 내용 　◦ 주변 환경에서 네모, 세모, 둥근 기둥, 상자 모양 등을 찾고 다양한 모양에서 공통점과 차이점을 알아가는 내용 　　예 유아들이 숨바꼭질을 한다. 한 유아가 "선생님, 쉿! 나 여기 밑에 숨어 있다고 말하면 안 돼요."라고 말하곤 미끄럼틀을 올라가는 계단 아래쪽으로 들어가 숨는다. "내 앞에 계단이 있으니까 친구들에게 난 잘 안 들키겠지? 하하."라고 혼잣말을 하며 웃는다. (자신을 중심으로 숨은 위치를 알아가는 '자기중심적 표상'이 나타남)

★★ 생활 속에서 탐구하기 (7)	■ **일상**에서 **길이, 무게** 등의 **속성**을 **비교**한다. ◦ 측정 가능한 속성(길이나 무게 등)을 알고 + 이 속성을 기준으로 물체를 ① <u>비교</u>, ② <u>순서 지어</u> <u>보는</u> 내용 ◦ 이 과정에서 유아는 <u>자신의 신체</u>(= 신체단위) + <u>다양한 물체</u>(= 임의단위)를 활용 = all 임의단위 ◦ 다양한 ★비교 어휘를 사용하면서 순서를 지어보는 내용 　**예** 복도에서 5세 수진이가 3세 승우와 4세 민석이를 만난다. 수진이가 "내가 키 재 줄게. 너희 둘이 　　여기에 서 봐."라고 말한다. 승우와 민석이가 등을 마주 대고 서자 수진이는 "니가 좀 더 큰데. 내 　　가 누가 무거운지도 봐 줄게." 하며 두 유아를 차례로 뒤에서 두 팔로 안고 들어 올린다. 수진이 　　는 "너보다 얘가 좀 더 무거워." 하며 웃는다. ■ **주변**에서 **반복**되는 **규칙**을 **찾는다**. ◦ 생활 주변에서 사물이나 사건의 양상이 일정한 순서로 반복 배열되는 것에 관심을 갖고 즐기며 + 반복되는 배열에 숨어 있는 질서와 규칙을 발견 ⇨ 다음에 올 것이 무엇인지를 <u>예측</u>하는 내용 ■ **일상**에서 **모은 자료**를 **기준**에 따라 **분류**한다. ◦ 일상생활에서 흥미·관심에 따라 필요한 자료를 다양한 방법으로 모으고 + 수집한 자료의 공통점 과 차이점을 탐색 　⇨ <u>하나 또는 그 이상의 다양한 기준</u>(모양, 크기, 색깔 등)에 따라 정리·조직해 보는 내용 　**예** 바깥 놀이터에서 유아가 친구들에게 "우리 이 열매 모으자. 개미는 이걸 좋아하거든." 하며 제안 　　하자, 유아들이 "여기 많다."라고 말하며 바닥에 떨어진 작은 열매를 줍기 시작한다. 한 유아가 　　솔방울을 내밀자, "아니야. 솔방울은 너무 커, 좀 작은 게 필요해. 동그랗게 이거랑 똑같이 생긴 　　것만." 하고 말한다. (크기와 모양에 따라 작은 열매를 분류함) 잠시 후 유아들이 주운 열매를 　　모으고, "이것 봐, 진짜 다 똑같은 열매다.", "그런데 여기 빨간 건 잘 익은 건가?", "내일 오면 개 　　미가 빨갛게 익은 건 다 먹었겠지?"라고 말하며 빨간 열매와 초록 열매를 골라낸다. (이후에 색 　　깔에 작은 열매를 재분류함) ■ **도구와 기계**에 대해 관심을 가진다. ◦ 일상생활에서 사용하는 다양한 도구와 기계에 관심을 가지고 + 직접 사용 　⇨ 도구와 기계가 우리의 생활에 어떠한 도움을 주는지에 대해 관심을 가지는 내용 　**예** 유아들이 선생님과 함께 콩나물무침 요리를 하고 있다. 작은 절구를 보던 한 유아가 "와! 맷돌 　　이다."라고 말하자, 다른 유아들이 "저건 콩콩 찧는 거야.", "맷돌이 아니고……?" 하며 선생님을 　　쳐다본다. 선생님은 "이건 절구인데."라고 말하자, 유아들이 "오늘 콩나물무침에 쓰려고요?" 하 　　고 묻는다. 선생님은 "그래. 이걸로 깨소금을 만들어 볼까?"라고 말하며 절구 안에 깨를 넣는다. 　　(깨소금을 만들며 절구가 우리 삶(요리)에 도움을 주는 도구임에 관심을 가지게 됨)
★★★ 자연과 더불어 살기 (3)	■ **주변의 동식물**에 관심을 가진다. ◦ 등·하원, 산책, 바깥 놀이터, 교실에서 접할 수 있는 동식물을 관찰 or 직접 길러 보면서 　⇨ 동식물의 특성에 관심을 가지고 탐구하는 내용 　**예** 성민: "저, 도토리 엄청 주웠어요."　교사: "벌써 도토리가 떨어져 있었어?"　성민: "네. 다람쥐들 　　이 도토리를 많이 먹으라고 조금만 주웠어요." 　**예** 유아가 개미를 발견하고 모두 놀란다. "야 개미다.", "여기 봐.", "으~악", "무서운 거 아니야." 한 　　유아가 "열매 같은 걸 가져가나 봐. 무겁겠다.", "배가 고픈가 봐.", "어디로 가지?", "밟지 마."라고 　　이야기한다.

★★★ 자연과 더불어 살기 (3)	■ **생명과 자연환경을 소중히 여긴다.** ◦ '동식물 + 동식물이 살아가기에 좋은 환경'에 대해 관심을 가지고 이들을 생명체로서 소중히 여기는 내용 　예) 성민: "저, 도토리 엄청 주웠어요." 교사: "벌써 도토리가 떨어져 있었어?" 성민: "네. 다람쥐들이 도토리를 많이 먹으라고 조금만 주웠어요." 　예) 유아가 개미를 발견하고 "배가 고픈가 봐.", "어디로 가지?", "밟지 마."라고 이야기하며 개미가 지나갈 수 있도록 몸을 옆으로 비키며 개미를 쳐다본다. ■ **날씨와 계절의 변화를 생활과 관련짓는다.** ◦ 낮과 밤, 날씨, 계절의 변화를 느끼고, 자연의 변화가 ⇨ 자신의 옷차림, 놀이 등 일상생활에 영향을 준다는 것을 이해 + 적절하게 대처하는 내용 　예) 성민: 저는요. 가을이 제일 좋아요. 교사: 아~ 그렇구나. 왜? 성민: 가을은 진짜 시원하잖아요. 난 더운 날씨가 싫어요.

<자연탐구 영역의 통합적 이해>

"꿀벌처럼"

활용tip ▶ 사례에 알맞은 '관련 내용'을 인출해 보세요.

영역	사례	내용
신체운동·건강	유아들은 개미나 공벌레를 잡을 때 손가락 힘을 조절하며, 미술 활동의 결과물인 꿀벌 집에서 발꿈치를 들고 다니고 몸을 웅크리며 움직임을 조절함.	신체 움직임을 조절한다.
	유아들은 벌을 찾아 걷기도 하고 달려가기도 함. 벌을 탐색할 때는 가만히 멈춰 서고, 벌을 따라 옆으로 움직임.	기초적인 이동운동, 제자리 운동, 도구를 이용한 운동을 한다.
의사소통	유아들은 벌을 발견한 친구의 외침과 친구들이 하는 벌에 대한 이야기를 관심 있게 들음.	말이나 이야기를 관심 있게 듣는다.
	유아들은 친구들이 하는 말을 듣고 관련해서 말함.	상대방이 하는 이야기를 듣고 관련해서 말한다.
	유아들은 곤충도감을 보며 꿀벌 집과 꿀벌의 천적에 대해 알게 됨. 유아들은 벌과 관련된 그림책을 선생님에게 읽어 달라고 요청함. 유아들은 그림책의 내용을 즐겁게 상상하며 엉덩이춤을 춤.	책에 관심을 가지고 상상하기를 즐긴다.
사회관계	유아들은 벌에 대한 친구의 생각과 행동을 잘 들으며, 꿀벌처럼 날갯짓하거나 꿀을 먹는 흉내 내는 것을 함께 즐거워함.	서로 다른 감정, 생각, 행동을 존중한다.
	유아들은 친구와 달리 교사에게 말을 할 때 존칭어를 사용하며 예의 바른 행동을 함.	친구와 어른께 예의 바르게 행동한다.
예술경험	유아들은 꿀벌 머리띠와 꿀벌 날개를 활용하여 꿀벌 날갯짓을 하고 엉덩이를 흔들며 꿀벌 춤을 춤.	신체나 도구를 활용하여 움직임과 춤으로 자유롭게 표현한다.
	유아들은 다양한 재료를 활용하여 꽃 그리기, 꿀벌 날개 꾸미기, 꿀벌 집 만들기 등을 하고 나아가 꿀벌 침을 창의적으로 표현하는 과정을 즐김.	다양한 미술 재료와 도구로 자신의 생각과 느낌을 표현한다.
자연탐구	죽은 벌과 살아 있는 꿀벌에 관심을 가지고, 이후 지속적으로 벌이 사는 집, 벌의 말과 움직임 등에 호기심을 가지며 그것을 알아보는 과정에 즐겁게 참여함.	주변 세계와 자연에 대해 지속적으로 호기심을 가진다. / 궁금한 것을 탐구하는 과정에 즐겁게 참여한다.
	유아들은 친구들, 선생님, 그림책, 곤충도감 등에서 벌에 대한 정보를 얻고, 서로 다른 사람의 생각을 들으며 관심을 가짐.	탐구과정에서 서로 다른 생각에 관심을 가진다.
	유아들은 벌집 모양을 그리며 수를 세거나, 벌집의 8각형 모양을 알고 다른 모양과 다름을 구별하는 경험을 함.	물체를 세어 수량을 알아본다. / 물체의 위치와 방향, 모양을 알고 구별한다.
	유아들은 개미, 공벌레, 노린재 등을 찾으러 다님. 누군가 "찾았다!" 하고 외치면 그곳으로 달려가 한참 동안 지켜봄.	주변의 동식물에 관심을 가진다.
	꿀벌을 친구로 여기고 소중하게 생각함. 꿀벌을 잡지 않고 날아가게 함.	생명과 자연환경을 소중히 여긴다.

유아 임용의 길을 가는 여러분에게...유자쌤

유아 임용은 유자쌤!

@youja_ssam

    이전에 대입 논술을 준비했었고 좋은 결과가 있었기 때문에 유치원 임용고시 논술에 큰 심리적 부담이 없었습니다. 반면 지인들 중에서는 '논술'이라는 것 자체를 굉장히 부담스러워하는 모습을 보았습니다. 살면서 거의 접할 일이 없었기 때문이죠. 하지만 이 책을 한 장씩 보다가 결국 마지막 장을 덮었을 때 알게 되실 거예요. 논술은 그리 대단하지 않다는 것!

    재학생 초수로 임용시험 합격해서 공립유치원 교사가 되었습니다. 현장에서 선생님들과 교육 연구회도 하고 수업 지원 TF팀 활동도 하며 공립유치원 교사 생활을 보냈습니다. 그리고 퇴근 후에는 취미 삼아 인스타그램과 유튜브에 교육 활동, 재밌는 에피소드, 유아 임용시험 정보를 나누었는데요. SNS를 통해 온라인으로 만난 수험생 여러분들의 논술 첨삭을 도와드리다가, 유아 임용 논술 책도 출판하게 되고 2차 시험 전자책도 나누었습니다. 이렇게 쌓인 노하우들과 경력을 바탕으로 앞으로는 유아임용 강사로서 더 체계적이고 더 본격적으로 유아 임용 소식을 전해 드리려고 해요! 자세한 내용은 유자쌤의 인스타그램을 참고해 주세요.

    아마도 많은 고민 끝에 유아 임용시험에 도전하셨으리라는 생각이 듭니다. 진로는 계획한다고 계획대로 되는 것도 아니고, 한번 마음을 정했음에도 다시 마음이 요동치기도 하지요. 그럼에도 불구하고 한번 해 보려고 여기까지 오신 여러분의 의지와 도전을 진심으로 응원합니다. 저는 고민의 끝에 서 있을 때 이렇게 마음을 다잡고는 해요. 과거는 바꿀 수 없고 미래는 정해 놓을 수 없지만, 현재에 내가 하기로 한 것에 최선을 다한다면 나는 절대 후회하지 않을 거라고.

    유아 임용의 모든 것, 본격적으로 알려드릴게요!
    유아 임용은? 유자쌤!

이 책의 특별한 장점, 세 가지

하나 알기 쉽고 재미있습니다.
상세한 대화체 설명으로 논술에 대한 기본 지식이 없는 고시생도 고득점이 가능합니다.

둘 실전 논술 문제에서 해답을 어떻게 찾고 개요도를 어떻게 쓰는지 흐름을 볼 수 있습니다.
다른 책에 없는 논술 문제 풀이와 관련한 모든 과정의 노하우를 담았습니다.

셋 논술 만점자 및 합격생이 쓴 고득점 비법이 있습니다.
유아 임용고시에 합격한 사람이 혼자 논술을 공부하는 수험생 입장에서 반드시 알아야 할 내용을 정리하여 쓴 책입니다.

유치원 임용시험은?

[공립 유치원 교사 임용후보자 선정경쟁시험]

시간	1차 지필 시험			2차 면접 시험	
				1일차	2일차
1교시	교직논술	1문항 20점	60분	교수학습 과정안 작성*	수업 실연
2교시	교육과정 A	8문항 40점	70분	교직 적성 심층 면접 (즉답 및 구상형)	
3교시	교육과정 B	8문항 40점	70분		

* 응시 지역에 따라 교수학습 과정안 시험이 생략될 수 있습니다.

　유치원 임용시험은 **1차 시험**과 **2차 시험**이 있습니다. 1차 시험은 논술과 서답형 필기시험으로 이뤄져 있습니다. 일단 1차 시험을 통과해야 2차 시험을 치를 수 있는 자격이 주어지게 됩니다. 2차 시험의 교수학습 과정안 작성 및 교직 적성 심층 면접은 지역마다 시험 유형이 조금씩 다르고, 수업 실연은 지역 공통으로 보게 됩니다.

　1차 시험에서 1교시는 논술, 2교시와 3교시는 교육과정 A와 B를 봅니다. 이 부분이 합격의 당락이 결정하는 유치원 임용고시의 핵심 내용입니다. 1차 시험 점수 중 80점이나 차지하기 때문입니다. 따라서, 2교시와 3교시 공부에 많은 시간을 투자할 수 있도록 1교시의 **논술** 파트는 **쉽고, 빠르게, 확실히** 마스터해 두는 것이 좋습니다.

차 례

유아 임용의 길을 가는 여러분에게

 여러분도 당연히 합격합니다.
그것도 가장 쉽고 빠르게요!

 유아 임용은 유자쌤!

논술의 기초

Ⅰ. 문장은 '잘' 쓰는 게 아니라 '정확히' 쓰는 것 • 7
  1. 간결하고 명확한 문장 쓰기 … 8
     ① 단문 사용하기
     ② 글을 구조화하여 작성하기
     ③ 주관적인 수식어와 비유적 표현 사용하지 않기
  2. 주장과 근거(뒷받침 문장)의 타당성 높이기 … 11
     ① 원인과 결과의 경우
     ② 문제점과 해결 방안의 경우
  3. 분량 … 12

Ⅱ. 유아임용 논술 만점 받기 • 13
  1. 배점표로 분량 확인 및 시간 배분 … 14
  2. 문제 정확히 파악하기 … 17
  3. 개요도 쉽게 쓰기 … 18
     ① 누리쌤의 개요도 작성 꿀팁
     ② 유자쌤의 개요도 작성 꿀팁
  4. 만능 틀로 서론·결론 쓰기 … 22
  5. 문제와 답안 개요도 점검하기 … 23
  6. 셀프 첨삭 팁 … 23

Ⅲ. 틀리기 쉬운 맞춤법 • 25

논술의 실제
기출문제 풀이

1. 2025학년도 정시 … 30
2. 2024학년도 정시 … 36
3. 2023학년도 정시 … 42
4. 2022학년도 정시 … 48
5. 2021학년도 정시 … 54
6. 2020학년도 정시 … 58
7. 2019학년도 추시 … 62
8. 2019학년도 정시 … 66
9. 2018학년도 정시 … 70
10. 2017학년도 정시 … 74
11. 2016학년도 정시 … 78
12. 2015학년도 정시 … 82
13. 2014학년도 정시 … 86
14. 2013학년도 추시 … 90
15. 2013학년도 정시 … 94

논술의 기초

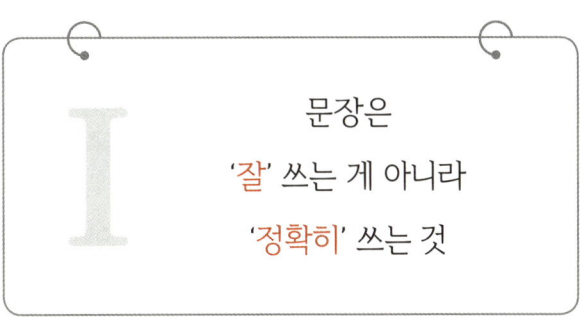

I 문장은
'잘' 쓰는 게 아니라
'정확히' 쓰는 것

시험을 위한 논술문은 제시문에 대해 논리를 서술하는 글입니다. 그래서 화려하거나 감동적일 필요가 없습니다. 또 자신만의 창의적인 사고를 보여줄 필요도 없지요. 왜냐하면 제시된 문제에 예상 답안이 정해져 있으니까요! 창의적이면 멋진 글이지만 가산점이 있는 것은 아닙니다.
 점수를 잘 받기 위해 중요한 것은 <u>**교직 논술시험에서 요구하는 문제와 제시문을 정확히 이해하고 작성하는 것**</u>입니다. 제시문을 정확히 이해했고 이를 논리적으로 이야기할 수 있음을 알려주면 됩니다.

1. 간결하고 명확한 문장 쓰기

❶ 단문 사용하기

단문은 하나의 주어와 하나의 서술어로 이루어진 문장입니다. 복문으로도 간결하고 명확한 문장을 쓸 수 있습니다만, 단문을 사용하는 것이 좋은 이유는 첫째, **채점이 편하고** 둘째, **작성이 편하기 때문입니다.** 먼저, 채점자는 수많은 답안지에서 답이 있는지 없는지 찾느라 아주 피로한 상태입니다. 그렇기에 명확하고 간결한 단문은 채점자에게 단비 같은 글입니다. 단문은 주어와 서술어가 한눈에 보이므로 채점하기 쉽습니다.

응시자 입장에서 작성하기가 편합니다. 복문을 작성할 경우 문장에 사용된 주어와 술어가 호응하는지 수시로 확인해야 합니다. 자칫하면 주어와 술어가 서로 호응하지 않는 비문이 되어 버리기 때문입니다. **단문 사용은 이러한 번거로운 과정과 시간 낭비를 줄여줄 수 있습니다.** 아래의 예시를 볼까요?

> **예1** 정 교사는 다친 동수의 상처를 살펴보고 적절히 조치하지 않아 상처가 악화될 위험에 노출되게 했으므로 이는 적절한 행동이 아니다.
>
> **예2** 정 교사는 다친 동수의 상처를 살펴보고 적절히 조치하지 않았다. **이는** 동수의 상처가 악화될 위험에 노출시킨다. **따라서** 적절한 행동이 아니다.
>
> **예1**의 경우 긴 복문은 아니지만 **예2**에 비해 훨씬 더 집중을 요합니다.

또한, **단문은 내가 적절한 근거를 썼는지 한눈에 확인할 수 있도록 합니다.** 아래의 사례를 보겠습니다. 교사의 행동과 그 문제점 및 해결 방안을 작성하라는 문제입니다. 자주 나오는 유형이네요. 잠깐 문장 예시를 보겠습니다.

> **예3** 사례에 제시된 교사의 **행동**에 대한 **문제점**과 **해결 방안**은 다음과 같다. 첫째, 최 교사는 유아들에게 음식을 골고루 먹도록 지도했다 (행동). 그 결과 유아들은 거짓으로 배가 아프다며 음식을 먹지 않고 남겼다 (문제점). 이를 해결하기 위해 교사가 식사 전 간단한 요리활동을 계획하고 실행해 본다면 유아에게 식재료에 대한 흥미와 친근감을 주어 편식 행동을 개선하도록 할 수 있을 것이다 (해결 방안 + 근거).
>
> **예4** 사례에 제시된 교사의 **행동**에 대한 **문제점**과 **해결 방안**은 다음과 같다. 첫째, 최 교사는 유아들에게 음식을 골고루 먹도록 지도했다 (행동). 그 결과 유아들은 거짓으로 배가 아프다며 음식을 먹지 않고 남겼다 (문제점). 이를 해결하기 위해서 교사는 식사 전 간단한 요리활동을 계획하고 실행할 수 있다 (해결 방안). 왜냐하면 이는 유아에게 식재료에 대한 흥미와 친근감을 주어 편식 행동을 개선하기 때문이다 (근거).

두 예시 모두 '첫째' 이후에 순서대로 교사의 행동, 문제점, 해결 방안, 타당성 있는 근거 (뒷받침 문장)가 제시되었습니다. 예3 의 경우 해결 방안과 근거는 두 내용이 연결만 잘 된다면 정답으로 처리됩니다. 그러나 두 문장이 복문으로 연결되어 작성도 오래 걸리고 작성자가 검토하기에도 여러 번 생각해야 합니다. 이때 해결 방안과 그 근거가 아닌 해결 방안을 2가지 쓰는 오류가 생길 수도 있습니다. 반면, 예4 의 경우는 **한 문장에 하나의 답안 (행동, 문제점, 해결 방안, 근거)이 포함되었습니다.** 채점을 할 때 논란의 여지가 없습니다. 작성자도 검토할 때 해결 방안과 근거를 시각적으로 빠르게 확인하고 넘어갈 수 있습니다. 그리고 복문 안에 두 가지의 답안을 넣어 작성하면 한 문장 안에서 답의 구분이 명확하지 않은 경우 하나만 정답으로 인정될 위험이 있습니다.

❷ 글을 구조화하여 작성하기

글을 구조화하여 작성하면 작성자와 채점자 모두가 편합니다. 작성자는 개요도에 작성한 '**알맹이 내용**'을 (반복되는) **문장 틀 구조에 끼워 넣기**만 하면 되고 채점자도 알맹이 내용만 체크해서 채점하면 됩니다.

논술 단골 문제인 문제점과 이유, 해결 방안 서술 문제의 경우, '첫째/둘째, …… ~이/가 문제이다. 왜냐하면 …… ~ 때문이다, …… ~해야 한다'의 식으로 구조화하여 작성하는 것이 좋습니다. 아래의 예시를 볼까요?

> 예 **첫째**, 교사가 실험의 결과를 일방적으로 제시**한 것이 문제이다. 왜냐하면** 이는 유아의 과학적 탐구 동기를 약화시키기 **때문이다.** 교사는 실험 결과를 미리 단정지어주기보다 다양한 방법으로 재실험을 할 수 있도록 격려**해야 한다. 둘째**, 교사가 모든 유아에게 미리 정해진 동일한 질문을 **한 것이 문제이다. 왜냐하면** 같은 실험을 하더라도 유아의 관심과 흥미는 다르기 **때문이다.** 교사는 유아의 개별적 관심과 흥미를 존중하여 각기 다른 질문을 **해야 한다**.

한눈에 문제에서 요구하는 답이 쏙 들어오지요? 반복되는 구조로 작성되니 채점하기도 편리하겠죠? 개요도에 작성될 알맹이에 해당되는 내용을 밑줄 치면 아래와 같습니다.

> **예** **첫째**, 교사가 <u>실험의 결과를 일방적으로 제시</u>**한 것이 문제이다. 왜냐하면** 이는 유아의 과학적 탐구 동기를 약화시키기 **때문이다.** 교사는 실험 결과를 미리 단정지어주기보다 <u>다양한 방법으로 재실험을 할 수 있도록 격려</u>**해야 한다. 둘째,** 교사가 모든 유아에게 미리 정해진 동일한 질문을 **한 것이 문제이다. 왜냐하면** 같은 실험을 하더라도 유아의 관심과 흥미는 다르기 **때문이다.** 교사는 유아의 개별적 관심과 흥미를 존중하여 <u>각기 다른 질문을 해야 한다</u>.

아직도 어렵나요? 반복되는 구조로 적기 위해서는 개요도 작성만 잘해도 됩니다. 개요도는 어떻게 쉽게 쓰냐고요? 이는 뒤에서 다시 다루니 걱정 마세요!

❸ 주관적인 수식어와 비유적 표현 사용하지 않기

우리는 그냥 논술문을 쓰는 것이 아닙니다. 시험을 위한 시험 논술을 쓰는 것입니다. 시험을 위한 논술에서 주관적인 수식어를 사용하면 문장이 길어져 가독성이 떨어지고 그 수식어가 자칫 감점 요인이 될 수 있습니다. 불필요한 위험을 감수하지 맙시다. 논술은 문학 소설이 아니며 채점자에게 감동을 줄 필요가 없습니다. 논술은 딱 필요한 말만 쓰면 됩니다. 예시를 볼까요?

> **예1** 놀이는 무한한 가능성을 가진 유아들에게 자연스럽게 배움의 기회를 제공하는 배움의 사다리이자 곧 배움이 될 수 있다.
> **예2** 놀이는 유아들에게 배움의 수단이자 배움 그 자체이다.

예1 을 보면 '무한한 가능성을 가진'과 '배움의 사다리'라는 불필요한 수식어가 쓰였습니다. 괜히 문장만 길지요. **예2** 에서는 같은 내용을 훨씬 더 간결하게 전달하고 있습니다. **예1** 과 **예2** 중 어떤 문장을 읽고 싶으신가요? 핵심만 담은 **예2** 가 훨씬 좋지요.

2. 주장과 근거(뒷받침 문장)의 타당성 높이기

　주장과 근거의 타당성을 높이는 것은 중요합니다. 앞에서처럼 반복된 구조로 문장을 만드는 것은 크게 고민할 필요가 없지만 적절한 근거를 제시하는 것은 고민이 조금 더 필요합니다. 아래의 예시를 보며 타당성을 높인다는 것의 의미가 무엇인지 알아보겠습니다. 아래의 예시를 통해 그 의미를 알고 셀프첨삭을 적용한다면 몰라보게 달라진 자신의 글을 만나게 될 것입니다.

❶ 원인과 결과의 경우

> a. 교사는 상희의 부모님과 솔직히 상담하지 않았다. **그 결과** 상희는 정서적 불안이 심해졌다.
> b. 상희의 가정에 갈등이 지속적으로 있었다. **그 결과** 상희는 정서적 불안이 심해졌다.

　위의 사례를 보게 되면 어떤 문장이 더 합리적이고 타당해 보이나요? 맞습니다. b가 더 타당합니다. 원인과 결과의 거리가 가깝습니다. a의 경우에 '교사가 상담을 안 했다 ➡ 부모님의 갈등이 해결되지 않았다 ➡ 상희가 불안정하다'라는 흐름이 더 적절합니다. a의 경우 오답은 아니지만 원인과 결과의 거리가 멀어 채점자에 따라 여지가 있습니다. b의 경우 a에 비해 훨씬 원인과 결과의 거리가 가까워 근거 문장의 타당성을 높입니다.

❷ 문제점과 해결 방안의 경우

　작성자가 제시하는 해결 방안이 현장에서 사실상 다소 어렵거나 난감한 일이어도 상관없습니다. 아래 예시처럼 작성했을 때, '한 명의 학부모와 상담 전화를 매일 한다는 것이 정말 가능할까?' 하고 그 실현 가능성에 대해 지나치게 고민하지 않으셔도 됩니다. 중요한 것은 추상적인 표현보다는 눈에 보이는 구체적 행동으로 작성하는 것입니다.

> a. [추상적] 따라서 교사는 상희의 어려움을 극복하기 위해 **부모와 긴밀히 협력**하여 함께 소통해야 할 것이다.
> b. [구체적] 따라서 교사는 상희의 어려움에 대해 부모님께 솔직하게 이야기하고 **매일 전화 상담을 통해 협력**하며 부모와 소통해야 할 것이다.

3 분량

　예전에는 원고지 형태에 1,200자 이내로 서술해야 한다는 제한이 있었습니다. 분량을 넘거나 많이 미달될 경우 1점이 감점되었습니다. 하지만 2021학년도 시험부터는 분량 제한이 사라졌습니다. 주어진 답안지 면수(2면 이내)에 맞게 줄글로 쓰면 됩니다. 분량 제한이 사라지면 아무 말이나 길게 써도 괜찮을까요? 배점이 없어진다고 해도 사실상 써야 할 내용과 적정 분량은 정해져 있습니다. 아마 기존에 제시되었던 분량과 크게 다르지 않을 것으로 보입니다.

　배점표를 확인한 후 이와 비례하게 분량을 정하면 됩니다. 1점은 1점끼리 같은 분량일 것이고 3점은 3점끼리 같은 분량일 것입니다. 논지를 정확히 파악하고 요구하는 답을 서술할 경우 분량이 딱 맞습니다. 분량이 부족하다면 불필요한 말을 넣었고 분량이 남는다면 답안을 부족하게 작성했을 확률이 큽니다. 그래도 분량 제한이 폐지되어 잘됐습니다. 이전에는 1,200자 이내로 끼워 넣느라 뒷받침 문장을 충분히 적지 못했었다면 이제는 그 점을 보완할 수 있습니다. 내용에 충실하게 논리적으로 서술할 수 있습니다.

논술의 기초

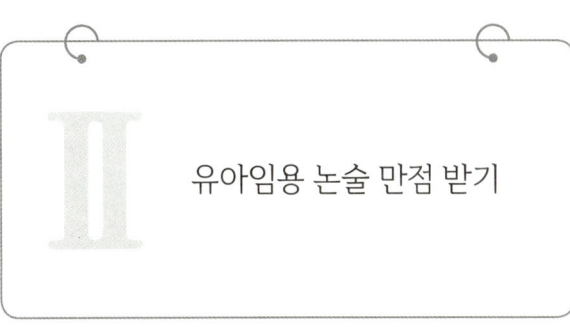

II 유아임용 논술 만점 받기

구체적인 작성 과정을 알아보겠습니다. 배점표 확인 후 자신이 작성해야 할 본론의 내용과 분량을 확인하고 제시문에서 이를 찾습니다. 이때 제시문에서 문제에 대한 답을 찾으면서 본론의 개요도가 나와야 합니다. 개요도가 나온 다음에는 미리 준비해 둔 만능 틀로 서론과 결론을 채운 뒤 개요도를 점검 후 작성하면 됩니다. 순서대로 한번 공부해 볼까요?

1 배점표로 분량 확인 및 시간 배분

배점표는 논술 분량과 작성 시간을 배분하는 데 중요한 단서가 될 수 있습니다. 논술 문제를 받고 가장 먼저 확인해야 할 것이 문제와 배점표입니다. **배점표에 '꼭 들어가야 할 내용'이 그대로 적혀 있기 때문입니다.** 배점표를 보면서 빠트리지 않고 작성해야 할 내용과 그 분량을 파악할 수 있습니다. 대부분 점수와 분량은 비례합니다. 점수와 분량이 비례하는 것은 너무나 당연한 일입니다. 왜냐하면 시험 논술은 채점을 해야 하는 '문제'와 '답'이 있는 글쓰기이기 때문입니다.

기출문제 배점표를 통해 각 논제에서 나와야 하는 분량을 알아보겠습니다. 2020학년도 시험과 2019학년도 추가시험 기출문제입니다.

2020 정시		배점표 참고	배점	글자 수	
서론				100자	
본론	1)	세 교사의 갈등 내용 3가지	3점	200자	1200자
	2)	행동 이유 각 3가지	3점	200자	
	3)	문제 해결 방법 3가지	3점	200자	
	4)	덕목 3가지	3점	200자	
		여유 3가지	3점	200자	
결론				100자	

2019 추시		배점표 참고	배점	글자 수	
서론				100자	
본론	1)	안전사고 적절치 못한 행동의 수정 3가지	3점	200자	1200자
		그 이유 3가지	3점	200자	
	2)	정서적 지원+기대 효과 3가지	3점	200자	
		전문적 지원+기대 효과 3가지	3점	200자	
	3)	교사 역량+필요성 3가지	3점	200자	
결론				100자	

빨간색 글자 부분에 배점표와 점수의 규칙성이 보이시나요? 배점표의 답안 내용과 점수의 관계를 보겠습니다. 3가지에 3점, 1가지에 1점입니다. 작성을 요구하는 가짓수가 점수와 일치합니다. 즉, **하나의 항목에 적절한 답변을 했다면 1점씩 가져가는 것입니다. 배점표에 나온 내용을 개수대로 꼭 작성해야 합니다.** 그리고 항목에 대한 답변이 없거나 아예 틀렸다면 0점, 답변이 정확하면 1점입니다. 애매하게 오답의 여지를 두는 답안을 작성했다면 부분 점수를 받게 될 수 있습니다. 그렇게 되면 소수점으로 점수를 받게 됩니다. 따라서 배점표에 제시된 내용을 반드시 작성해야 합니다. 중복되어도 안 되겠지요? 중복되면 하나만 답안으로 채점될 것입니다.

다음으로, **적절한 분량**으로 작성해야 합니다. 3점은 3점끼리 분량이 비슷할 것이고 4점은 3점보다는 더 많은 분량을 작성해야 합니다. 2021학년도부터는 글자 수에 대한 감점 항목이 사라졌습니다. 아래의 공고를 보겠습니다. 2면 이내의 답안지에 작성하기만 하면 됩니다. 하지만 분량 감점이 없다고 해서 분량을 아예 무시해서는 안 됩니다. 각 답안의 비중을 잘 조정하길 바랍니다.

2021학년도 임용시험부터 변경된 사항

1차 시험 교직논술 답안지 변경
- 2021학년도 임용시험부터 1차 교직논술 답안지를 아래와 같이 변경함

구분	2020학년도	변경(2021학년도)
답안지 관련 '비고'	논술형 (원고지 형태 1,200자 이내)	논술형*

답안지 및 배점 관련	답안 작성 시 유의사항
	주어진 원고지(1,200자)에 맞게 서술하시오. (1,100자 이하 또는 1,200자 초과 시 감점)
	
	배점
	• 논술의 내용 [총 15점] (중략)
	• 논술의 체계 [총 5점]
	  - 글의 논리적 체계성 [3점]
	  - 맞춤법 및 원고지 작성법 [1점]
	  - 분량 [1점]
		답안 작성 시 유의사항
		주어진 답안지 면수(2매 이내)에 맞게 서술하시오.
		
		배점
		• 논술의 내용 [총 15점] (중략)
		• 논술의 체계 [총 5점]
		  - 글의 논리적 체계성 [3점]
		  - 맞춤법 및 어휘·문장의 적절성 [2점]

* 문항 형태는 2020학년도와 같은 논술형 문항이되, 답안은 원고지 형태가 아닌 일반 답안지에 작성하며, 주어진 수(2면 이내)의 답안지에 작성하고, 글자 수를 제한하지 않으며 분량에 대하여 배점을 하지 않음.

& 의 시간 배분 팁!

두 가지 모두 시도해 보고 자신에게 적합한 방식을 선택하세요!

저는 문제점과 해결 방안 쓰기에 해당하는 **배점이 가장 크다면**, 개요도를 쓸 때 문제점과 해결 방안 파트를 **가장 먼저 씁니다**. 차례대로 문제를 해결하려다 만약 적은 배점의 앞 문제가 어려워 배점이 큰 파트를 부실하게 적게 된다면 고득점과 멀어집니다. 기억합시다. 논술은 전략적으로 접근해야 합니다.

저는 **배점표를 보고 개요도를 짜며 '논술' 시험을 '서술' 시험으로 보이게 하는 쪼개기 작업**을 합니다. 이 작업은 가상의 표를 만들어 개요도를 짜는 것입니다. 이 개요도에 쓸 수 있는 것(답을 정확히 파악한 것)을 가장 먼저 씁니다. 그러고 나서 나머지를 채웁니다. **확실한 것부터 채우고 불확실한 것은 남깁니다**. 이때 시간을 확인하며, 시간 여유가 있으면 조금 더 생각해서 정답을 채워 넣고 **시간이 부족하면 긴가민가하더라도 가장 정답에 가깝다고 생각하는 답안을 골라 넣습니다**. 문제풀이 흐름에서 자세히 알려드리겠습니다.

2 문제 정확히 파악하기

논술시험은 **문제에 대한 답**을 쓰는 것입니다. 문제를 엉뚱하게 파악한다면 답도 엉뚱하게 쓰게 됩니다. 그래서 자칫 내가 작성한 개요도만 보고 쓰다가 문제에서 요구하는 답과 멀어질 수 있습니다. 문제에 드러난 출제자의 의도를 정확히 파악하고 개요도에 정확하게 작성했는지 반드시 반복적으로 확인하셔야 합니다.

두 가지 모두 시도해 보고 자신에게 적합한 방식을 선택하세요!

문제의 핵심 포인트에 밑줄, 동그라미를 치고 그 옆에 개요도를 써서 항상 개요도만 보고 곡해하지 않도록 유의하는 것이 좋습니다. 문제와 개요도를 멀리 두지 않는 게 좋습니다.

시험지의 문항에 제시된 문제와 배점표에 표시된 문제, 그리고 개요도의 내용을 **교차 확인하며 수시로 점검**합니다. 개요도 답을 보며 '**문제에 대한 답을 썼는가?**'라는 질문을 계속 합니다.

'응? 무슨 소리지?' 싶을 것입니다. 그럴 수밖에 없습니다. 백문이 불여일견이지요. 개요도 흐름을 직접 눈으로 보아야 이해가 될 것입니다. 문제를 파악하고 개요도를 작성하는 과정은 바로 다음의 사례와 기출 예시 사례를 통해 자세히 알아보도록 하겠습니다!

3 개요도 쉽게 쓰기

줄글로 된 개요도 vs **표로 작성된 일목요연한 개요도**. 둘 중에 어느 개요도를 보고 답안을 작성하기 쉬울까요? 당연히 표로 작성된 일목요연한 개요도입니다. 아래의 예시를 볼까요?

> 예 **첫째**, 교사가 <u>실험의 결과를 일방적으로 제시</u>한 것이 **문제이다. 왜냐하면** 이는 유아의 <u>과학적 탐구 동기를 약화시키기</u> **때문이다.** 교사는 실험 결과를 미리 단정지어주기보다 <u>다양한 방법으로 재실험</u>을 할 수 있도록 격려**해야 한다.** **둘째**, 교사가 <u>모든 유아에게 미리 정해진 동일한 질문</u>을 한 것이 **문제이다. 왜냐하면** <u>같은 실험을 하더라도 유아의 관심과 흥미는 다르기</u> **때문이다.** 교사는 유아의 개별적 관심과 흥미를 존중하여 <u>각기 다른 질문을 해</u>**야 한다.**

반복되는 문장 구조로 논리적으로 쓰였지요? 밑줄 친 부분은 개요도에 있는 알맹이에 해당하는 내용입니다.

개요도

	문제점	이유	해결 방안
1	실험의 결과 일방적 제시	유아의 과학적 탐구 동기↓	다양한 방법으로 재실험
2	모든 유아 → 미리 정해진 동일한 질문	같은 실험 but 관심과 흥미는 다름	유아의 개별적 관심, 흥미 존중 → 각기 다른 질문

자, 이렇게 개요도를 문제점, 이유, 해결 방안을 일목요연하게 표로 작성하니 답안 작성할 때 편리하겠죠? **표의 내용**들만 쏙쏙 골라 '첫 번째, ~가 문제이다. 왜냐하면 ~ 때문이다. ~해야 한다' **만능 틀에 집어넣으면 끝입니다.** 문제점, 이유, 해결 방안을 각각 하나의 열로 구성하여 표로 작성하면 개요도에서 찾아서 쓰기도 편하고 혹여나 잘못 적은 내용이 있어 수정을 할 때에도 편리합니다. 표 안에서 고치면 되니까요.

그리고 개요도 역시 빠른 시간에 적을 수 있는 방법이 있습니다. 바로 ↓(감소/약화), ↑(증가/강화), →(인과관계 표시) 등의 기호를 사용하는 것입니다. 개요도 작성 시간이 단축되겠지요! 쉬운 영어도 써보세요. '하지만'을 적는 시간보다 'but'을 적는 게 시간이 절약됩니다. 그럼 이 개요도는 어느 세월에 적느냐고요? 논술 역시 주어진 시간 내에 답안을 써야 하므로 속도가 중요합니다. **문제를 받자마자, 문제와 유의사항을 가장 먼저 체크하고 '개요도 틀'을 작성하세요!** 누리자쌤과 유자쌤의 개요도를 모두 보겠습니다. 자신에게 적합한 방식으로 개요도를 선택해서 작성하세요.

1 누리자쌤의 개요도 작성 꿀팁

교직 논술 문항 구성 (개요도 틀 예)

맥락(상황) 조건문	다음은 교사 학습공동체에서 나눈 교사들 간 대화이다.
논제 (지시문)	1) 유아교사의 역할 4가지를 대화에 근거하여 제시하시오. 2) 김 교사의 대화를 바탕으로 역할갈등의 개념을 설명하고, 이에 근거하여 최 교사와 박 교사의 역할갈등 내용을 각각 1가지씩 제시하시오. 3) 최 교사와 박 교사 각각의 역할갈등 해결방안을 개인 차원에서 2가지씩 논하고, 4) 이러한 역할갈등 해결을 지원하기 위한 조직 차원의 방안 2가지를 논하시오. [총 20점]
자료 (제시문)	대부분 대화 형식의 자료
유의사항	• 논술의 내용 [총 15점] 　- 유아교사의 역할 [4점] 　- 역할갈등의 개념(3점)과 내용(2점) [5점] 　- 개인 차원의 역할갈등 해결 방안 [4점] 　- 조직 차원의 지원 방안 [2점] • 논술의 체계 [총 5점] 　- 글의 논리적 체계성 [3점] 　- 맞춤법 및 어휘 문장의 적절성 [2점]

논제 1)과 첫 번째 유의사항('유아교사의 역할')을 읽고 빨간색 네모 박스 안처럼 개요도 틀을 작성합니다. 논제 2)와 두 번째 유의사항('역할갈등의 개념과 내용')을 읽고 파란색 네모 박스 안처럼 개요도 틀을 작성합니다. 논제 3)과 세 번째 유의사항('개인 차원의 역할갈등 해결 방안')을 읽고 분홍색 네모 박스 안처럼 개요도 틀을 작성합니다. 마찬가지로 논제 4)와 네 번째 유의사항('조직 차원의 지원 방안')을 읽고 초록색 네모 박스 안처럼 개요도 틀을 작성합니다. 문제를 받자마자 논제와 유의사항의 배점표를 번갈아가면서 읽고 동시에 개요도 틀을 작성하는 것이지요.

이 방법으로 문제 옆에 작은 글씨로 개요도를 적어 보면, **점검하는 단계에서 문제의 포인트에 개요도가 빗나간 점이 없는지 바로 확인**하기 쉽습니다.

❷ 유자쌤의 개요도 작성 꿀팁

저는 개요도를 작성할 때 큰 종이를 선호합니다. 글씨가 크고 악필인 이유도 있지만 개요도의 알맹이 내용을 작성할 때 반복 검토하며 여러 차례 고치기 때문에 수정할 공간을 확보해 둡니다. 그리고 배점표를 보고 개요도를 짜며 이 '논술' 시험을 '서술' 시험으로 보이게 하는 쪼개기 작업을 합니다. 이 작업은 아래처럼 개요도를 짜는 것입니다. 짧은 문제를 보고 긴 답안을 쓰는 것은 어렵지만, 한 문장의 문제에 몇 문장의 답안을 쓴다고 생각하면 마음이 편합니다. 배점표를 확인하고 아래와 같이 개요도를 작성합니다.

맥락(상황) 조건문	다음은 교사 학습공동체에서 나눈 교사들 간 대화이다.
논제 (지시문)	1) 유아교사의 역할 4가지를 대화에 근거하여 제시하시오. 2) 김 교사의 대화를 바탕으로 역할갈등의 개념을 설명하고, 이에 근거하여 최 교사와 박 교사의 역할갈등 내용을 각각 1가지씩 제시하시오. 3) 최 교사와 박 교사 각각의 역할갈등 해결방안을 개인 차원에서 2가지씩 논하고, 4) 이러한 역할갈등 해결을 지원하기 위한 조직 차원의 방안 2가지를 논하시오. [총 20점]
자료 (제시문)	대부분 대화 형식의 자료
유의사항	• 논술의 내용 [총 15점] - 유아교사의 역할 [4점] - 역할갈등의 개념(3점)과 내용(2점) [5점] - 개인 차원의 역할갈등 해결 방안 [4점] - 조직 차원의 지원 방안 [2점] • 논술의 체계 [총 5점] - 글의 논리적 체계성 [3점] - 맞춤법 및 어휘 문장의 적절성 [2점]

1) 유아교사의 역할   1 ①
   대화 근거   2 ②
                       3 ③
                       4 ④
2) 역할갈등 개념   1 ⑤
   김 교사 대화 바탕   2 ⑥
                       3 ⑦
   역할갈등 내용 - 최   1 ⑧
                 - 박   2 ⑨
3) 해결 방안   - 최   1 ⑩
   개인 차원   2 ⑪
               - 박   1 ⑫
                       2 ⑬
4) 지원 방안   1 ⑭
   조직 차원   2 ⑮

이렇게 개요도를 작성하고 배점표와 분량을 확인합니다. 논술의 내용 배점이 총 15점입니다. 그러면 답안도 15점 어치 즉 ⑮가지가 나와야 합니다. 다만 2번 역할갈등 개념은 3점이므로 3점치 분량을 써야 합니다. 개요도 작성 때 이를 확인하면 실수도 예방할 수 있습니다. 예로 위의 개요도에서 3번 해결 방안을 볼까요? 최 교사와 박 교사의 역할갈등 해결 방안을 각 2가지 쓰라고 했기 때문에 총 4가지가 나와야 합니다. 저는 처음에 헷갈려서 개요도에 최 교사 하나(⑩), 박 교사 하나(⑫) 적었습니다. 그런데 총 ⑮가지가 나오지 않아서 문제를 다시 읽으니, 최 교사 2가지(⑩~⑪), 박 교사 2가지(⑫~⑬)를 쓰도록 했네요. 개요도 작성할 때 배점과 분량을 확인하고 **논제(지시문)와 유의사항(배점표)을 교차 점검**하는 것은 이래서 중요합니다. 답안을 빠뜨리지 않도록 합니다. 개요도 작성 실수만 하지 않아도 일정 점수 이상은 무조건 받을 수 있습니다.

그리고 논제(지시문)와 유의사항(배점표) 확인이 끝나면 개요도에 알맹이 내용을 키워드 중심으로 작성합니다. 정답이 확실한 것부터 먼저 쓰고 애매한 것은 나중에 씁니다. 그리고 시험 시간이 많이 남았으면 조금 더 고민하고, 시간이 부족하면 그나마 가장 적절해 보이는 답안을 집어넣습니다. 다 못 쓸 바에는 한두 개 틀리는 게 낫습니다. 이때 각 문제의 답안에 내가 중복된 답안을 쓰지는 않았는지, 내가 찾은 답안이 다른 문항(①~⑮)으로 가는 것이 더 나은지 반복적으로 살펴봅니다. 또한 문제의 지시문과 개요도를 교차 점검하며 문제에 대한 답을 쓴 것이 확실한지 봅니다. 예를 들어, 김 교사에 근거하여 역할갈등의 개념을 적으라고 했는데 최 교사의 대화에 근거한 것은 아닌지 봅니다. 또는 4번 지원 방안에서 조직 차원에서 적으라고 했는데 개인 차원의 방안을 적은 것은 아닌지 봅니다. 동시에 ⑭와 ⑮에 적은 키워드 알맹이가 중복되어 보이지는 않는지 중복된다면 어떻게 수정할지 확인합니다. 개요도 작성이 끝나면 만능 틀에 알맹이만 집어넣어 서술하면 끝납니다!

개요도 및 답안 작성 시 한 번 더 체크해야 할 것
- 자주 하는 실수 유형 -

- ☑ 1. 1번 유아교사의 역할을 작성할 때 '대화에 근거'하라고 했는데 대화의 사례를 적지 않는 경우
- ☑ 2. 2번 역할갈등의 개념을 '김 교사'의 대화를 바탕으로 하라고 했는데 다른 교사의 대화를 참고하여 개념을 서술한 경우
- ☑ 3. 3번 해결 방안을 최 교사와 박 교사 '각각 2가지'씩 제시하라고 했는데 총 2가지 제시한 경우
- ☑ 4. 3번 해결 방안 '4가지' 중에서 몇 가지가 중복되어 가짓수를 채우지 못하는 경우
- ☑ 5. 3번 해결 방안을 '개인 차원'이 아닌 유치원 등의 조직 차원에서 제시하는 경우
- ☑ 6. 4번 지원 방안을 '조직 차원'이 아닌 개인 차원에서 제시하는 경우

4 만능 틀로 서론·결론 쓰기

서론 쓰기는 아주 쉽습니다. 우리는 창의적인 서론을 쓸 필요가 없습니다. 참신한 서론을 썼다 해도 전형적인 서론을 쓴 글과 같은 점수를 받기 때문입니다. **만능 틀은 서론과 결론을 마무리할 수 있는 강력한 논술 도구입니다.** 서론 쓰기는 글의 주제만 정확히 파악한다면 어렵지 않습니다. 다음과 같이 쓰면 됩니다.

> [서론 만능 틀] (주제)는 유아교육 현장에서 매우 중요하다. / 긍정적인 영향을 미친다. 왜냐하면 (주제)는 ~한 영향을 끼치기 때문이다. 따라서 구체적 사례를 통해 이에 대해 논의해보고자 한다.
>
> [결론 만능 틀1] 이와 같이 (주제)는 (제시문에 나온 문제점)을 해결하는 데에 도움이 된다. 왜냐하면 (주제)는 (이러한) 영향을 끼치기 때문이다. 따라서 (주제)를 활용하여 (교사의 전문성/유아의 발달 등)을 위해 노력해야 할 것이다.
>
> [결론 만능 틀2] 유아교육의 질은 교사의 질과 비례한다. 교사가 (주제에 관련하여 좋은 방향으로 ~)한다면 유아교육은 발전할 것이다. 따라서 (주제)의 활성화/발전/연구가 필요하다.

한번 적용해 볼까요? 주제를 몇 개 드리겠습니다. 책을 살짝 가리고 마음속으로 만능 틀을 바라보며 문장을 떠올려보세요.

> 주제 : 유아디지털교육, 유아생태교육, 그림책 놀이, 멘토링, 조직문화, 유아건강지도, 유아인성지도, 유아평가, 반성적 저널

그런데, **주제는 어떻게 찾을까요?** 주제는 대개 문제에 직접적으로 제시됩니다. 제시되어 있지 않을 경우 **배점표**를 보며 그중 가장 핵심적이며 포괄적으로 보이는 단어를 주제로 생각하면 됩니다. 아래에 서론과 결론 만능 틀에 적용한 사례를 참고하며 적어보시기 바랍니다.

> * 서론 만능 틀 적용 사례
> - 반성적 저널(주제)은 유아교육 현장에서(~에서) 매우 중요하다. 왜냐하면 저널(주제)을 통해 교사는 자신의 교수행동과 유아, 학부모, 동료교사와의 상호작용 등에 대해 반성적으로 사고할(이러한 영향) 수 있기 때문이다. 이는 교육주체 간의 갈등을 해결하는 데에도 도움이 된다. 구체적으로 사례를 통해 알아보고자 한다.
>
> * 결론 만능 틀 적용 사례
> - 이와 같이 반성적 저널(주제)은 교사가 겪을 수 있는 갈등상황(제시문에 나온 문제점)을 해결하는 데에 도움이 된다. 따라서 교사는 반성적 저널(주제)과 같은 자기장학을 통해 교사로서의 전문적인 성장을 위해 노력해야 할 것이다.

5 문제와 답안 개요도 점검하기

이제 개요도와 서론을 작성했습니다. 옮겨 적기만 하면 됩니다. 하지만 옮겨 적기 직전에 **개요도를 점검**할 필요가 있습니다.

서론보다는 개요도 점검이 관건입니다. 문제와 자신의 개요도를 자주 확인합시다. 이렇게 점검하면 한 문제도 주제에서 빗겨가지 않고 잘 서술할 수 있을 것입니다.

6 셀프 첨삭 팁

독학생은 첨삭받을 곳이 별로 없습니다. 첨삭 스터디를 하자니 서로 첨삭을 해 주는 수준이나 노력의 정도가 달라 마음만 상하기도 하지요. 셀프 첨삭을 해서 시간도 절약하고 개선해야 할 부분을 바로 바로 내 것으로 만들어 보면 어떨까요?

아래 항목이 잘 적용되었는지 꼼꼼하게 점검하는 것이 셀프 첨삭의 팁입니다. 시간 내에 논술 답안을 작성하고 스스로 점검해 보세요.

- ☑ 1. 문제를 정확히 파악했는가?
- ☑ 2. 문제와 개요도를 반복해서 확인했는가?
- ☑ 3. 서론과 결론을 빠른 시간 안에 작성했는가?
- ☑ 4. 단문으로 작성했는가?
  (불필요한 복문을 사용하지 않았는가?)
- ☑ 5. 반복되는 문장 구조를 활용했는가?
- ☑ 6. 불필요한 수식과 비유가 많지 않은가?
- ☑ 7. 주장과 근거의 타당성이 높은가?
- ☑ 8. 각 답안의 분량이 적절한가?
- ☑ 9. 맞춤법이 틀리지 않았는가?
- ☑ 10. 시간 내에 작성하였는가?

논술의 기초

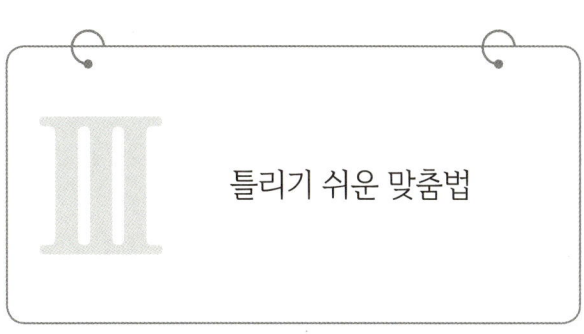

III. 틀리기 쉬운 맞춤법

2021학년도부터 변경된 유아 교직논술에서 맞춤법 점수가 1점에서 2점으로 강화되었습니다. 이에 따라 틀리기 쉬운 맞춤법을 잘 기억하고 틀리지 않도록 더 주의해야 합니다. 예시에 나오는 것을 잘 기억합시다. 예시만 반복해서 읽어도 띄어쓰기 규칙이 감이 잡힐 겁니다. 맞춤법은 외우기보다 익숙해지도록 자주 읽고 자연스럽게 쓰는 습관이 중요합니다.

1 [원칙]

① 서로 다른 단어는 띄어 쓴다.
  문장의 각 단어는 띄어 씀을 원칙으로 한다.
② 외래어는 '외래어 표기법'에 따라 적는다.

2 [붙여쓰기]

① 조사는 반드시 앞말에 붙여 쓴다.

> **예** '이/가', '을/를', '에게', '도', '이다', '처럼', '까지', '에서부터' 등
>
> 학부모**가**   유아의 행복**을**
> 친구**에게**   유아**도**
> 학습공동체**입니다**   도구**처럼**
> 어디**까지**   교육**에서부터**

3 [띄어쓰기]

① 의존명사는 앞말과 띄어 쓴다.

> **예** '것', '리', '대로', '수' 등
>
> 내 **것**   그럴 **리**가 없다
> 선배교사가 시키는 **대로**   할 **수**가 없었다

> **주** 의존명사와 조사 모두로 사용 가능한 '대로', '만큼', '뿐' 등

의존명사인 경우 [띄어쓰기]	조사인 경우 [붙여쓰기]
교육부 지침에 있는 **대로**	가정통신문 안내**대로**
믿어 주는 **만큼**	유아의 지식**만큼**
학습을 잘할 **뿐**만 아니라	놀이**뿐**만 아니라
쌀, 콩, 보리, 기장 **들**	유아**들**, 선생님**들**
그 애를 만난 **지** 사흘이나 지났다	어떻게 지도할**지** 고려해야 한다
전화가 세 번 **만**에 연결되었다	학부모에게**만** 안내했다

② 단위를 나타내는 명사는 띄어 쓴다.

> 예 한 **개**   소 한 **마리**
>   겉옷 한 **벌**   연필 세 **자루**
>   다섯 **살**   구두 두 **켤레**
>   학생 한 **사람**   꽃 한 **송이**

❹ [헷갈리는 한글 맞춤법]

틀린 예시 (×)	바른 예시 (○)
책을 읽어도보고	책을 읽어도 보고
먹는 체를한다	먹는 체를 한다
그럴수 없다	그럴 수 없다
모를거야	모를 거야
먹지 않았을것이다	먹지 않았을 것이다
쉬는게 좋다	쉬는 게 좋다
안마셨다	안 마셨다
아직 못먹어	아직 못 먹어
몇일 동안	며칠 동안
오랫만에	오랜만에
웬지 기분이 안 좋아	왠지 기분이 안 좋아
왠일이니?	웬일이니?
얼마에요?	얼마예요?
공부를 가리키다	공부를 가르치다
이쪽을 가르치다	이쪽을 가리키다
붉은 빛을 띤다	붉은 빛을 띤다
눈에 띄게 좋아졌다	눈에 띄게 좋아졌다
오늘은 내가 설겆이할께	오늘은 내가 설거지할게
내일 뵈요	내일 봬요
시장에 들리다	시장에 들르다

* 한글 맞춤법에 대한 자세한 내용은 '국립국어원 홈페이지'를 참고하세요.

논술의 실제

기출문제 풀이

1. 2025학년도 정시
2. 2024학년도 정시
3. 2023학년도 정시
4. 2022학년도 정시
5. 2021학년도 정시
6. 2020학년도 정시
7. 2019학년도 추시
8. 2019학년도 정시
9. 2018학년도 정시
10. 2017학년도 정시
11. 2016학년도 정시
12. 2015학년도 정시
13. 2014학년도 정시
14. 2013학년도 추시
15. 2013학년도 정시

1. 2025학년도 정시

1 기출문제

배점표	논술의 내용 [총 15점]	- 유아 발달 관점 3가지(3점)와 교수·학습 상황에서의 교사 역할 3가지(3점) [6점] - 교사가 부모와의 관계에서 겪는 어려움 3가지(3점)와 해결 방안 3가지(3점) [6점] - 관점이 다른 교사가 함께 근무할 때의 장점 3가지 [3점]
	논술의 체계 [총 5점]	- 글의 논리적 체계성 [3점] - 맞춤법 및 어휘·문장의 적절성 [2점]

문제

다음은 ○○유치원 4세 반 담임교사들 간 대화 내용의 일부이다. 대화 내용에 근거하여 답하시오. 1) 세 교사의 유아 발달에 대한 관점을 1가지씩 설명하고, 각 관점에 따른 교수·학습 상황에서의 교사 역할을 1가지씩 논하시오. 2) 세 교사가 부모와의 관계에서 겪는 어려움을 교사별로 1가지씩 설명하고, 각 어려움에 대한 해결 방안을 1가지씩 논하시오. 3) 관점이 다른 교사들이 함께 근무할 때의 장점 3가지를 논하시오. [총 20점]

최 교사: 누구나 발달의 정해진 내적 시간표를 가지고 있어서 준비되어 있지 않을 때 교육 활동을 제공하면 그 교육적 효과를 기대하기 어렵죠. 그래서 저는 유아들과 놀이 활동을 할 때 유아들이 충분히 준비되어 있는지를 알아보는 것이 중요하다고 생각해요. 그런데 부모님들 생각은 다른 것 같아요. 저는 우리 반 유아들이 아직 쓰기나 읽기 준비가 안 되어 있다고 생각하는데 부모님들은 글자나 숫자를 가르쳐 주길 원하세요. 그래서 저는 유아들의 발달 수준에 대해 확인하면서 부모님들과 수시로 면담하고 있어요.

민 교사: 최 선생님은 유아의 준비도를 말씀하였는데 저는 유아들이 스스로 배우는 능동적 학습자라고 생각해요. 저는 유아들이 자신이 살고 있는 환경에서 또래나 선생님들과의 사회적 상호작용을 통해 스스로 지식을 구성해 나간다고 보거든요. 제가 우리 반 유아들에게 구체적인 자료와 다양한 경험을 제공해 주고 스스로 놀이할 수 있는 충분한 시간을 주려는 것도 그 때문이거든요. 그런데 우리 반 부모님들은 유아들이 스스로 쉽게 다룰 수 있는 기기조차도 교사가 직접 가르쳐 주기를 원하세요. 그래서 저는 부모님들이 유치원에 직접 오셔서 수업을 참관하면서 유아들의 놀이 활동을 보고 유아들 스스로 지식을 어떻게 형성해 나가는지를 이해할 수 있도록 하고 있어요.

황 교사: 유아에게는 가정과 유치원뿐만 아니라 다양한 사회문화적 환경도 중요하다고 생각해요. 유아를 둘러싼 다양한 환경체계들은 서로 영향을 주고받으며 유아 발달에 영향을 주잖아요. 그래서 저는 이러한 환경체계를 고려하여 오래전부터 지역사회 자원을 연계하는 현장학습을 실시하고 있어요. 그런데 부모님들은 유아들의 현장학습에서의 안전 문제에 대해 걱정이 많으세요. 그래서 저는 현장학습을 계획할 때 유아들의 안전을 최우선으로 고려하면서 부모님들이 현장학습 자원봉사자로 참여하시도록 말씀드려요.

최 교사: 선생님들과 이야기를 나눠 보니 유아 발달에 대한 관점이 서로 다르고 그것 때문에 부모와의 관계에서 겪는 어려움도 다르네요. 그래서 서로의 생각을 공유하고 협력하는 것이 중요하다는 것을 새삼 깨닫게 되네요.

황 교사: 맞아요. 저도 이야기를 나누다 보니 교사로서의 제 모습을 돌아보게 되었어요.

2. 만점으로 가는 문제풀이 흐름(문제 분석 및 개요도 작성)

문제풀이 Tip

1) 1)문제에서 교사의 유아 발달에 대한 관점을 '설명하고' 이에 따른 교사의 역할을 '논하시오'라고 했으므로 '◯교사는 ~(이유)이기 때문에 ~ 관점에 해당한다. 이에 따라 교사는 ~ 역할을 해야 한다. 왜냐하면 ~하기 때문이다'의 문장 구조로 서술하면 돼요. 문제를 읽으면서 동시에 나는 어떤 문장 구조로 답을 서술해 나갈지 바로 생각이 떠오르도록 연습해요.

2) 2)문제는 전형적인 문제점과 해결 방안을 제시하라는 문제예요. '◯교사는 ~ 어려움을 겪고 있다. 이를 해결하기 위해 ~하고 있다'의 구조로 단순하게 쓰면 돼요.

3) 이번 논술 문제는 제시문에 친절하게 모든 답이 나와 있어서 배경 지식이 필요 없도록 쉽게 출제된 편이에요. 하지만 올해가 이렇게 출제됐다고 해서 내년에도 이렇게 출제되리란 법은 없으니 항상 어렵게 나올 것도 대비해야 해요.

최 교사: 1)-① 누구나 발달의 정해진 내적 시간표를 가지고 있어서 준비되어 있지 않을 때 교육 활동을 제공하면 그 교육적 효과를 기대하기 어렵죠. 그래서 저는 유아들과 놀이 활동을 할 때 유아들이 충분히 준비되어 있는지를 알아보는 것이 중요하다고 생각해요. 2)-① 그런데 부모님들 생각은 다른 것 같아요. 저는 우리 반 유아들이 아직 쓰기나 읽기 준비가 안 되어 있다고 생각하는데 부모님들은 글자나 숫자를 가르쳐 주길 원하세요. 그래서 저는 유아들의 발달 수준에 대해 확인하면서 부모님들과 수시로 면담하고 있어요.

민 교사: 최 선생님은 유아의 준비도를 말씀하였는데 1)-② 저는 유아들이 스스로 배우는 능동적 학습자라고 생각해요. 저는 유아들이 자신이 살고 있는 환경에서 또래나 선생님들과의 사회적 상호작용을 통해 스스로 지식을 구성해 나간다고 보거든요. 제가 우리 반 유아들에게 구체적인 자료와 다양한 경험을 제공해 주고 스스로 놀이할 수 있는 충분한 시간을 주려는 것도 그 때문이거든요. 2)-② 그런데 우리 반 부모님들은 유아들이 스스로 쉽게 다룰 수 있는 기기조차도 교사가 직접 가르쳐 주기를 원하세요. 그래서 저는 부모님들이 유치원에 직접 오셔서 수업을 참관하면서 유아들의 놀이 활동을 보고 유아들 스스로 지식을 어떻게 형성해 나가는지를 이해할 수 있도록 하고 있어요.

황 교사: 1)-③ 유아에게는 가정과 유치원뿐만 아니라 다양한 사회문화적 환경도 중요하다고 생각해요. 유아를 둘러싼 다양한 환경체계들은 서로 영향을 주고받으며 유아 발달에 영향을 주잖아요. 그래서 저는 이러한 환경체계를 고려하여 오래전부터 지역사회 자원을 연계하는 현장학습을 실시하고 있어요. 2)-③ 그런데 부모님들은 유아들의 현장학습에서의 안전 문제에 대해 걱정이 많으세요. 그래서 저는 현장학습을 계획할 때 유아들의 안전을 최우선으로 고려하면서 부모님들이 현장학습 자원봉사자로 참여하시도록 말씀드려요.

최 교사: 선생님들과 이야기를 나눠 보니 유아 발달에 대한 관점이 서로 다르고 그것 때문에 부모와의 관계에서 겪는 어려움도 다르네요. 3)-①,② 그래서 서로의 생각을 **공유**하고 **협력**하는 것이 중요하다는 것을 새삼 깨닫게 되네요.

황 교사: 3)-③ 맞아요. 저도 이야기를 나누다 보니 교사로서의 제 모습을 **돌아보게 되었어요.**

---

1) 세 교사의 유아 발달에 대한 관점 – 교사 역할

❶ 최 교사: 성숙주의 관점(준비도, 발달의 정해진 내적 시간표) – 관찰, 발달단계에 적합한 자료 제공
∵ 성인 개입 최소화, 준비도 파악 후 자료 제공

❷ 민 교사: 구성주의 관점(능동적 학습자, 사회적 상호작용을 통해 스스로 지식 구성) – 충분한 놀이 시간 제공, 구체적이고 풍부한 자료와 경험 제공
∵ 직접적인 교수 ✗, 유아 스스로 내적 인지 발달

❸ 황 교사: 생태체계학적 관점(사회문화적 환경, 환경체계 간의 상호작용) – 꾸준히 지역사회 연계, 현장학습 실시
∵ 환경에 수동적으로 영향 받기 ✗, 쌍방향 상호작용하며 발달

2) 세 교사의 어려움 – 해결 방안

❶ 최 교사: 글자·숫자 교육 요구 학부모 – 유아 발달 관찰 결과(객관적 자료) 활용 공유 · 면담

❷ 민 교사: 유아 기회 제공 ✗, 교사 적극 지도 개입 원하는 학부모 – 수업 참관, 유아는 유능한 존재 & 스스로 인지적 갈등을 통해 발달함을 관찰

❸ 황 교사: 안전 문제로 현장학습 우려하는 학부모 – 학부모 자원봉사, 지원 인력 추가로 안전 확보 및 불안감 해소

3) 관점이 다른 교사와 근무 시의 장점 – 근거

❶ 공유 – 동일한 관점끼리보다 심도 있는 이해 ◯

❷ 협력 – 관점 차이로 인한 학부모와의 갈등 발생 시, 어려움 해결 용이

❸ 반성적 사고 – 스스로 교육관 재정립 ◯

3. 예시 답안-1 (누리자쌤)

서론

❶ 유아교육 현장에서 교사와 학부모가 서로 관점의 차이를 이해하고 유아에게 적절한 지원을 하는 것은 중요하다. ❷ 교사 및 학부모가 관점의 차이로 인한 어려움이 발생한다면 이를 해결하여 유아의 전인 발달이라는 공동의 목표를 달성해야 한다. ❸ 따라서 대화 내용에 근거하여 세 교사의 유아 발달에 대한 관점과 교사의 역할을 설명하고 다양한 관점이 가진 장점에 대해 논하겠다.

본론

먼저 세 교사의 유아 발달에 관한 관점과 교사의 역할을 논하겠다. ❹ 최 교사는 준비도를 강조하며 유아가 발달의 정해진 내적 시간표를 갖고 있다고 하므로 성숙주의 관점에 해당한다. ❺ 교사는 유아의 놀이를 관찰하고 적기가 됐다고 판단할 때 교육 활동을 제공해야 한다. 왜냐하면 유아의 발달은 내적 성장의 힘에 의해 이뤄지므로 교사의 개입은 최소화돼야 하며 발달단계에 적합한 자료를 제공해야 하기 때문이다. ❻ 민 교사는 유아를 능동적 학습자이며 주변 환경과의 사회적 상호작용을 통해 스스로 지식을 구성한다고 생각하므로 구성주의 관점에 해당한다. ❼ 교사는 유아에게 충분한 놀이 시간을 제공하고 구체적이고 풍부한 자료와 경험을 제공해야 한다. 왜냐하면 유아의 발달은 직접적인 교수가 아닌 유아 스스로의 내적 인지 발달을 통해 이뤄지기 때문이다. ❽ 황 교사는 유아 주변의 사회문화적 환경과 그 환경체계 간의 상호작용이 유아 발달에 영향을 미친다고 생각하므로 생태체계학적 관점에 해당한다. ❾ 교사는 지역사회 자원과 연계한 현장학습을 꾸준히 실시해야 한다. 왜냐하면 유아의 발달은 환경에 의해 수동적으로 영향받는 것이 아니라 환경과 쌍방향으로 상호작용하며 역동적으로 이뤄지기 때문이다.

그러나 현장에서는 유아 발달에 대한 교사와 학부모의 생각이 충돌하며 문제가 발생하기도 한다. ⓫ 최 교사는 유아의 준비도를 고려하지 않고 글자나 숫자 교육을 요구하는 학부모로 인해 어려움을 겪고 있다.

---

❶ 서론 만능틀인 '유아교육 현장에서 (주제는) 중요하다' 문장으로 시작한다.

❷ 문제에서 동료 교사 간, 학부모와 교사 간의 유아 발달에 관한 관점의 차이로 인해 발생하는 어려움과 이를 해결하기 위한 방안을 논하라고 했다. 이는 결국 '유아의 전인 발달'이라는 공동의 목표를 달성하기 위한 내용이다. 논술 서론과 본론에 뒷받침 문장은 기승전 '유아의 전인 발달' 치트키를 사용하면 된다.

❸ '학부모와의 관계에서 겪는 어려움과 해결 방안'은 굳이 넣지 않았다. 문제에서 쓰라고 한 모든 내용을 모두 제시할 필요는 없고 본문에서 자연스럽게 녹아나면 된다.

❹ 제시문에서 '성숙주의 관점'에 대한 키워드인 '발달의 내적 시간표'와 '준비도'가 나왔다. 따라서 '최 교사는 (성숙주의 키워드) ~라고 생각하므로 성숙주의 관점에 해당한다.'라고 쓴다.

❺ 성숙주의적 관점에서 교사의 역할은 '관찰자', '개입 최소화', '흥미와 발달 단계에 적합한 자료 제공'이므로 이 내용을 근거로 서술하면 된다.

❻ 제시문에서 '상호작용주의 관점'에 대한 키워드인 '능동적 학습자', '사회적 상호작용을 통해 스스로 지식을 구성'이 나왔다. 따라서 '민 교사는 (구성주의 키워드) ~라고 생각하므로 상호작용주의 관점에 해당한다.'라고 쓰면 된다.

❼ 제시문에 이미 민 교사의 역할을 대놓고 '충분한 놀이 시간 제공' 및 '구체적이고 풍부한 자료와 경험 제공'이라고 명시했다.

❽ 상호작용주의와 반대되는 관점은 행동주의이다. A에 대한 뒷받침 문장을 쓸 때, A와 반대되는 내용을 가지고 와서 '~가 아닌 ~ 이기 때문이다'의 방식으로 서술하면 쉽다. 행동주의의 대표적인 키워드인 '직접적인 교수'를 이용해서 뒷받침 문장을 쓴다.

❾ 제시문에서 '생태체계학적 관점'에 대한 키워드인 '사회문화적 환경', '환경체계들 간의 상호작용'이 나왔다. '황 교사는 (생태체계학적 관점 키워드) ~라고 생각하므로 생태체계학적 관점에 해당한다.'라고 쓴다.

❿ 제시문에서는 '오래 전부터 현장학습을 실시하고 있어요'라고 표현되어 있는 것을 유의어인 '꾸준히, 지속적으로, 반복해서'와 같은 단어로 바꾸어서 표현하면 더 좋다. 제시문의 단어를 그대로 베껴서 답안을 쓰는 것보다 훨씬 더 문장이 풍부해지고 가산점의 가능성이 있다.

⓫ '○○교사는 ~(학부모와의 갈등 상황)하는 학부모로 인해 어려움을 겪고 있다.' 문장 구조를 반복해서 사용한다.

⑫ 이를 해결하기 위해 교사는 유아 발달 수준을 다양한 관찰법을 활용하여 점검하고 그 결과를 부모와 수시 면담을 통해 공유한다. ⑬ 객관적인 자료를 활용하여 학부모와 빈번하게 상담한다면 갈등을 해결할 수 있다. ⑭ 민 교사는 유아에게 기기를 스스로 다루는 기회를 제공하지 않고 교사가 적극 개입하여 지도하기를 바라는 학부모로 인해 어려움을 겪고 있다. ⑮ 이를 해결하기 위해 민 교사는 학부모에게 수업 참관을 통해 유아가 놀이를 통해 능동적으로 지식을 구성하는 것을 관찰하도록 했다. ⑯ 이를 통해 학부모는 유아가 유능한 존재임을 깨닫고 환경과 인지적 갈등을 겪으며 인지 구조를 재구성하고 성장하는 것을 관찰하게 된다. 황 교사는 안전상의 이유로 현장학습을 가는 것을 걱정하는 학부모로 인해 어려움을 겪고 있다. 이를 해결하기 위해 황 교사는 학부모를 현장학습 봉사 지원 인력으로 참여하도록 한다. ⑰ 이는 유아의 안전 확보를 위한 보조 인력이 추가되는 효과가 있고 학부모가 현장학습에 대한 불안감을 해소하게 된다.

⑱ 한 기관에 서로 관점이 다른 교사들이 근무하면 장점이 많다. ⑲ 첫째, 서로의 관점을 공유하면서 동일한 관점만 가진 교사 집단보다 더 유아 발달에 관한 이해를 심도있게 할 수 있다. ⑳ 둘째, 사전에 동료 교사와 서로 관점의 차이를 이해하는 과정을 거침으로써 학부모와 유사한 관점 차이로 인한 갈등을 겪을 때 서로 협력하고 문제를 해결할 수 있다. ㉑ 셋째, 교사들과 이야기하면서 스스로 자신의 교육관을 재정립하게 되고 반성적 사고를 할 수 있다.

결론

㉒ 현장에서는 유아 발달에 관한 관점의 충돌로 다양한 문제가 발생하기도 한다. 하지만 이를 극복하기 위해 학부모와 동료 교사가 협력한다면 교육적 효과를 극대화할 수 있다.

---

⑫
- '유아의 발달 수준 확인'을 '유아의 발달 수준을 점검'한다는 유의어로, '다양한 관찰법을 활용한다'는 내용을 추가적으로 썼다.

⑬
- 주장에 대한 간단한 뒷받침 문장을 서술했다. 교사가 관찰법을 활용한 결과를 '객관적인 자료'로 기술하였다. '수시 면담'을 '빈번한 상담'으로 단어를 바꿔 기술하였다. 뒷받침 문장을 쓴다고 거창하게 생각하지 말고 유의어를 잘 활용한다.

⑭
- '교사가 직접 가르쳐 주기를 원한다'라고 표현된 부분을 '교사가 적극 개입하여 지도하기를 바라는'으로 유의어를 사용하여 서술했다.

⑮
- '유아들 스스로 지식을 형성해 가는 것'이라고 표현된 것을 '유아가 능동적으로 지식을 구성하는 것'으로 유의어를 사용해서 문장을 서술했다.

⑯
- 뒷받침 문장으로 '구성주의'에서 말하는 배경 지식을 사용해서 서술했다. 유아는 성인의 직접 지도를 통해서 배우는 수동적인 학습자가 아니라 환경과 인지적 갈등을 겪고 인지 구조를 재구성하여 성장하는 유능한 존재이다. '행동주의'와 '구성주의'가 대표적으로 반대되는 관점이므로 '행동주의'에서 유아를 '수동적인 학습자'로 보는 관점과 달리 '능동적 학습자'라는 관점을 활용해 서술해도 좋다.

⑰
- 제시문에서 '안전 문제에 걱정이 많다'가 문제점이므로 '걱정'을 '불안감'이라는 유의어로 바꿨다. 또 학부모 자원봉사가 갖는 의미를 안전과 관련해서 보조 인력이 추가되는 효과가 있음을 추가로 쓰면 좋다.

⑱
- 3)문제에 대한 언급을 간단하게 하면 전환 문장으로 충분하다. 맥락상 어렵다면 굳이 전환 문장을 쓰지 않아도 된다.

⑲
- 문제에서 언급한 '관점이 다른'의 반대어는 '동일한 관점'이다. A에 관한 장점을 쓰라고 하면 'A의 반대와 대비해서 A는 이런 장점이 있다'라고 쓰면 문장을 서술하기 쉽다.

⑳
- '협력'이 가지는 장점에 관해 논하지 않도록 주의한다. 제시문에서 '학부모와 교사', '교사와 교사 간' 관점의 차이에 관해 언급하고 있으므로 유사한 관점의 차이로 인한 문제가 발생했을 때 서로 도움을 받을 수 있다는 점을 장점으로 서술할 수 있다.

㉑
- '교사로서의 제 모습을 돌아본다'는 말을 '반성적 사고를 할 수 있다' 유의어로 바꿀 수 있다. 또 반성적 사고의 장점으로 '자신의 교육관을 재정립할 수 있다'는 점 등을 서술한다.

㉒
- 문제점 + 해결 방안에 관한 결론 문장으로 맺음하면 좋다.

3. 예시 답안-2 (2025학년도 20점 만점! 유자쌤 수강생 답안)

	유아 발달 관점 (3)	교사 역할 (3)
1)	① 최: 성숙주의 관점 → 내적 시간표, 발달 순서적, 성숙, 준비도	① 준비도 파악 & 발달 수준 맞는 환경 제공
	② 민: 인지적 발달, 사회문화적 발달(구성주의 관점이 기억이 안났어요ㅎ)	② 사회적 상호작용, 자료, 경험, 충분 시간
	③ 황: 생태학적 체계 이론 → 다양한 환경 체계 영향 주고받음	③ 지역사회 자원 연계
	어려움 (3)	해결 방안 (3)
2)	① 최: 부모와 교육 철학 X → 글자, 숫자 형식 교육	① 면담
	② 민: 쉽게 다룰 수 있는 기기 → 교사	② 참관: 유아 놀이 보고 → 스스로 지식 구성
	③ 황: 현장학습 안전 우려	③ 자원봉사자
	장점 (3)	
3)	① 문제 해결: 어려움 → 여러 관점 바라볼 수 있음, 효과적	
	② 다양한 지식 습득: 생각 공유, 협력 → 다양한 관점 이해, 습득	
	③ 자기반성: 다른 관점 이야기, 비교	

서론	결론
유아 교사: 다양 현장 경험, 교육 철학 → 여러 관점, 어려움 해결	유아 교사 다양한 관점 → 포용, 이해 → 개방적, 수용적, 협력적 조직 문화 → 유아 교육 질 ↑

 유아 교사들은 각자 자신만의 교육 철학과 현장경험을 가지고 있다. 교사들의 다양한 관점을 활용한다면 현장에서의 어려움을 더욱 효과적으로 해결할 수 있을 것이다. 이에 유아 발달에 대한 관점과 교사 역할 등에 대해 알아보겠다.

 1) 먼저, 세 교사의 유아 발달에 관한 관점과 교사 역할이다. ❶ 첫째, 최 교사는 성숙주의적 관점을 가지고 있다. 내적 시간표에 따라 발달 순서적으로 성숙한다고 보는 관점이다. ❶ 이에 교사는, 민감한 관찰자로서 역할을 해야 한다. 유아의 발달 수준에 따른 준비도를 파악하고, 유아가 배울 준비가 될 때까지 기다려야 한다. ❷ 둘째, 민 교사는 인지발달 관점을 가지고 있다. 자신을 둘러싼 환경의 주변인들과 사회적 상호작용을 통해 스스로 지식을 구성한다고 보는 관점이다. ❷ 이에 교사는, 환경 구성자로서의 역할을 해야 한다. 구체적인 자료와 다양한 경험, 스스로 놀이할 수 있는 충분한 시간을 줄 수 있다. ❸ 셋째, 황 교사는 생태학적 체계 이론 관점을 가지고 있다. 유아를 둘러싼 다양한 환경체계들이 영향을 주고받으며 유아 발달에 영향을 준다고 보는 관점이다. ❸ 이에 교사는, 지역사회 자원을 유아와 연계하는 역할을 해야 한다. 현장 체험 등을 통해 유아가 지역사회의 다양한 환경체계를 경험할 수 있다.

2) 다음으로, 부모와의 관계에서 겪는 어려움과 해결 방안이다. ❶ 첫째, 최 교사는 부모와 교육 철학이 맞지 않아 어려움을 겪고 있다. 최 교사는 학급 유아들이 쓰기, 읽기 준비가 될 때까지 기다려야 한다고 보고 있지만, 부모는 글자나 숫자를 가르쳐 주길 원하고 있다. 이에 ❶ 면담을 통해 해결할 수 있다. 유아의 발달 수준에 관한 정보를 수시로 공유하면서, 유아 발달 수준에 따라 지도해야 함을 알려 줄 수 있다. ❷ 둘째, 민 교사는 유아가 스스로 할 수 있는 것도 교사가 가르쳐주길 원하는 부모에 의해 어려움을 겪고 있다. 이에 ❷ 수업 참관을 통해 어려움을 해결할 수 있다. 유아가 실제 놀이하는 모습을 보면서, 가르쳐주지 않아도 놀이를 통해 스스로 지식을 구성한다는 것을 부모가 알도록 할 수 있다. ❸ 셋째, 황 교사는 현장학습에서 안전 문제에 대한 걱정이 많은 부모로 인해 어려움을 겪고 있다. 이에 현장학습 ❸ 자원봉사자를 제안하고 있다. 부모님이 유치원 현장에서 안전을 최우선시한다는 것을 알 수 있도록 할 뿐만 아니라, 안전 인력을 보충하여 더욱 안전한 현장학습이 될 수 있다.

3) 마지막으로, 관점이 다른 교사들이 함께 근무할 때 장점은 다음과 같다. ❶ 첫째, 문제해결력을 높일 수 있다. 어려움을 여러 시야에서 다각도로 바라봄으로써 효과적인 해결 방법을 찾을 수 있다. ❷ 둘째, 다양한 지식을 습득할 수 있다. 다른 사람과 생각을 공유하고 협력하는 과정에서 내가 가지고 있지 않은 이론이나 지식도 습득할 수 있다. ❸ 셋째, 자기반성이다. 자신과 타인의 생각을 비교해 보며 교사로서 자신의 모습을 되돌아볼 수 있다.

이처럼 유아 교사들은 다양한 관점을 포용하고 이해하도록 노력해야 한다. 이를 통해 개방적이고 협력적인 조직 문화가 형성되며 질 높은 유아 교육이 이루어질 수 있을 것이다.

 MEMO

정년이 보장되며 매달 월급이 안정적으로 들어오는 것의 힘은 생각보다 크답니다. 도전해보지 않을 이유가 하나도 없습니다.

2. 2024학년도 정시

1 기출문제

배점표	논술의 내용 [총 15점]	- 유치원 교육과정 편성·운영 사항(2점)과 물적·인적자원(2점) [4점] - 유아 놀이의 특성 [3점] - 교육 실습생의 어려움(2점)과 해결 방법(2점) [4점] - 교육 실습의 긍정적 영향 [4점]
	논술의 체계 [총 5점]	- 글의 논리적 체계성 [3점] - 맞춤법 및 어휘·문장의 적절성 [2점]

문제

다음은 교육 실습 지도 교사들이 작성한 저널의 일부이다. 1) 2019 개정 유치원 교육과정[교육부 고시 제2019-189호]의 편성·운영에 근거하여 하루 일과 운영에서 박 교사가 고려한 사항 2가지를 논하고, 박 교사가 활용한 물적·인적 자원을 각각 1가지씩 제시하시오. 2) 박 교사 저널에 근거하여 유아 놀이의 특성을 주도성, 자유로움, 즐거움 측면에서 각각 1가지씩 논하시오. 3) 김 교사 저널에 근거하여 교육 실습생 A의 어려움 2가지를 제시하고, 그 어려움을 해결하기 위해 김 교사가 사용한 방법 2가지를 논하시오. 4) 김 교사 저널에 나타난 교육 실습이 교육 실습생 A와 김 교사에게 미친 긍정적 영향을 각각 2가지씩 논하시오. [총 20점]

유아들과 어제 ○○기차역으로 견학을 다녀왔다. 유아들은 ○○기차역에 가서 기차도 보고 역무원에게 궁금한 것도 물어보았다. 오늘은 유아들이 기찻길을 만들고 싶어 해서 색 테이프를 주었다. 나는 기찻길을 최대한 길게 만들고 싶어 하는 유아들에게 교실 밖 복도를 활용해 보라고 말해 줄까 고민하다가, 유아들이 스스로 찾도록 기다려 주었다. 유아들은 복도 방향으로 기찻길을 자발적으로 만들기 시작하였다. 유아들은 공간 제약을 받지 않고 교실을 넘어 복도까지 쭉 길게 만들었다. 유아들은 기찻길 위에서 기차처럼 달리는 신체 표현을 재미있어 하며 신나게 달리고 있었다. 유아들이 신체 표현에 몰입해 있어서 하던 놀이를 바깥 놀이터에서 계속할 수 있도록 하였다. (박 교사 저널)

교육 실습생 A가 온 지 엊그제 같은데 벌써 마지막 날이다. 실습 첫날 잘해 낼 수 있을지 불안해하며 긴장했던 교육 실습생 A의 모습이 떠오른다. "잘할 테니, 너무 걱정 마세요.", "함께 잘해 봐요."라는 내 말에 교육 실습생 A는 한결 편안해 보였다. 나는 놀이 지원에 서툰 교육 실습생 A에게 팽이 놀이를 지원하는 모습을 보여 주었다. 교육 실습생 A는 놀이 지원을 실제로 어떻게 해야 할지 몰라 막연해했는데, 내가 유아들과 팽이를 함께 만들고, 팽이 시합을 하는 것을 본 이후에 놀이 지원을 어떻게 해야 하는지 알게 되었다고 말했다. …(중략)… 교육 실습생 A는 "놀이 지원을 해 보니 유아마다 좋아하는 팽이의 색깔과 모양이 다르다는 것을 알게 되었다."라며 실습 동안 작성한 관찰 기록을 보여 주었다. 교육 실습생 A는 내가 처음 보는 관찰 기능을 가진 놀이 기록용 애플리케이션을 사용하고 있었다. 그것은 기존에 내가 사용해 왔던 것에는 없었던, 기록을 보관하거나 공유하는 등의 새로운 기능이 있었다. 그 이후부터 나는 교육 실습생 A에게 배운 새로운 애플리케이션을 사용하여 기록하게 되었다. 나는 이번 실습 지도를 통해 나의 교육 실천을 돌이켜 보는 계기가 되었다. (김 교사 저널)

2. 만점으로 가는 문제풀이 흐름 (문제 분석 및 개요도 작성)

문제풀이 Tip

- 1) 1)문제를 읽으면서 동시에 문제지 옆 빈 공간에 '누리과정 편성·운영'의 '가~아' 8가지 내용의 키워드를 적어 놓고 그다음에 제시문의 박 교사의 저널을 읽으면서 답을 찾아가세요. 객관식 문제를 푸는 것처럼 8번까지 보기를 적은 뒤, 그중에서 제시문에서 해당하는 답을 찾아야 실수를 줄일 수 있어요.
- 2) 1)문제에서 '물적 자원'의 예시로 '○○기차역'도 될 수 있고 '색 테이프'도 될 수 있어요. 그렇지만 답안을 전개하기에 '○○기차역'이 흐름상 매끄러워서 누리쌤 답안에서는 '○○기차역'을 물적 자원으로 제시했어요.
- 3) 대부분의 논술 문제의 답안은 위에서부터 아래로 제시문을 읽어 나가면서 차례로 답이 제시되어 있어요. 간혹 가다 3)문제의 답이 2)문제 답보다 위쪽에 제시된 경우도 있지만요. 당황하지 말고 위에서부터 차근차근 제시문을 읽으면서 답을 찾으세요.
- 4) 3), 4)문제는 흐름이 이어지기 쉽도록 제시가 되었네요. '교육 실습생을 지도하면서 어려움을 겪었고 이를 해결하기 위해 어떤 방법을 사용하였으며 이 과정을 통해 교육 실습생과 지도 교사 모두 성장하는 긍정적인 영향이 있었다.' 전형적인 문제와 해결 방법 구조로 서술하면 되는 쉬운 문제네요.

---

1)-❶
유아들과 어제 ○○기차역으로 견학을 다녀왔다. 유아들은 ○○기차역에 가서 기차도 보
1)-❸ 인적 자원   1)-❹ 물적 자원
고 역무원에게 궁금한 것도 물어보았다. 오늘은 유아들이 기찻길을 만들고 싶어 해서 색 테이
프를 주었다. 나는 기찻길을 최대한 길게 만들고 싶어 하는 유아들에게 교실 밖 복도를 활용해 보
라고 말해 줄까 고민하다가, 유아들이 스스로 찾도록 기다려 주었다. 유아들은 복도 방향으로
2)-❶ 주도성   2)-❷ 자유로움
기찻길을 자발적으로 만들기 시작하였다. 유아들은 공간 제약을 받지 않고 교실을 넘어 복도
까지 쭉 길게 만들었다. 유아들은 기찻길 위에서 기차처럼 달리는 신체 표현을 재미있어 하며 신나
2)-❸ 즐거움   1)-❷
게 달리고 있었다. 유아들이 신체 표현에 몰입해 있어서 하던 놀이를 바깥 놀이터에서 계속할 수 있도
록 하였다. (박 교사 저널)

3)-❶ 어려움
교육 실습생 A가 온 지 엊그제 같은데 벌써 마지막 날이다. 실습 첫날 잘해 낼 수 있을지 불안
3)-❸ 해결 방안
해하며 긴장했던 교육 실습생 A의 모습이 떠오른다. "잘할 테니, 너무 걱정 마세요.", "함께 잘
4)-❶ 교육 실습생   3)-❹ 해결 방안
해 봐요."라는 내 말에 교육 실습생 A는 한결 편안해 보였다. 나는 놀이 지원에 서툰 교육 실습
3)-❷ 어려움
생 A에게 팽이 놀이를 지원하는 모습을 보여 주었다. 교육 실습생 A는 놀이 지원을 실제로 어
떻게 해야 할지 몰라 막연해했는데, 내가 유아들과 팽이를 함께 만들고, 팽이 시합을 하는 것
4)-❷ 교육 실습생
을 본 이후에 놀이 지원을 어떻게 해야 하는지 알게 되었다고 말했다. …(중략)… 교육 실습생
4)-❶ 교육 실습생
A는 "놀이 지원을 해 보니 유아마다 좋아하는 팽이의 색깔과 모양이 다르다는 것을 알게 되었다."
라며 실습 동안 작성한 관찰 기록을 보여 주었다. 교육 실습생 A는 내가 처음 보는 관찰 기능을 가
진 놀이 기록용 애플리케이션을 사용하고 있었다. 그것은 기존에 내가 사용해 왔던 것에는 없었던,
4)-❸ 김 교사
기록을 보관하거나 공유하는 등의 새로운 기능이 있었다. 그 이후부터 나는 교육 실습생 A에게 배
4)-❹ 김 교사
운 새로운 애플리케이션을 사용하여 기록하게 되었다. 나는 이번 실습 지도를 통해 나의 교육 실천
을 돌이켜 보는 계기가 되었다. (김 교사 저널)

---

1) 편성 운영에 근거 하루 일과 운영

❶ 박1 – 가정, 지역사회 협력과 참여
❷ 박2 – 놀이가 충분히 이뤄지도록
❸ 인적 자원 – 역무원
❹ 물적 자원 – 기차역

2) 박 저널 근거 유아 놀이 특성

❶ 주도성 ∵박 교사 제안 ✕, 능동적
❷ 자유로움 ∵교실 공간 제약, 복도 연장
❸ 즐거움 ∵재미 느낌

3) 김 저널 근거 교육 실습생 A 어려움과 해결 방안

❶ 교육 실습생의 어려움 1
  – 불안, 긴장
❷ 교육 실습생의 어려움 2
  – 놀이 지원 어려움
❸ 해결 방안 1 – 긍정 조언
  → 심리적 안정
❹ 해결 방안 2 – 모델링
  → 즉각 알게 됨

4) 김 저널 근거 교육 실습 긍정적 영향

❶ 교육 실습생 1 – 심리적 안정, 유아 개별 흥미 특성 이해
❷ 교육 실습생 2 – 현장 지원 방법 알게 됨, 실천적 지식
❸ 김 교사 1 – 디지털 역량↑
❹ 김 교사 2 – 반성적 사고 역량↑

Tip 개요도 더블 체크 필수!
– 배점표와 답안 블록 개수를 비교하며 빠뜨린 것 없는지 확인
– 작성해야 하는 답안 15개, 배점표 답안 점수 15점!

37

3. 예시 답안-1 (누리자쌤)

서론

❶ 유아교육 현장에서 유아의 놀이를 이해하고 지원하는 것은 **중요하다**. 이에 교사는 누리과정을 현장에 잘 적용하는 역량을 갖춰야 한다. ❷ **따라서 사례에 근거하여** 박 교사가 누리과정을 현장에서 실천한 방법과 사례에 나타난 놀이의 특성을 알아보고 교육 실습을 통해 지도 교사와 실습생의 교육 역량이 높아진 점**에 대해 논하겠다**.

본론

먼저 박 교사는 ❸**첫째**, '가정과 지역사회와의 협력과 참여에 기반하여 운영한다.'에 근거하여 '기차역'이라는 지역사회 시설과 상호 연계하여 **하루 일과를 운영했다**. 유아들과 '○○기차역'이라는 지역사회의 물적 자원에 방문하고 '역무원'이라는 인적 자원을 활용함으로써 유아들이 교실 밖의 풍부한 자원을 다양하게 경험하도록 했기 **때문이다**. ❹**둘째**, '하루 일과에서 바깥 놀이를 포함하여 유아의 놀이가 충분히 이루어지도록 편성하여 운영한다.'에 근거하여 놀이 시간을 길게 편성하여 **하루 일과를 운영했다**. 유아들이 계속해서 놀이에 몰입하도록 바깥 놀이 시간을 연장하여 제공했기 **때문이다**.

다음으로, 박 교사의 저널에 나타난 유아 놀이의 특성을 **논하겠다**. ❺**첫째**, 유아들의 놀이는 유아 스스로가 주체가 되어 놀이를 주도하는 **특성이 있다**. 유아들이 박 교사의 제안 없이도 능동적으로 기찻길을 만들기 시작했기 **때문이다**. ❻**둘째**, 유아들의 놀이는 시간과 공간에 구속받지 않고 자유롭게 이뤄지는 **특성이 있다**. 유아들이 기찻길 놀이를 교실 공간에 제한되지 않고 복도까지 연장해서 즐기기 **때문이다**. **셋째**, 유아들의 놀이는 즐거움을 동반하는 특성이 있다. 유아들이 기차처럼 달리는 놀이를 하며 재미를 느끼기 **때문이다**.

---

❶
- 서론 만능 틀인 '유아교육 현장에서 (주제)는 중요하다.'로 서론을 시작한다. 제시문 전체를 아우르는 주제는 '유아의 놀이'이다.

❷
- 이 문제는 문제에서 이미 결론을 말해 준다. 4)문제에서 교육 실습이 교사와 실습생 모두에게 미친 긍정적 영향을 논하라고 했으므로 여기서 힌트를 얻어 서론의 마지막 문장을 '교육 실습을 통해 지도 교사와 실습생 모두의 교육 역량이 높아진 점에 대해 논하겠다.'로 맺을 수 있다.

❸
- 1)문제를 읽자마자 문단의 구조가 떠올라야 한다. '~ 논하고'에서는 근거를 제시해야 하고 '제시하시오'는 '~(이)다'라고 언급만 하면 된다. 따라서, '박 교사는 첫째, ~(편성·운영 지침)에 근거하여, (운영 방법) 하루 일과를 운영했다. ~했기 때문이다'의 2문장 구조로 답안을 작성하면 된다.

❹
- 자칫 '편성·운영 지침' 문장에 나오는 단어를 근거를 쓸 때 중복해서 사용하지 않도록 주의하는 게 좋다. 답안에서는 '충분히', '길게', '계속', '연장', '몰입'이라는 단어를 다채롭게 사용하고 있다. 뒷받침 문장은 유의어를 사용하여 서술하면 좋다.

❺
- '첫째, 유아들의 놀이는 ~하는 특성이 있다. ~ 때문이다'의 2문장 구조를 반복하여 서술한다. 구조가 단순해야 채점자가 쉽게 답안을 찾을 수 있다.

❻
- 문장을 쓸 때는 제시문에 제시된 단어를 동일하게 쓰지 않는 것이 좋다. 그러기 위해서는 유의어와 반의어를 사용하여 문장을 풍성하게 쓰면 된다.
- ex) 교사의 제안↔유아가 능동적으로 자유로움, 제한× ↔ 구속 즐거움 ≒ 재미

마지막으로, 실습생 A의 어려움과 이를 해결한 방법은 다음과 같다. **❼첫째**, 실습생 A는 처음 해 보는 실습을 잘해 낼 수 있을지 긴장하며 정서적으로 불안해했다. **이를 해결하기 위하여** 김 교사는 잘할 수 있고 함께할 것이라며 긍정적인 조언을 했다. **그 결과로** 실습생 A는 심리적 안정을 취할 수 있었다. **둘째**, 실습생 A는 실제 놀이 상황에서 놀이 지원을 어려워했다. **이를 해결하기 위하여** 김 교사는 직접 유아들과 팽이를 접고 팽이 시합을 하는 모델링을 보였다. **그 결과로** 실습생 A는 즉각적으로 놀이 지원 방법을 알 수 있었다.

　　이러한 교육 실습 과정은 지도 교사와 실습생 A 모두에게 긍정적 영향을 미친다. **❽먼저 지도 교사 측면에서 첫째**, 관성적으로 사용하던 관찰기록 방법을 벗어나 새로운 매체를 사용하게 되어 디지털 역량이 증가하였다. **사례에서** 지도 교사는 평소에 사용하지 않던 애플리케이션을 활용하여 놀이 기록을 하게 되었다. **❾둘째**, 교사의 반성적 사고 역량이 증가하였다. **사례에서** 지도 교사는 놀이 지원 모델링을 하며 자신의 교육 실천을 모니터링하게 되었다. **다음으로 교육 실습생 측면에서 첫째**, 유아들의 개별적 흥미와 특성에 대해 알게 되었다. **사례에서** 실습생은 유아마다 좋아하는 팽이의 색과 모양이 다르다는 것을 알게 되었다. **둘째**, 실제로 교육을 해 보지 않으면 모르는 현장에서 유아들을 지원하는 방법을 알게 되었다. **사례에서** 실습생은 교사의 모델링을 직접 관찰하며 실천적 지식을 얻게 되었다.

결론

　　❿유아교육의 질은 교사의 질을 넘을 수 없다. 따라서 실습생과 지도 교사 모두의 발전을 도모할 수 있도록 효과적인 교육 실습이 이루어져 유아 놀이 중심 교육과정이 현장에서 잘 적용되도록 노력해야 한다.

---

❼
- '문제 + 해결 방법 + 결과'의 3가지 문장의 구조로 답안을 서술하면 된다. '첫째 교육 실습생 A는 ~을 어려워했다(부정적 요소) + 이를 해결하기 위하여 ~했다 + 그 결과로 ~했다'의 구조가 반복된다.
- 문장을 풍성하게 쓰기 위해 반의어를 활용했다.
ex) 정서적 불안 ↔ 심리적 안정

❽
- '지도 교사/실습생 측면에서 첫째, ~하게 되었다. 사례에서 ~하였다.'의 문장 구조를 반복하여 서술한다. '디지털 역량'은 최근 교육 현장에서 계속해서 강조되는 교사 역량이다.

❾
- 비슷한 뜻을 가진 말을 사용하여 문장을 쓴다.
ex) 반성적 사고 ≒ 모니터링

❿
- 결론 만능 틀을 그대로 쓴다.

⓫
- 결론 마지막 문장은 '~(본문에서 서술한 내용들)을 통해 유아 놀이 중심 교육과정이 잘 적용되도록 노력해야 한다.'로 서술하면 쉽다. 기승전 '유아 놀이 중심 교육과정'을 기억한다.

3. 예시 답안-2 (유자쌤)

서론

2019 개정 유치원 교육과정을 이해하고 현장에서 적용하는 것은 중요하다. 왜냐하면 유아 중심, 놀이 중심의 교육과정을 운영하는 것은 유아의 발달과 성장에 긍정적인 영향을 미치기 때문이다. 따라서 현장에서 유아의 놀이를 이해하고 지원하는 배움의 과정을 사례의 저널을 통해 알아보고자 한다.

본론

우선, 박 교사의 저널에서 2019 개정 유치원 교육과정의 편성·운영에 근거하여 박 교사가 일과 운영에 고려한 사항과 물적·인적 자원은 다음과 같다. 일과 측면의 경우이다. **첫째**, 지역 내 기차역 등의 지역사회의 협력과 참여에 기반하여 교육과정을 운영하였다. **둘째**, 하루 일과에서 바깥 놀이를 포함하여 유아의 놀이가 충분히 이루어지도록 운영했다. 물적 인적 자원 측면이다. **첫째**, 색 테이프라는 물적 자원을 활용하여 유아가 풍부하게 놀이할 수 있도록 지원했다. **둘째**, 인적 자원인 역무원을 통하여 아이들이 궁금한 것도 물어보는 시간을 가지며 교육과정을 운영했다.

한편, 박 교사의 저널에는 유아 놀이의 특징이 드러난다. **첫째**, 주도성이다. 유아들은 자발적으로 기찻길을 만들기 시작했다. 놀이에서 주도적으로 스스로 선택하고 결정하는 점이 보였다. **둘째**, 자유로움이다. 유아들은 공간 제약을 받지 않고 교실을 넘어 복도까지 활용하여 놀이를 했다. 공간의 제한을 받지 않고 자유로운 놀이를 즐길 수 있었다. **셋째**, 즐거움이다. 유아들은 기차의 모습을 신체적으로 표현하며 신나게 달리는 모습을 보였다. 놀이를 통해 즐거움을 느꼈다.

다음으로, 김 교사의 저널에서는 실습생의 교육과정 운영의 어려움과 김 교사의 해결 방안이 드러난다. **첫째**, 불안해하며 긴장하는 심리적 어려움을 보였다. **이를 해결하기 위해서** 김 교사는 실습생에게 함께 잘하자며 격려의 말을 전하며 심리적 지지를 보냈다. **둘째**, 놀이 지원을 실제로 어떻게 할지 몰라 서툰 모습을 보였다. **이를 해결하기 위해서** 김 교사는 팽이 만들기, 시합하기 등의 구체적인 놀이 지원을 보여 주었다.

그 결과, 김 교사와 실습생에게는 긍정적인 영향이 있었다. 실습생의 경우이다. **첫째**, 심리적 안정감을 얻어 한결 편한 자세로 효능감을 가지고 실습에 임할 수 있었다. **둘째**, 놀이 지원을 직접 관찰하고 기록하며 유아와 놀이에 대해 이론뿐만 아니라 실제적 지식을 얻게 되었다. 김 교사의 경우이다. **첫째**, 실습생이 사용하던 놀이 기록 관찰 애플리케이션을 알게 되고 기술을 활용할 수 있게 되어 디지털 역량을 키웠다. **둘째**, 실습 지도를 통해 김 교사 자신의 학급 교육 실천을 돌이켜보는 계기를 가져 반성적 사고 역량을 높였다.

---

①
- 주제를 드러내야 하는 첫 문장은 '놀이 중심 교육과정' 등의 별칭이 아닌 '2019 개정 유치원 교육과정'으로 작성하는 것이 좋다. 논술 문제에 적혀 있으니 그대로 따라 적어 주면 된다.
- 2019 개정 유치원 교육과정의 핵심 내용이 유아 중심, 놀이 중심의 교육과정이다. 그래서 뒷받침 문장에 이 키워드를 넣어 주면 된다.
- 서론 만능 틀을 이용한다. '[주제]는 중요하다. 왜냐하면 유아에게 [이러한 도움]이 되기 때문이다. 따라서, 사례를 통해 알아보고자 한다.

②
- 짧고 명료한 문장으로 작성하여 내가 답안을 이곳에 작성할 거라는 것을 채점자에게 알려주는 것이다.
- 일과 측면의 경우이다 + 첫째 + 둘째 / 물적 인적 자원 측면이다 + 첫째 + 둘째 → 이렇게 반복되는 구조로 작성해 주면 된다.
- 2019 개정 유치원 교육과정 편성·운영에 근거하면 주요 키워드는 '지역사회', '바깥 놀이'이다. 이 키워드를 빠뜨리지 않도록 주의한다. 그리고 편성·운영의 문장이 기억나면 그대로 작성해 준다.

③
- 각각 1가지씩 제시하라고 했기 때문에 인적 자원 1개, 물적 자원 1개를 적어야 한다. 시험장에서는 긴장되기 때문에 '각각'이라는 멘트를 놓칠 수도 있다. 개요도를 작성할 때 배점표의 답안 개수와 내 개요도의 답안 개수를 습관적으로 재차 확인한다면 이런 실수는 무조건 줄일 수 있다.

④
- 보통 본론 번호를 쓸 때는 '우선, 다음으로, 마지막으로' 이렇게 3가지를 상투적으로 써 왔다. 본론1의 내용과 본론2의 내용을 연결시켜 주는 접속사 적는 것을 기억하자.

⑤
- [첫째 + 키워드 + 사례]와 같은 구조를 반복한다. 이렇게 하면 내가 작성한 글을 빠르게 검토할 수 있다.

> **결론**
>
> 이렇게 놀이 중심의 교육과정을 운영하는 교사의 역량은 유아교육의 질에 영향을 미친다. 따라서 교사는 ⑧저널 작성 등을 통해서 학급 운영을 되돌아보며 유아의 놀이를 존중하는 개정 누리과정 운영 역량을 키워 나가야 할 것이다.

❻
- 본론3에서 주의해야 할 것은 본론 3의 ④번이다. 김 교사의 해결 방안에 실습생의 실습 긍정적 영향을 적게 되면 본론4-②에서 쓸 내용이 없어진다. 문제에서는 분명 '김 교사의 해결 방안'을 쓰라고 했기 때문에 실습생이 놀이 지원을 잘 하게 된 것은 본론3에 적지 않도록 한다. 이런 부분은 개요도를 작성하고 검토할 때 더블 체크를 한다면 충분히 실수를 줄일 수 있다.

❼
- 본론4에서도 긍정적 영향을 '각각' 쓰라고 했으니 실습생 2개, 교사 이점 2개 총 4개가 나와야 한다. 배점표의 점수 4점을 확인했다면 답안도 4개가 나와야 한다는 것을 기억한다.
- 실습생과 교사에게 긍정적 영향을 준 점을 사례에서 찾아 쓴 후 키워드를 추가한다. 효능감, 실제적 지식, 디지털 역량, 반성적 사고 역량과 같은 키워드를 추가하여 작성한 답안을 강조한다.

❽
- 만능 틀 '[주제]는 ~해서 영향을 미친다. 따라서 교사는 ~해야 할 것이다.'를 사용한다.
- 본론의 내용을 좀 더 아우를 수 있도록 저널에 대해 언급했다.

[코멘트]

1) 이번 문제는 누리과정의 운영 '편성·운영'을 모르면 2점 정도는 깎였을 수 있었죠. 아마 가벼운 마음으로 시험을 보신 분들은 당황할 수 있는 문제였어요. 그러나 임용을 1년 준비했다면 달달 외운 내용일 테지요. 못 외웠더라도 지역사회, 바깥 놀이와 같은 중요 키워드 중심으로만 작성하실 수 있다면 괜찮으니 걱정하지 않으셔도 됩니다! 아참, 논술에서는 괜찮지만 임용 합격을 위해서는 달달 외우셔야 합니다!

2) 서론과 결론을 작성할 때 '주제'를 뭘로 할지 고민이 있으셨겠어요. 평소에는 뚜렷하게 보이는데 이번에는 조금 고민이 필요했을 거예요. 본론 1번부터 4번까지를 관통하는 키워드는 '놀이 중심 교육과정'으로 보입니다. 그래서 2019 개정 누리과정에 대한 이야기로 서론을 시작해 보았어요. 전체를 아우르는 주제를 잡기 힘들었다면 대안으로 사례의 전반적인 축을 차지하는 '저널'을 주제로 잡을 수도 있습니다! 그렇다면 본론 1~4번의 모든 내용을 포괄하는 주제가 될 수 있어요.

3) '찾아 쓰시오'라고 할 때는 내가 내용을 추가로 덧붙이지 않고 사례를 그대로 적는 것이 좋아요.

> **참고 자료**
> Ⅱ. 누리과정의 운영
> 1. 편성·운영
>   다음의 사항에 따라 누리과정을 편성·운영한다.
>   가. 1일 4~5시간을 기준으로 편성한다.
>   나. 일과 운영에 따라 확장하여 편성할 수 있다.
>   다. 누리과정을 바탕으로 각 기관의 실정에 적합한 계획을 수립하여 운영한다.
>   라. 하루 일과에서 바깥 놀이를 포함하여 유아의 놀이가 충분히 이루어지도록 편성하여 운영한다.
>   마. 성, 신체적 특성, 장애, 종교, 가족 및 문화적 배경 등으로 인한 차별이 없도록 편성하여 운영한다.
>   바. 유아의 발달과 장애 정도에 따라 조정하여 운영한다.
>   사. 가정과 지역사회와의 협력과 참여에 기반하여 운영한다.
>   아. 교사 연수를 통해 누리과정의 운영이 개선되도록 한다.

3. 2023학년도 정시

1 기출문제

배점표	논술의 내용 [총 15점]	- '생존권', '보호권', '참여권'과 관련된 교사 활동(3점)과 그 개념에 근거한 이유(3점) [6점] - 보편성의 원칙과 포괄성의 원칙이 적용된 예(2점)와 그 원칙의 의미에 근거한 이유(2점) [4점] - 교사 역할 수행의 어려움(3점)과 부모집단면담 시 교사 측면의 이점(2점) [5점]
	논술의 체계 [총 5점]	- 글의 논리적 체계성 [3점] - 맞춤법 및 어휘·문장의 적절성 [2점]

문제

다음은 아동권리 이해를 위해 교사 협의회에서 나눈 교사들 간 대화의 일부이다. 1) 민 교사의 대화에 근거하여 「유엔아동권리협약」 중 '생존권', '보호권', '참여권'과 관련된 교사 활동을 각각 1가지씩 제시하고, 그 이유를 해당하는 개념에 근거하여 각각 논하시오. 2) 최 교사의 대화에서 아동복지의 제 원칙 중 보편성의 원칙과 포괄성의 원칙이 적용된 예를 각각 1가지씩 제시하고, 그 이유를 해당하는 원칙의 의미에 근거하여 각각 논하시오. 3) 황 교사의 교사 역할 수행에서의 어려움 3가지를 제시하고, 민 교사가 제안한 부모집단면담 시 교사 측면의 이점 2가지를 논하시오. [총 20점]

최 교사: 유치원 교사는 「유엔아동권리협약」에서의 아동의 권리와 아동복지와 관련된 제반 원칙들을 알아 두어야 해요.

민 교사: 그렇죠. 팬데믹 상황에서 저는 유아들이 바이러스에 감염되지 않으면서 건강하게 생활할 수 있도록 보건과 위생에 더 주의를 기울이고 있어요. 요즘과 같은 상황에서 저는 유아들에게 올바른 마스크 착용 방법에 대해 수시로 지도하고 있어요.

황 교사: 저는 유아들의 건강을 위해 교실 환기와 소독에 더 주의를 기울이고 있어요.

민 교사: 잘하고 계시네요. 팬데믹 상황에서 바이러스도 문제지만 유아들이 집에 머무는 시간이 많아지면서 인터넷을 더 자주 접하게 되니 인터넷 과의존 문제가 발생할까 봐 걱정이에요. 그래서 저는 유아들과 인터넷 과의존 문제에 대해 종종 이야기를 나눠요. 얼마 전에는 유아들에게 인터넷에서 동영상을 보거나 게임을 하는 대신 무슨 놀이를 할지 스스로 선택하게 했더니 유아들은 자기들끼리 의견을 나누면서 다음에 할 놀이를 투표로 정하더라고요.

최 교사: 유아들이 주도적으로 놀이하는 것을 보니 민 선생님께서는 2019 개정 유치원 교육과정을 잘 운영하고 계신 것 같네요. 선생님들도 아시는 바와 같이 이러한 교육과정은 국가 수준의 공통성을 가지고 있잖아요. 교육과정을 운영하는 방법 중 하나로 현장 학습을 가기도 하죠. 그래서 유치원에서는 지역사회 내 소방서, 경찰서, 도서관 등과 연계하고 있어요. 유아가 속해 있는 지역사회 역시 교육과정의 주체이므로 상호 연계하고 협력해야죠.

황 교사: 그럼요. 이번 학기에도 저는 여러 번 우리 유치원과 연계한 기관으로 현장 학습을 다녀왔어요. 제가 경력이 짧다 보니 현장 학습을 가면 여러 명의 유아를 동시에 돌보고 지도하는 것이 쉽지 않더라고요. 민 선생님께서 말씀하신 것처럼 유아들의 인터넷 과의존과 관련하여 저도 수업 중에 미디어안전교육을 실시하려고 하는데 효과적인 지도 방법을 잘 모르겠어요. 부모님들도 유아들의 인터넷 과의존 문제에 대해 걱정이 많으세요. 그런데 부모님들마다 생각이 다 달라서 면담할 때마다 어떻게 말씀드려야 할지 잘 모르겠어요.

민 교사: 맞아요. 이런 경우에는 여러 부모님들이 함께 참여하는 부모집단면담이 더 효과적이죠.

2 만점으로 가는 문제풀이 흐름(문제 분석 및 개요도 작성)

문제풀이 Tip

- 1) 문제에서 '민 교사의 대화에 근거하여'라고 했으므로 제시문의 '민 교사:' 부분에 동그라미를 치고 민 교사의 말에서 답을 찾도록 집중하세요. 자칫 황 교사의 대화에 나온 '교실 환기와 소독'을 오답으로 쓰지 않도록 조심하세요.
- 2) 1), 2)문제는 모두 답을 어떤 방식으로 서술할지 문제에서 친절하게 다 알려주고 있네요. '제시하시오'는 간략하게 '~다.'라고 서술하면 되고 '논하시오'는 근거를 써야 해요. 따라서 1)문제는 '생존권/보호권/참여권과 관련된 교사 활동은 ~다.'라고 간략하게 제시한 뒤, '왜냐하면 ~하기 때문이다.'라고 서술하면 돼요. 마찬가지로, 2)문제는 '보편성/포괄성의 원칙의 예로 ~가 적용됐다.'라고 간략하게 제시한 뒤, '왜냐하면 ~하기 때문이다.'라고 서술하면 돼요.
- 3) 올해 논술 문제는 아동복지에 관련된 이론 지식을 모르면 다소 서술하기 어렵게 출제되었네요. 「유엔아동권리협약」과 '아동복지의 제 원칙'과 연관된 이론 지식을 꼭 익혀두세요.
- 4) 3)문제에서 교사 역할 수행에서의 어려움을 '제시하고'라고 했으므로 간략하게 '어려움은 ~다.' 문장을 반복해서 서술하면 돼요. 이유를 서술할 필요는 없어요.
- 5) 3)문제에서 '교사 측면의 이점'을 논하라고 했으므로 '부모 측면의 이점'을 쓰지 않도록 문제의 '교사 측면'에 밑줄이나 동그라미를 치고 잊지 않도록 체크하세요.
- 6) 3)문제만 읽고는 '교사 측면의 이점'이 제시문에 드러나 있는지 알 수 없어요. 하지만 문제에서 그냥 부모집단면담의 이점을 논하라고 한 것이 아니라 '민 교사가 제안한 부모집단면담'이라고 했으므로 민 교사가 어떤 맥락에서 부모집단면담이 좋다고 했는지 파악하고 관련해서 이점을 논해야 안전해요.

최 교사: 유치원 교사는 「유엔아동권리협약」에서의 아동의 권리와 아동복지와 관련된 제반 원칙들을 알아 두어야 해요.

민 교사: 그렇죠. 팬데믹 상황에서 저는 유아들이 바이러스에 감염되지 않으면서 건강하게 생활할 수 있도록 보건과 위생에 더 주의를 기울이고 있어요. 요즘과 같은 상황에서 저는 유아들에게 올바른 마스크 착용 방법에 대해 수시로 지도하고 있어요. [1)-①]

황 교사: 저는 유아들의 건강을 위해 교실 환기와 소독에 더 주의를 기울이고 있어요.

민 교사: 잘하고 계시네요. 팬데믹 상황에서 바이러스도 문제지만 유아들이 집에 머무는 시간이 많아지면서 인터넷을 더 자주 접하게 되니 인터넷 과의존 문제가 발생할까 봐 걱정이에요. 그래서 저는 유아들과 인터넷 과의존 문제에 대해 종종 이야기를 나눠요. [1)-②] 얼마 전에는 유아들에게 인터넷에서 동영상을 보거나 게임을 하는 대신 무슨 놀이를 할지 스스로 선택하게 했더니 유아들은 자기들끼리 의견을 나누면서 다음에 할 놀이를 투표로 정하더라고요. [1)-③]

최 교사: 유아들이 주도적으로 놀이하는 것을 보니 민 선생님께서는 2019 개정 유치원 교육과정을 잘 운영하고 계신 것 같네요. [2)-①] 선생님들도 아시는 바와 같이 이러한 교육과정은 국가 수준의 공통성을 가지고 있잖아요. 교육과정을 운영하는 방법 중 하나로 현장 학습을 가기도 하죠. 그래서 유치원에서는 지역사회 내 소방서, 경찰서, 도서관 등과 연계하고 있어요. [2)-②] 유아가 속해 있는 지역사회 역시 교육과정의 주체이므로 상호 연계하고 협력해야죠.

황 교사: 그럼요. 이번 학기에도 저는 여러 번 우리 유치원과 연계한 기관으로 현장 학습을 다녀왔어요. 제가 경력이 짧다 보니 현장 학습을 가면 여러 명의 유아를 동시에 돌보고 지도하는 것이 쉽지 않더라고요. [3)-①] 민 선생님께서 말씀하신 것처럼 유아들의 인터넷 과의존과 관련하여 저도 수업 중에 미디어안전교육을 실시하려고 하는데 효과적인 지도 방법을 잘 모르겠어요. [3)-②] 부모님들도 유아들의 인터넷 과의존 문제에 대해 걱정이 많으세요. 그런데 부모님들마다 생각이 다 달라서 면담할 때마다 어떻게 말씀드려야 할지 잘 모르겠어요. [3)-③]

민 교사: 맞아요. 이런 경우에는 여러 부모님들이 함께 참여하는 부모집단면담이 더 효과적이죠.

---

1) 아동 권리 관련 교사 활동

1. 생존권 – 마스크 착용법 지도
   ∵ 팬데믹 속 감염 ✗, 생존
2. 보호권 – 인터넷 과의존 문제 이야기 나누기 ∵ 유해한 환경으로부터 self보호
3. 참여권 – 미디어 ✗, 놀이 주도 선택하기 ∵ 교사 정해주기 ✗, 의견 내며 스스로 결정

2) 최 교사 - 아동복지 제 원칙 적용된 예

1. 보편성 – 2019 개정 유치원 교육과정 실천 ∵ 모든 기관, 공통, 국가 수준, 모든 유아 차별 ✗
2. 포괄성 – 지역사회 연계 교육과정 운영 ∵ 폭넓은 교육 환경, 광범위한 교육

3) 황 교사 - 겪는 어려움

1. 여러 명 유아 동시 교육, 돌봄
2. 미디어안전교육 실시 교수 방법 ✗
3. 인터넷 과의존 문제 학부모 면담 기술 ✗

4) 교사 측면 - 부모집단면담 장점

1. 여러 학부모 의견 동시 → 공통점/차이점, 객관적/종합적 상담
2. 교사 중심 ✗, 다수 학부모 중심 ○ → 지식/해결책 제시 부담 ↓, 답 찾기 돕기

3 예시 답안-1 (누리자쌤)

서론

① 유아교육 현장에서 「유엔아동권리협약」의 아동의 권리와 아동복지와 관련된 원칙들을 적용하는 것은 중요하다. ② 이를 적용하여 개정 유치원 교육과정을 운영하며 교사의 교육활동을 되돌아볼 수 있기 때문이다. ③ 이에 제시문의 대화에 근거하여 아동의 권리 개념 및 보편성, 포괄성의 원칙이 적용된 예를 알아보고 교사 역할 수행의 어려움과 부모집단면담 시 이점에 대해 논하겠다.

본론

먼저, 민 교사의 대화에 근거하여 「유엔아동권리협약」의 아동의 권리와 관련된 **교사 활동**을 논하겠다. ④ **첫째**, 생존권과 관련된 교사 활동은 올바른 마스크 착용법을 지도한 것이다. **왜냐하면** 마스크를 바르게 착용하는 방법을 지도함으로써 유아가 팬데믹 상황에서 바이러스에 감염되지 않고 생존할 수 있기 **때문이다**. **둘째**, 보호권과 관련된 교사 활동은 유아와 함께 인터넷 과의존 문제에 대해 이야기를 나누는 것이다. **왜냐하면** 유아 스스로 인터넷을 빈번하게 사용하는 것을 반성하며 유해한 환경으로부터 자신을 보호할 수 있기 **때문이다**. **셋째**, 참여권과 관련된 교사 활동은 유아들이 미디어 대신 놀이를 주도적으로 선택하도록 한 것이다. ⑤ **왜냐하면** 유아가 교사가 정해주는 대로가 아닌 스스로 무엇을 할지 투표 등을 통해 교육 활동에 의견을 내고 참여하며 결정할 수 있기 **때문이다**.

다음으로, 최 교사의 대화에서 아동복지의 제 원칙이 적용된 예를 논하겠다. ⑥ **첫째**, 보편성의 원칙의 예는 민 교사가 2019 개정 유치원 교육과정의 핵심인 유아 중심 놀이를 실천하는 것이다. 2019 개정 유치원 교육과정은 모든 기관에서 공통적으로 실시해야 하는 국가 수준의 교육과정이기에 어느 기관이든 동일하게 유아 중심, 놀이 중심 교육을 실천하여 모든 유아가 차별없이 교육 복지를 누려야 하기 ⑦ **때문이다**. **둘째**, 포괄성의 원칙의 예는 기관 밖 지역사회와 연계하여 교육과정을 운영하는 것이다. 지역사회도 교육과정의 주체로서 보다 넓은 교육 서비스 환경으로 자리매김하고 연계교육을 실천하는 등 광범위하게 교육에 기여해야 하기 **때문이다**.

---

①
- '유아교육 현장에서 [주제]는 중요하다' 서론 만능 틀로 서론을 시작한다.

②
- 문제1)과 2)에서는 아동 권리와 아동복지 원칙을 '교육활동에 적용한 예'를 각각 찾아야 한다. 따라서 출제자가 현장에서 이것들을 적용하여 운영하는 것이 중요하다는 생각을 갖고 있음을 유추할 수 있다. 그 내용을 서론에 간략하게 녹여서 서술한다.

③
- 서론 마지막 문장 쓸 때 너무 고민하지 말고 간단하게 문제에 등장하는 핵심 단어를 쓰고 '논하겠다'라고 마무리하면 된다.

④
- '첫째, 교사 활동은 ~다' + '왜냐하면 ~하기 때문이다'의 문장 구조가 반복되도록 서술한다.
- 유의어를 사용하여 같은 단어가 반복되지 않도록 썼다.
  ex) 올바른≒바르게
      과의존≒빈번하게 사용
      주도적 선택≒스스로 참여·결정

⑤
- 대조되는 단어를 생각하면 답을 생각하기 쉽다. '참여'의 반대는 '교사가 정해주는 것'이므로 '~가 아니라 ~하기 때문이다'의 문장으로 뒷받침 문장을 서술한다.

⑥
- '첫째, ~원칙의 예는 ~다' + '~하기 때문이다'의 두 문장이 반복되게 서술한다.

⑦
- 유의어를 많이 알아놓으면, 이 문제처럼 '~의 의미'에 근거하여 서술하라는 문제에 잘 대비할 수 있다. '포괄성'의 '포괄', '보다 넓은', '광범위'와 같은 비슷한 말을 사용해서 뒷받침 문장을 쉽게 완성할 수 있다. 같은 단어를 계속 쓰면 전체적인 글의 완성도가 현저하게 떨어져 보인다. 또 '보편성'의 '보편', '모든', '공통적', '동일하게', '같은'과 같이 비슷한 단어를 사용해서 뒷받침 문장을 쉽게 완성한다. 유의어를 사용해서 개념을 쉽게 설명하면 된다.

마지막으로, 황 교사가 겪는 교사 역할 수행 시 겪는 어려움은 **첫째,** 여러 명의 유아를 동시에 교육하고 돌봐야 하는 것이다. ⑧ **둘째,** 미디어안전교육을 실시하는 데 효과적인 교수 방법을 알지 못하는 것이다. **셋째,** 인터넷 과의존 문제에 관해 각기 다른 가치관을 가진 학부모와의 면담에 임하는 것이다.

⑨ 이와 같은 어려움을 겪는 황 교사에게 민 교사는 부모집단면담의 장점을 언급하고 있다. ⑩ 교사 측면에서 부모집단면담의 이점은 **첫째,** 개별 면담과 달리 여러 학부모의 의견을 동시에 듣는 것이다. 교사는 다양한 학부모의 의견을 나누며 공통점, 차이점을 알게 되어 보다 종합적이고 객관적으로 상담할 수 있게 된다. ⑪ **둘째,** 교사가 아닌 다수의 학부모가 상담의 중심이 되어 다양한 경험을 가진 학부모가 서로 의견을 나누게 된다. 이때 교사는 지식을 전달하거나 해결책을 알려주는 부담을 줄이고 학부모 스스로 고민에 대한 답을 찾도록 도와줄 수 있다.

[결론]

⑫ 　유아교육의 질은 교사의 질을 뛰어넘을 수 없다. 따라서 유아교사는 위와 같이 유아의 권리와 아동복지와 관련된 제반 원칙을 잘 이해하고 현장 교육에 적용하기 위해 노력해야 한다.

[개념 짚고 넘어가기]

「아동권리협약」의 4가지 기본권	생존의 권리	적절한 생활수준을 누릴 권리. 안전한 주거지에서 살아갈 권리. 충분한 영양을 섭취하고 기본적인 보건 서비스를 받을 권리 등. 기본적인 삶을 누리는 데 필요한 권리
	보호의 권리	모든 형태의 학대와 방임, 차별, 폭력, 고문, 징집, 부당한 형사처벌, 과도한 노동, 약물과 성폭력 등 어린이에게 유해한 것으로부터 보호받을 권리
	발달의 권리	잠재능력을 최대한 발휘하는 데 필요한 권리. 교육받을 권리. 여가를 즐길 권리. 문화생활을 하고 정보를 얻을 권리. 생각과 양심과 종교의 자유를 누릴 수 있는 권리 등
	참여의 권리	자신의 생활에 영향을 주는 일에 대해 의견을 말하고 존중받을 권리. 표현의 자유, 양심과 종교의 자유, 평화로운 방법으로 모임을 자유롭게 열 수 있는 권리. 사생활을 보호받을 권리. 유익한 정보를 얻을 권리 등
아동복지의 제 원칙 중 '보편성과 선별성의 원칙'	보편성의 원칙	모든 아동, 즉 계층, 인종, 민족, 장애 유무, 부모 유무 등 아동을 구분하는 모든 요인들과 상관없이 모든 아동에게 같은 종류의 서비스를 동일한 수준에서 주어야 한다는 원칙이다.
	선별성의 원칙	요보호 아동, 특수아동을 대상으로 하는 보충적이고 열등처우적인 서비스 제공을 의미한다.

---

⑧
- 유의어를 사용하면 좀 더 풍부하게 문장을 만들어낼 수 있다. 제시문에서는 '지도 방법'이라는 단어를 썼지만 '교수 방법'이라는 단어로 바꿨다. 문제에서 '제시하시오'라고 할 경우 제시문의 단어를 그대로 옮겨 적으면 심한 감점요소가 되진 않더라도 매력적인 답안이 되기 어렵다.

⑨
- 전환 문장으로 간략하게 제시문에 있는 상황 그대로 '이와 같은 어려움을 겪는 황 교사에게 민 교사는 부모집단면담의 장점을 언급하고 있다'를 썼다. 전환 문장을 쓰는 것을 어려워하지 말자! 논리적으로 연관관계가 있을 때도 있지만 그렇지 않을 때도 종종 있다. 전체적인 문단의 연결이 매끄러운 것도 중요하지만 가장 중요한 것은 '논술의 내용'에 문제에서 요구하는 것들이 다 들어 있는 것이다. '논술의 내용'의 총 배점이 15점이고 '논술의 체계' 중 '글의 논리적 체계성'은 3점이다. 따라서 전환 문장이 잘 생각나지 않는다면 너무 많은 시간과 노력을 들이지 말고 논술의 내용을 정확하게 적는 것에 집중하면 된다. 하지만 논술 20점 만점을 노린다면 전환 문장도 매끄럽게 적도록 노력해보면 좋다. 연습하면 다 이루어진다!

⑩
- '이점은 첫째, ~다.' + '교사는 ~ 할 수 있다' 두 문장을 반복하여 이점에 대해 논한다.

⑪
- 어떤 것의 장점(이점)을 논할 때도 반대되는 개념을 생각해서 근거를 생각하면 쉽다. '부모집단면담'이라는 단어 속의 '집단'의 반대는 '개인(별)'이므로 '개별 면담'과 달리 '여러 학부모 의견을 동시에 들었을 때'의 장점을 생각하면 된다. 또 '부모집단면담'의 '부모'와 대응되는 단어는 '교사'이다. 교사와 부모가 일대일이 아닌 다수의 부모가 함께한다는 점을 생각했을 때, 교사가 중심이 되지 않고 학부모끼리의 상호작용하며 얻는 이점을 생각할 수 있다. 이런 사고과정은 논술에서 아주 중요하다. 유의어와 반의어를 고려하며 뒷받침 문장 작성하기! 꼭 기억하고 연습하자!

⑫
- 결론 만능 틀 문장을 사용한다.

3 예시 답안-2 (유자쌤)

서론

❶ 유아교육기관에서 아동의 권리를 이해하고 교육 실제에 적용하는 것은 매우 중요하다. 왜냐하면 유아교육기관의 모든 교육 주체는 아동의 필수적인 권리를 보장해야 할 책임이 있기 때문이다. 사례를 통해 아동 권리의 종류와 원칙을 알아보고 아동의 권리를 위한 부모와의 협력 방안에 대해 알아보고자 한다.

본론

우선, 「유엔아동권리협약」에 나타나는 아동의 권리와 이를 위한 민 교사의 교육 활동 사례는 다음과 같다. **첫째**, 생존권이다. 민 교사는 이를 위해 올바른 마스크 착용 방법에 대해 수시로 지도하고 있다. **왜냐하면** 유아의 보건과 위생은 생존과 직결한 문제일 수 있기 **때문이다**. **둘째**, 보호권이다. 민 교사는 이를 위해 유아들과 인터넷 과의존 문제에 대해 이야기를 나눈다고 한다. **왜냐하면** 유아가 인터넷 중독, 시력 저하 등의 부작용 및 위험으로부터 스스로 보호할 수 있도록 지도하기 **때문이다**. **셋째**, 참여권이다. 민 교사는 이를 위해 무슨 놀이를 할지 스스로 정하도록 했다. **왜냐하면** 유아가 의견을 나누고 투표하는 등 의사결정에 직간접적으로 참여할 수 있도록 했기 **때문이다**.

다음으로, 최 교사의 대화를 근거로 아동복지의 원칙에 대해 알아보고자 한다. **첫째**, 보편성의 원칙이다. **사례에서는** 2019 개정 유치원 교육과정을 운영하며 국가 수준의 공통성을 지니도록 한다. 이는 소외되는 유아 없이 모든 유아가 질 높은 보편적 교육을 받는 것을 가능하게 한다. ❸ **둘째**, 포괄성의 원칙이다. **사례에서는** 소방서 등 지역사회 기관들과 연계하여 방문하기도 한다. 이것은 유아가 속한 지역사회와 상호협력을 통해 광범위한 아동복지 및 교육을 가능하게 한다.

한편, 황 교사는 유아의 권리를 위한 교사 역할 수행에서 어려움을 겪고 있다. **첫째**, 현장학습에 가서 여러 명의 유아들을 돌봐야 하는 것을 어려워했다. **둘째**, 미디어안전교육을 실시하려고 하는데 효과적인 지도방법을 선정하는 데 어려움을 겪고 있다. **셋째**, 인터넷 과의존 문제에 대해 부모와 면담하는 것에 어려움을 느낀다. ❹ 이러한 어려움은 부모집단면담을 통해 가정과의 협력을 통해 해결할 수도 있다. 교사 측면의 이점은 다음과 같다. ❺ **첫째**, 교육과정에 부모의 참여를 이끌어내며 공동의 목표를 설정할 수 있다. 이는 양방향 의사소통을 통한 협력적 관계를 맺도록 한다. **둘째**, 면담 내용 및 시간을 효과적으로 조정할 수 있다. 이는 반복되는 면담의 내용을 모든 부모에게 일일이 설명하지 않아도 되어 효율적으로 상담하도록 돕는다.

---

❶
- 만능 틀만 있다면 서론은 쉽게 작성할 수 있다.
- [주제]는 매우 중요하다. 왜냐하면 [무엇]이기 때문이다.

❷
- 첫째 [무엇]이다. 왜냐하면 [무엇] 때문이다.
- 같은 구조를 반복해서 체계적으로 작성한다. 개요도만 보고 작성하기도 편하고 검토하기도 쉽다.

❸
- 포괄성의 원칙이 아주 정확하게 무엇인지 몰라도 지문을 살펴보면 지역사회에 대한 언급이 해당 사례임을 알 수 있다.
- 이에 대한 근거를 쓸 때 개념이 모호하다면 사례(지역사회)와 키워드(포괄성)를 관련지어 적절한 문장을 만들면 문제없다.
- 혹시나 관련성이 적절하지 않아 틀려도 겨우 1점뿐이니 너무 걱정하지 않아도 된다.

❹
- 황 교사의 역할 수행 어려움과 교사 이점을 한 문단으로 작성한 이유는 제시문에서 4)를 표시하지 않았기 때문이다. 따라서 연결해서 작성했으나 문단을 총 4개로 나누어도 큰 문제는 없다.

❺
- *중요* 논술의 문제가 점점 친절해지고 있다. 여기서 '배점표'와 '굵은 글씨'를 보도록 하자. 배점표의 내용 점수는 15점, 굵은 글씨 또한 15개이다. 개요도 검토 과정에서 이를 반드시 확인해야 한다(모든 가짓수를 맞추었는지 확인).
- 굵은 글씨는 제시문에서 작성하라고 언급한 부분을 표시한 것이다. 따라서 제시문에서 작성하라고 이야기한 부분만 한 문장씩 작성하면 된다.
- 교사 이점 두 가지도 [이점+근거] 구조로 작성했지만 제시문을 보았을 때 '이점'이 적합하면 '근거' 문장은 쓰지 않아도 정답 처리될 확률이 높아 보인다. 그러나 글의 전체적 논리성을 높이기 위해 근거를 작성하였다.

결론

⑥ 이처럼 아동의 권리을 이해하고 교실에서 적절히 교육하며 지역사회 및 학부모와 협력하는 것은 중요한 일이다. 아동의 권리를 보장한 질 높은 교육과정을 운영할 수 있도록 하기 때문이다. 따라서 교사는 아동권리의 중요성 및 실천을 위해 노력해야 할 것이다.

⑥
- 아동의 권리 이해=문단1)/교실에서 적절히 교육=문단2)/지역사회 및 학부모와 협력=문단3)의 내용이다.
- 결론은 문단 전체를 아우르며 간단히 요약하면 서론보다 더 쉽게 작성할 수 있다.

아모르 파티!
네 운명을 사랑하라.
그럼 당신의 운명도 당신을
사랑해줄 것이다.
-니체-

4. 2022학년도 정시

1 기출문제

배점표	논술의 내용 [총 15점]	- 만들어가는 교육과정의 개념 1가지(1점)와 만들어가는 교육과정이 유아에게 미치는 긍정적 효과 2가지 (2점) [3점] - 시간, 공간, 자료, 활동유형 각각의 측면에서 유아 놀이 지원 방안 1가지씩 4가지 [4점] - 교수 행동 전략 2가지(2점)와 각각의 장점 1가지씩 2가지(2점) [4점] - 학습공동체의 특징 2가지(2점)와 교사 개인, 기관 차원에서 나타날 수 있는 기대 효과 각각 1가지씩 2가지 (2점) [4점]
	논술의 체계 [총 5점]	- 글의 논리적 체계성 [3점] - 맞춤법 및 어휘·문장의 적절성 [2점]

문제

다음은 유치원 교사들이 만들어가는 교육과정에 대해 학습공동체에서 나눈 대화이다. 1) 최 교사의 대화에 근거하여 만들어가는 교육과정의 개념을 논하고, 이것이 유아에게 미치는 긍정적 효과 2가지를 논하시오. 2) 임 교사가 유아 놀이를 지원하기 위해 실행할 수 있는 방안을 시간, 공간, 자료, 활동유형 측면에서 각각 1가지씩 논하시오. 3) 박 교사가 사용한 교수 행동 전략 2가지를 제시하고, 그 장점을 각각 1가지씩 논하시오. 4) 김 교사의 대화에 나타난 교사 학습공동체의 특징 2가지와 이를 통해 교사 개인과 기관 차원에서 나타날 수 있는 기대 효과를 각각 1가지씩 논하시오. [총 20점]

김 교사: 유아·놀이 중심 교육과정을 운영해 온 지 벌써 2년째네요. 그런데도 만들어가는 교육과정을 실행하는 것은 여전히 어렵게 느껴져요.

최 교사: 네, 저도 그래요. 만들어가는 교육과정은 교사와 유아가 함께 구성해 가는 것이 중요한 것 같아요. 지난주에 아이들이 버스를 만들고 싶어 해서 큰 상자를 찾아 주었더니, 버스를 만드는 것에 흥미와 관심을 가지고 적극 참여하더라고요. 아이들의 놀이를 관찰하고 기록하면서 필요한 것들을 지원해 주었더니, 이제는 아이들의 놀이가 버스 여행 놀이로 발전해 가고 있더라고요.

임 교사: 저는 아이들과 경사로 놀이를 했는데요. 아이들이 경사로를 만들기에 교실은 좁다고 하면서도 이 놀이를 더 하고 싶어 했어요. 또 장난감 자동차보다 더 빠른 것으로 굴려 보고 싶어 하기도 하고요. 아이들이 경사로 놀이를 하는 중에 경사로의 기울기에 따라 속도가 어떻게 변하는지도 궁금해했어요. 박 선생님은 이번 주에 어떠셨어요?

박 교사: 저는 아이들과 함께 숲에 갔다가 도토리가 굴러가는 것을 보았어요. 아이들이 도토리가 구르는 모습을 재미있어 해서 도토리처럼 구르는 신체 놀이를 하게 되었어요. 그런데 민이가 도토리처럼 구르는 것이 안 돼서 속상해하길래, "선생님이 구르기 하는 것을 보여 줄게."라고 말하고 제가 직접 구르기 하는 것을 보여 줬더니, 민이가 구르기를 쉽게 따라 했어요. 또 "선생님, 저도 도토리처럼 구를 수 있어요."라며 구르기를 보여 주던 지혜에게는 "몸을 움츠려서 구르기를 하니까 정말 도토리가 굴러가는 것 같아."라고 말해 주었더니, 지혜가 신나서 신체 표현을 하더라고요.

김 교사: 네, 그러셨군요. 유아의 놀이를 상황에 맞게 지원한다는 것이 쉽지 않지요. 이렇게 선생님들의 경험 사례를 듣고, 고민도 솔직하게 나누며, 서로 격려하면서 많이 배운 것 같아요. 또 어려움을 해결하는 방안도 서로 도와가며 찾다 보니까, 교사로서 한층 성장해 가는 것 같고, 서로 도와주는 유치원 분위기로 발전해 가는 것 같아 뿌듯해요.

2. 만점으로 가는 문제풀이 흐름(문제 분석 및 개요도 작성)

문제풀이 Tip

💡 1) 이번 문제는 거의 '논하시오'로 끝나고 쓰라는 내용의 가짓수도 많습니다. 따라서 모든 문제에 '주장 + 뒷받침 문장'의 2문장 형식으로 답을 적을 수 없다는 판단을 빨리 해야 합니다. 따라서 같은 '논하시오' 문제라도 어떤 것은 1문장 안에 '주장과 뒷받침'이 함께 들어가도록 하고 어떤 것은 '주장 1문장, 뒷받침 1문장'의 2문장 구성으로 적을지 결정해야 해요.

💡 2) 1), 2), 3), 4) 문제 모두 특정 교사를 지칭하고 있으므로 ' 최 교사 : '와 같이 해당하는 교사에 동그라미를 치고 해당 교사와 관련해서 답을 찾도록 집중해야 합니다.

💡 3) 문제 첫 줄을 읽으면서 동시에 이번 논술의 주제가 '만들어가는 교육과정'과 '학습공동체'라는 점을 알아야 합니다. 대부분의 문제 첫 줄에는 키워드가 언급되기 때문에 첫 줄에서 키워드를 찾고 주제에 관해 어떤 내용이 나올지 예상하며 지문을 읽어야 합니다.

💡 4) 1)에서 긍정적 효과에 관한 개요도를 작성할 때, 개요도에 '긍정적 효과 to 유아'와 같이 긍정적 효과를 받는 주체가 교사가 아닌 유아인 점을 명확히 적으세요. 그래야 답안을 쓸 때 자칫 교사에게 미치는 긍정적 효과를 적는 실수를 하지 않아요.

💡 5) 2)에서 임 교사가 놀이를 지원하기 위해 실행'할 수 있는 방안'을 쓰라고 했으므로 지문에서 답을 그대로 찾는 게 아니라 스스로 생각해서 적어야 하는 문제임을 염두에 두고 개요도를 써야 해요.

💡 6) 3) 문제의 경우, 교수 행동 전략에 해당하는 명칭을 써야 하므로 이론 지식이 필요합니다. 개론, 각론 공부가 논술 답안 작성에 꼭 필요하다는 점을 명심하세요.

💡 7) 3) 문제에서 교수 행동 전략은 '제시하시오'라고 했으므로 답안 작성 시, '○○ 교수 행동 전략이다'라고 간략하게만 적으면 됩니다.

💡 8) 이번 논술 문제는 제시문도 쉽고 답도 딱딱 떨어지게 출제됐는데 심지어 1)~4) 문제의 답이 제시문 여러 곳에 산재되어 있지 않고 순차적으로 제시됐습니다. 그러나 이 문제처럼 친절하게 제시문 흐름대로 문제의 답이 제시되지 않고 뒤죽박죽 출제된 문제도 있기 때문에 늘 철저하게 연습해야 합니다.

김 교사: 유아·놀이 중심 교육과정을 운영해 온 지 벌써 2년째네요. 그런데도 만들어가는 교육과정을 실행하는 것은 여전히 어렵게 느껴져요.

(최 교사): 네, 저도 그래요. [1)-개념] 만들어가는 교육과정은 교사와 유아가 함께 구성해 가는 것이 중요한 것 같아요. 지난주에 아이들이 버스를 만들고 싶어 해서 큰 상자를 찾아 주었더니, [1)-효과❶] 버스를 만드는 것에 흥미와 관심을 가지고 적극 참여하더라고요. 아이들의 놀이를 관찰하고 기록하면서 필요한 것들을 지원해 주었더니, 이제는 [1)-효과❷] 아이들의 놀이가 버스 여행 놀이로 발전해 가고 있더라고요.

(임 교사): 저는 아이들과 경사로 놀이를 했는데요. 아이들이 경사로를 만들기에 [2)-공간] 교실은 좁다고 하면서도 [2)-시간] 이 놀이를 더 하고 싶어 했어요. 또 [2)-자료] 장난감 자동차보다 더 빠른 것으로 굴려 보고 싶어 하기도 하고요. 아이들이 경사로 놀이를 하는 중에 [2)-활동유형] 경사로의 기울기에 따라 속도가 어떻게 변하는지도 궁금해했어요. 박 선생님은 이번 주에 어떠셨어요?

(박 교사): 저는 아이들과 함께 숲에 갔다가 도토리가 굴러가는 것을 보았어요. 아이들이 도토리가 구르는 모습을 재미있어 해서 도토리처럼 구르는 신체 놀이를 하게 되었어요. 그런데 민이가 도토리처럼 구르는 것이 안 돼서 속상해하길래, [3)-전략❶] "선생님이 구르기 하는 것을 보여 줄게."라고 말하고 제가 직접 구르기 하는 것을 보여 줬더니, 민이가 구르기를 쉽게 따라 했어요. 또 "선생님, 저도 도토리처럼 구를 수 있어요."라며 구르기를 보여 주던 지혜에게는 [3)-전략❷] "몸을 움츠려서 구르기를 하니까 정말 도토리가 굴러가는 것 같아."라고 말해 주었더니, 지혜가 신나서 신체 표현을 하더라고요.

(김 교사): 네, 그러셨군요. 유아의 놀이를 상황에 맞게 지원한다는 것이 쉽지 않지요. 이렇게 선생님들의 경험 사례를 듣고, [4)-특징❶] 고민도 솔직하게 나누며, [4)-특징❷] 서로 격려하면서 많이 배운 것 같아요. 또 어려움을 해결하는 방안도 서로 도와가며 찾다 보니까, [4)-효과❶] 교사로서 한층 성장해 가는 것 같고, [4)-효과❷] 서로 도와주는 유치원 분위기로 발전해 가는 것 같아 뿌듯해요.

---

1) 만들어가는 교육과정의 개념과 효과

❶ (최 교사) 정의 : 교사와 유아가 함께 구성해 가는 교육과정
❷ 긍정적 효과 to 유아
 - 주도성↑, 관심 & 흥미 지원
 - 창의성↑, 놀이가 확장, 발전

2) 임 교사-놀이 지원 방안

❶ 시간-놀이 시간 충분히 제공, 욕구 반영
❷ 공간-복도, 자투리 공간 활용, 불편 해소
❸ 자료-풍부한 놀잇감 제공, 다양 놀이
❹ 활동 유형-과학 실험 (기울기에 따른 속도 변화)

3) 박 교사-교수 행동 전략 & 장점

❶ 시범 보이기
 - 유아 → 즉각적 쉽게 따라하기 ○
 + 교사 → 지도 효율성↑, 시간↓
❷ 인정하기-유아 → 동기 부여, 다양한 신체/언어 표현

4) 김 교사-교사 학습공동체 특징과 기대 효과

❶ 특징
 - 여러 교사가 함께 집단 지성 발휘(서로 해결 방안 찾기)
 - 고민 나눔, 격려하며 정서적 지지 얻음
❷ 기대 효과
 - 교사 개인 차원 → 어려움 해결, 교사로서 한층 성장
 - 기관 차원 → 서로 협력하는 유치원 조직 문화 생성

49

3. 예시 답안-1 (누리자쌤)

[서론]

❶ 최근 유아교육 현장에서 학습 공동체의 역할이 중요해지고 있다. 왜냐하면 학습 공동체를 통해 2019 개정 유치원 교육과정에서 강조하는 만들어가는 교육과정의 장점을 극대화할 수 있기 때문이다. ❸ 따라서 사례를 통해 만들어가는 교육과정과 교사 학습 공동체의 특징 및 지원 사례를 알아보고 유아, 교사, 기관 측면에서 기대되는 효과를 논하겠다.

[본론]

먼저, 만들어가는 교육과정의 **개념은** ❹ 교사와 유아가 함께 구성해 나가는 교육과정으로 교사가 계획하여 고정적으로 운영되는 것이 아닌 유아가 능동적으로 참여하는 역동적인 교육과정이다. 이는 유아에게 긍정적 효과를 미친다. ❺ **첫째**, 유아의 주도성이 증가한다. **왜냐하면** 유아의 관심과 흥미에 따라 교육과정이 운영되어 유아가 스스로 적극적으로 놀이에 참여하기 **때문이다**. **둘째**, 유아의 창의성이 높아진다. **왜냐하면** 놀이 관찰을 바탕으로 개별 놀이 상황에 맞는 지원이 이뤄져서 놀이가 다양하게 발전하기 **때문이다**. 이와 같은 효과를 얻으려면 교사는 다방면으로 놀이를 지원해야 한다.

사례에서 임 교사는 ❻ **첫째**, 시간 측면에서 며칠에 걸쳐 경사로 놀이를 하도록 허용**하여** 놀이를 더 하고 싶은 욕구와 흥미를 반영할 **수 있다**. **둘째**, 공간 측면에서 기존의 놀이 공간을 벗어나 복도나 자투리 공간, 공용 공간 등을 활용**하여** 좁은 공간에서 놀이하는 불편함을 해소할 **수 있다**. **셋째**, 자료 측면에서 장난감보다 더 빠른 놀잇감 등 풍부한 놀이 자료를 제공**하여** 유아의 다양한 놀이 시도를 진작시킬 **수 있다**. **넷째**, 활동 유형 측면에서 기울기에 따른 속도 변화를 알아보는 과학 실험으로 변화를 **주어** 유아의 과학적 사고를 확장시킬 **수 있다**. ❼ 또 만들어가는 교육과정에서 교수 행동 전략을 사용하여 놀이를 지원할 수도 있다.

❽ 사례에서 박 교사는 **첫째**, 시범 보이기를 사용했다. 유아는 교사의 시범을 즉각적으로 관찰하여 동작을 쉽게 따라할 수 있고 교사는 지도의 시간을 줄여 효율성을 높일 수 있는 **장점이 있다**. **둘째**, 인정하기를 사용했다. 구체적인 칭찬과 격려는 유아에게 동기부여가 되고 신체, 언어 표현이 다양화되는 **장점이 있다**.

❾ **마지막으로**, 김 교사의 대화에 나타난 교사 학습공동체의 특징과 이를 통해 기대되는 효과를 논하겠다. **첫째**, 여러 교사가 모여 집단 지성을 발휘하는 **특징이 있다**. 교원학습공동체에서 여러 교사를 만나고 경험을 나누며 혼자서 해결 못하는 문제를 해결할 수 있다. ❿ **둘째**, 교사들 간 고민을 나누고 격려하여 정서적 지지를 얻는 **특징이 있다**. 수직적인 지도, 감독이 아닌 수평적인 열린 나눔을 통해 교사들은 심리적 안정감을 얻는다.

---

❶
- '최근 유아교육 현장에서 [주제]가 중요하다' 서론 만능 틀로 서론을 시작한다.

❷
- 서론 첫 문장을 뒷받침하는 문장에는 최소한의 근거만 쓴다. 그래야 본론에서 이유를 쓰라는 문제와 내용이 겹치지 않는다. 이 문장에서는 '만들어가는 교육과정의 장점을 극대화하는 것'으로 큰 틀에서 이유를 대강 작성한다.

❸
- 서론의 마지막 문장에서 1)~4) 문제에서 쓰인 단어와 문장을 그대로 옮기지 않도록 주의한다. 글의 흐름에서 필요한 키워드만 뽑아서 문장을 만든다.

❹
- 유의어 또는 반의어를 연상하면 문장을 구체적으로 쓰기 쉽다. 이 정도는 개요도에 일일이 쓰지 않고 답안을 쓰면서 바로 생각해서 적을 수 있도록 한다.
  ex) 교사 ↔ 유아
  　　계획, 고정 ↔ 참여, 역동
  　　주도적 ≒ 적극적

❺
- 만들어가는 교육과정의 일반적인 기대 효과를 적어도 감점되진 않겠지만, 가급적 '최 교사'의 대화에 근거해서 장점과 이유를 작성하려고 노력하는 게 안전하다.

❻
- '첫째, ~측면에서 ~하여 ~할 수 있다'의 방식으로 서술하여 각각 측면에서 다룬 제안 방식의 특징과 장점을 1문장 안에 적는다. 1문장 안에 뒷받침 내용이 풍부하게 들어가도록 작성하면 분량을 줄이는 데 효과적이다. 굳이 '주장 1문장 + 뒷받침 1문장'으로 2문장으로 나누지 않아도 된다.

이러한 교사 학습공동체의 특징을 기반으로, **교사 개인 측면에서** 집단 지성의 도움이나 심리적 지지를 얻어 교사는 자신이 직면한 어려움을 해결하고 교직 생활에 잘 적응할 수 있다. 또 **기관 측면에서** 서로 협력하는 유치원 조직 문화가 생성되어 화목한 조직 분위기가 형성될 수 있다.

결론

　　유아교육의 질은 교사의 질을 뛰어넘지 못한다. 따라서 사례와 같이 교원 학습공동체의 장점을 극대화하여 만들어가는 교육과정에서 교사는 유아들에게 적절한 지원을 제공하고 교사 역시 심리적 지지를 얻고 어려움도 해결해야 한다. 이를 위해 개인, 조직, 교육청은 각각 다방면으로 노력해야 한다.

---

❼
- '측면'을 나누어 놀이를 지원할 수도 있고 '교수 행동 전략'을 사용해서 놀이를 지원할 수도 있다는 점을 이와 같은 전환 문장을 사용해서 표현했다.

❽
- 첫째, [교수 행동 전략]을 사용했다. ~하는 장점이 있다.' 문장을 반복해서 사용했다.

❾
- 적절한 전환 문장이 떠오르지 않을 때는 이 문장처럼 '~에 대해 논하겠다'와 같이 언급한다. 크게 이질적이지만 않으면 되니까 너무 신경 쓰지 않아도 된다.

❿
- '특징 + 부연 문장' 구조로 서술을 할 때, 2문장에서 사용되는 단어가 중복되지 않도록 한다. 여기에서는 '정서적 지지'를 반복해서 쓰지 않고 유사한 단어인 '심리적 안정감'이라는 단어를 사용했다. 관련 유사 단어를 많이 알아두면 유익하다. 같은 단어를 반복해서 사용하면 채점자 입장에서 '했던 말 또 하네?'라는 생각이 들 수 있다.
- 이 문장에서처럼 반의어를 사용하여 문장을 풍부하게 작성할 수 있다.
  ex) 수직적 ↔ 수평적
    　지도·감독 ↔ 열린 나눔

⓫
- 교원학습공동체의 특징을 뒷받침하는 문장에 사용되는 단어와 ○○측면에서의 장점을 쓸 때 사용되는 단어가 중복되지 않도록 유의한다. 앞에서는 '문제를 해결할 수 있다.'라고 했지만 뒤에서는 '어려움을 해결하고'라고 했다. '문제 해결'이라고 썼다면 채점자의 입장에서는 중복된다고 느낄 수 있다.

⓬
- 결론 만능 문장 틀을 사용한다.

3. 예시 답안-2 (유자쌤)

서론

유아교육 기관에서 학습공동체의 역할은 매우 중요하다. 유아교육의 질을 향상시킬 수 있기 때문이다. 왜냐하면 전문적 학습공동체가 긍정적으로 작용할 때 교사가 성장하고 유치원이 협력적 문화를 가지기 때문이다. 사례를 통해 자세히 알아보고자 한다.

본론

학습공동체에서 이야기하는 만들어가는 교육과정의 **개념은** 교사와 유아가 함께 구성해 나가는 교육과정을 말한다. 유아가 직접 참여하고 만들어가는 교육과정이다. 이 때 유아에게 미치는 긍정적인 효과는 이렇다. ❶ **첫째,** 유아의 주도성이 발달한다. 왜냐하면 유아가 스스로 교육과정을 계획, 실행, 평가하기 때문이다. **둘째,** 창의성이 발달한다. 왜냐하면 교육과정이 지식의 전달이 아니라 유아의 흥미와 관심에 따른 배움의 장이 되기 때문이다.

우선, 임 교사의 사례를 보며 놀이를 지원하기 위한 방안을 이야기 나눌 수 있다. ❷ **첫째,** 시간 측면이다. 사례에서 유아들은 이 놀이를 더 하고 싶다고 했다. 따라서 유아에게 충분한 놀이 시간을 제공해야 한다. 구체적으로, 오전 간식을 자율배식으로 하면서 정리 시간을 아껴 놀이 시간을 확보할 수 있다. **둘째,** 공간 측면이다. 사례에서 공간이 좁다는 이야기가 나왔다. 따라서 충분한 공간을 마련할 수 있도록 한다. 구체적으로 교구장을 벽 쪽으로 옮겨 붙여 공간을 마련하거나 복도 공간을 안전하게 꾸며 활용한다. **셋째,** 자료 측면이다. 사례에서 아이들은 자동차보다 더 빠른 것을 굴려 보고 싶어 했다. 따라서 놀이 지원을 위해 모양이 다양한 블록 또는 무게가 다른 놀잇감을 제공할 수 있다. **넷째,** ❸ 활동 유형 측면이다. 사례에서 유아들은 기울기에 따른 속도 변화에 관심을 보였다. 교사가 '경사로 구슬 빨리 도착하기' 게임을 제안할 수 있다. 경사로의 기울기만 조정할 수 있는 규칙을 넣어 유아들이 놀이하며 실험할 수 있도록 한다.

다음으로, 박 교사의 교수 행동 전략과 그 장점을 알 수 있다. **첫 번째 전략은** 시범 보이기다. 민이에게 직접 보여 주었다. 이를 보고 모델링할 수 있도록 했다. 이 **전략의 장점은** 유아가 쉽게 이해하고 바로 따라해 볼 수 있다는 점이다. **두 번째 전략은** 인정하기다. 자유로운 표현을 격려하여 지혜가 신나서 더 표현을 하도록 했다. 이 **전략의 장점은** 유아의 자존감을 높여 유아가 자신감 있게 행동할 수 있도록 한다.

이러한 학습공동체의 기대 효과는 다음과 같다. **첫 번째 특징은** 경험 사례를 듣고 고민을 솔직히 나누며 서로 격려한다는 점이다. 서로 정서적 지원과 지지를 한다. **두 번째 특징은** 어려움을 해결하는 방안을 서로 도와가며 찾는다는 것이다. 협력적 문제해결 과정이 이루어진다. **교사 개인 측면의 기대 효과는** 전문성 신장에 있다. 왜냐하면, 일상에서 반성적 사고를 가능하게 하고 직·간접적 경험을 통한 문제해결을 반복하기 때문이다.

---

❶
- 첫째, ~이다. 왜냐하면 ~ 때문이다. 만능 틀에 알맹이만 넣으면 된다.
- 핵심 답안을 가장 앞에 두괄식으로 제시한다.

❷
- 첫째부터 넷째까지 모두 같은 문장 구조로 작성한다.
  [○○측면] + [제시문의 내용] + [구체적 사례]
  첫째, ○○측면이다(지원). 사례에서 ~했다(제시문 내용). 구체적으로 ~할 수 있다(사례).
- 마지막 문장은 추상적으로 적지 않고 눈에 보이는 행동으로 적는 것이 좋다.
  ex) 충분히 넓고 안전한 공간을 제공한다. (추상적)
  ⇒ 복도, 강당, 운동장 등의 넓은 공간에서 놀이를 제안한다. (구체적)

❸
- 활동 유형을 꼭 강조해야 한다. 근거를 적을 때 자료 측면에서 보이지 않도록 검토하는 것이 필요하다. 개요도 작성 때 시간, 공간, 자료 측면은 아닌지 꼼꼼히 재확인이 필요한 답안이다.
- [○○측면] + [제시문 내용] + [사례]
  위의 구조를 반복했기 때문에 사례에서 '기울기에 따른 속도 변화' 내용에 포인트를 두어야 한다는 것을 알 수 있다.
  활동 유형 측면의 놀이 지원이 이 사례에 도움이 되는 내용을 찾아 적는다.

기관 차원에서의 기대 효과는 협력적 조직문화 형성에 있다. 왜냐하면, 함께 격려하고 어려움을 해결하며 서로에 대한 신뢰가 쌓여 긍정적 조직문화를 만들기 때문이다.

> **결론**
>
> 그러므로 유치원에서 교사 학습공동체는 매우 중요하다. 교사의 전문성을 높이고 유치원의 조직문화에 긍정적으로 작용하기 때문이다. 따라서, 교사의 학습공동체를 위한 다양한 지원이 마련되어야 할 것이다.

"긍정 확언"

선생님은 언제 어디서나
노력하는 멋진 사람입니다.
선생님은 잘 해왔고,
잘 하고 있고, 잘 할 것입니다.
선생님은 원하는 것을
꼭 이루고야 말 것입니다.

5. 2021학년도 정시

1 기출문제

배점표	논술의 내용 [총 15점]	- 양방향적 의사소통의 필요성(1점), 대면 개별(개인) 면담과 전화 면담 장점(4점) [5점] - 부모교육으로 워크숍 형식이 적합한 이유(1점)와 이를 실시할 때 교사가 준비해야 할 사항(3점) [4점] - 교사-유아, 교사-부모, 유아-부모 관계에서 나타날 수 있는 긍정적 효과 [6점]
	논술의 체계 [총 5점]	- 글의 논리적 체계성 [3점] - 맞춤법 및 어휘·문장의 적절성 [2점]

문제

다음은 민 교사와 권 교사가 부모와의 의사소통 경험에 대해 이야기를 나누는 장면이다. 1) 민 교사의 대화에 근거하여 양방향적 의사소통의 필요성 1가지를 논하고, 권 교사의 대화에 제시된 대면 개별(개인) 면담과 전화 면담의 장점을 각각 2가지씩 논하시오. 2) 대화에 근거하여 워크숍 형식이 부모교육 방법으로 적합한 이유 1가지와 워크숍으로 부모교육을 실시하고자 할 때 교사가 준비해야 할 사항 3가지를 논하시오. 3) 대화에 근거하여 워크숍으로 부모교육을 실시했을 때 교사-유아, 교사-부모, 유아-부모 관계에서 나타날 수 있는 긍정적 효과를 각각 2가지씩 논하시오. [총 20점]

민 교사: 요즘 우리 반 지수는 혼자 책 읽기 영역에 머무는 시간이 많아요. 책을 보는 것은 좋지만 지수가 친구들과 잘 어울리지 않더라고요. 오늘 지수 어머니가 지수를 데리러 오셨기에 지수가 집에서는 어떤지 좀 여쭤보려 했거든요. 그런데 지수 어머니께서 바쁘다면서 급히 가시는 거예요. 아무래도 아이의 문제를 함께 해결하기 위해서는 부모님과 직접 이야기를 나누어야 하잖아요. 물론 어떤 부모님은 일방적으로 자기 이야기만 하시니 만나기만 한다고 다 해결되는 것은 아니지만요. 무엇보다 부모와 교사 간에 양방향적 의사소통이 필요한 것 같아요.

권 교사: 저도 비슷한 경험이 있어요. 특히 어떤 아이가 문제 행동이나 이해하기 어려운 행동을 할 때 가정에서는 어떤지 알아보는 것이 도움이 되더라고요. 그래서 그런 경우에 전 부모님과 대면 개별 면담을 하기도 하고, 부모님과 전화 면담도 해요.

민 교사: 그렇군요. 그런 면에서 이번 부모교육 주제를 '의사소통'으로 정해 소집단 모임 형식의 워크숍으로 진행하면 어떨까요? 부모님들께서 직접 의사소통 기술을 익히고 실습까지 해 보면 좋을 것 같거든요. 워크숍을 진행한 후에는 부모님과 선생님이 함께 의사소통 기술을 계속 익히고 적용해 볼 수 있도록 소집단 모임을 정례화하는 방안도 생각해 보면 좋을 것 같아요.

권 교사: 서둘러 부모교육 계획을 세워 원장님께 보여 드리고 바로 준비해야겠네요. 일정을 확인해서 부모님들께 보낼 가정통신문도 만들고 부모님들께서 참석하기 편한 일정이 언제인지도 알아봐야겠어요. 부모님들께서 의사소통 기술을 배우면 자녀의 눈높이에 맞춰 대화할 수 있어서 유아들이 정서적으로 더 안정되고, 사회적 능력도 증진될 수 있을 거예요.

민 교사: 지난번에 원감님께서 의사소통 기술을 주제로 강연을 하셨으니 이번 워크숍도 원감님께 부탁드리면 어떨까요?

권 교사: 네, 좋아요. 우리 선생님들도 함께 참석하면 좋을 것 같네요. 그러면 우리도 의사소통 기술이 향상되어 유아의 요구에 더 민감하게 반응할 수 있고, 유아의 특성에 맞는 교육을 더 잘 할 수 있겠지요. 그뿐만 아니라 선생님들은 부모님들과의 관계에서 자신감이 향상되고, 부모님들은 선생님들과 양방향적 의사소통이 더 원활해져 유치원 일에 적극적으로 협조해 주실 수 있을 거예요.

2. 만점으로 가는 문제풀이 흐름(문제 분석 및 개요도 작성)

문제풀이 Tip

1) 권 교사의 말에 대면 개별 면담과 전화 면담의 장점이 언급되지 않았다. 이런 경우 사전 배경 지식을 활용하여 서술한다.
2) 2021 정시는 쓸 내용이 많은 편이므로 시간 배분이 매우 중요하다. 문제지를 받자마자 배점표의 '논술의 내용'을 빠르게 확인하고 써야 할 가짓수가 많으니 개요도 작성 시간을 절약하여 써야 한다. 개요도를 완벽하게 작성하려는 욕심을 버리고 개요도 내용에서 수정이 필요한 부분이 보이면 답안지에 옮겨 적으며 즉시 수정을 할 수 있어야 한다. 이는 2021 정시처럼 쓸 내용이 많을수록 더 중요한 부분이다.
3) 문제에서 '기술하시오'가 아닌 '논하시오'라고 제시했으므로 기본적으로 뒷받침 문장을 함께 작성해야 감점을 줄일 수 있다. 이때 뒷받침 문장을 쓰라고 했다고 반드시 2문장으로 나눠서 쓸 필요는 없다. 기왕이면 2문장으로 쓰되 분량을 생각해서 근거와 주장을 1문장 안에 넣어서 쓸 수도 있다. 또 내용을 자세하게 적되 이유에 관한 내용이 필요없을 때도 있다. 항상 유연하게 생각하자.

민 교사: 요즘 우리 반 지수는 혼자 책 읽기 영역에 머무는 시간이 많아요. 책을 보는 것은 좋지만 지수가 친구들과 잘 어울리지 않더라고요. 오늘 지수 어머니가 지수를 데리러 오셨기에 지수가 집에서는 어떤지 좀 여쭤보려 했거든요. 그런데 지수 어머니께서 바쁘다면서 급히 가시는 거예요. <u>1)-필</u> 아무래도 아이의 문제를 함께 해결하기 위해서는 부모님과 직접 이야기를 나누어야 하잖아요. 물론 어떤 부모님은 일방적으로 자기 이야기만 하시니 만나기만 한다고 다 해결되는 것은 아니지만요. <u>무엇보다 부모와 교사 간에 양방향적 의사소통이 필요한 것 같아요.</u>

권 교사: 저도 비슷한 경험이 있어요. 특히 어떤 아이가 문제 행동이나 이해하기 어려운 행동을 할 때 가정에서는 어떤지 알아보는 것이 도움이 되더라고요. 그래서 그런 경우에 전 부모님과 대면 개별 면담을 하기도 하고, 부모님과 전화 면담도 해요.

민 교사: 그렇군요. 그런 면에서 이번 부모교육 주제를 '의사소통'으로 정해 소집단 모임 형식의 워크숍으로 진행하면 어떨까요? <u>2)-장</u> 부모님들께서 <u>직접 의사소통 기술을 익히고 실습까지 해 보면 좋을 것 같거든요.</u> 워크숍을 진행한 후에는 부모님과 선생님이 함께 의사소통 기술을 계속 익히고 적용해 볼 수 있도록 소집단 모임을 정례화하는 방안도 생각해 보면 좋을 것 같아요.

권 교사: <u>2)-준❶</u> 서둘러 <u>부모교육 계획을 세워</u> 원장님께 보여 드리고 바로 준비해야겠네요. 일정을 확인해서 부모님들께 보낼 <u>2)-준❷</u> <u>가정통신문도 만들고</u> 부모님들께서 참석하기 편한 일정이 언제인지도 알아봐야겠어요. 「부모님들께서 의사소통 기술을 배우면 자녀의 눈높이에 맞춰 대화할 수 있어서 유아들이 <u>3)-유/부❶</u> <u>정서적으로 더 안정되고,</u> <u>3)-유/부❷</u> <u>사회적 능력도 증진될 수 있을 거예요.</u>」

민 교사: 지난번에 원감님께서 의사소통 기술을 주제로 강연을 하셨으니 이번 <u>2)-준-❸</u> <u>워크숍도 원감님께 부탁드리면 어떨까요?</u>

권 교사: 네, 좋아요. 우리 「<u>3)-교/유❶</u> <u>선생님들도 함께 참석하면 좋을 것 같네요.</u> 그러면 우리도 의사소통 기술이 향상되어 <u>3)-교/유❷</u> <u>유아의 요구에 더 민감하게 반응할 수 있고,</u> <u>유아의 특성에 맞는 교육을 더 잘 할 수 있겠지요.</u>」「그뿐만 아니라 선생님들은 부모님들과의 <u>3)-교/부❶</u> <u>관계에서 자신감이 향상되고,</u> 부모님들은 선생님들과 양방향적 의사소통이 더 원활해져 유치원 일에 <u>3)-교/부❷</u> <u>적극적으로 협조해 주실 수 있을 거예요.</u>」

---

1) 양방향적 의사소통의 필요성

유아의 문제 행동 해결
– 이유 : 기관 알지 ✗ 지수에 관한 정보, 사회성 문제 원인 발견 ○

개별 면담

❶ 유아 문제 행동 해결
 ∵ 충분한 시간, 심층, 원인 분석
❷ 친밀, 신뢰적 관계 형성
 ∵ 유선 < 유대감 ↑

전화 면담

❶ 직장 부모 방문 ✗ 상담 실시 ○
 ∵ 공간 제약 ✗
❷ 부담 ✗, 수시로 실시 ○
 ∵ 별도 계획, 준비 ✗, 빠른 피드백

2) 워크숍 형식 적합한 이유(장점)

실습, 직접 의사소통 기술 익힘
⇔ 일방적, 전달식 강의

워크숍 실시 준비 사항

❶ 계획 기안
❷ 가정통신문, 참여 일정
❸ 전문 강사 섭외

3) 워크숍 부모교육의 긍정적 효과

유아·부모 ─❶ 정서적 안정
      └❷ 사회적 능력 ↑

교사·유아 ─❶ 반응적 교사
      └❷ 유아 특성 적합 교육

교사·부모 ─❶ 효능감 ↑
      └❷ 협조적 태도

3 예시 답안

서론

① 부모와 교사 간의 의사소통은 유아교육 현장에서 중요하다. ② 부모와 교사가 다양한 방법으로 적극적으로 소통해야 가정과 유치원 간의 연계지도가 가능하기 때문이다. ③ 따라서 대화를 근거로 양방향적 의사소통의 필요성 및 다양한 부모교육 방법의 장점 등을 논하겠다.

본론

우선, 양방향적 의사소통은 유아의 문제 행동을 해결하기 위해서 필요하다. 민 교사는 기관에서는 알지 못했던 지수의 가정에서의 행동 특성을 파악하여 사회성 문제의 원인을 파악할 수 있다.

다음으로 개별 면담과 전화 면담의 장점을 논하겠다. ④ 먼저, **개별 면담**은 **첫째**, 유아의 문제 행동을 해결할 수 있는 장점이 있다. 개별 면담을 통해 부모와 교사는 충분한 시간을 갖고 문제 행동의 원인을 분석하고 해결 방안을 모색할 수 있다. **둘째**, 부모와 친밀하고 신뢰적인 관계를 형성할 수 있는 장점이 있다. 유선 상담보다 얼굴을 마주보고 상담을 했을 때 유대감을 형성하기 쉽다. 다음으로 **전화 면담**은 **첫째**, 직장 등으로 인해 기관에 방문하지 못하는 학부모들도 상담에 참여할 수 있는 장점이 있다. 전화 면담은 공간의 제약 없이 실시할 수 있기 때문에 전체 학부모들이 상담에 참여할 수 있다. **둘째**, 부담 없이 수시로 편리하게 실시할 수 있는 장점이 있다. 전화 면담은 특별한 사전 계획 없이 실시할 수 있다. 그래서 유아에 관한 빠른 피드백이 가능하다.

⑤ 워크숍 형식으로도 부모교육이 이뤄질 수 있다. 워크숍 형식은 부모들이 실습을 하며 실제적인 의사소통 기술을 익힐 수 있기 때문에 적합하다. ⑥ 일방적인 전달식의 강의와 달리 양방향적 피드백도 얻고 직접 기술을 연습할 수 있다. 이때 교사는 3가지 사항을 준비해야 한다. ⑦ **첫째**, 교육 형태와 시간, 장소, 내용 등을 포함하는 계획 기안을 작성해야 한다. **둘째**, 가정통신문을 만들어 워크숍을 홍보하고 학부모가 참석하기 좋은 일정도 알아봐야 한다. **셋째**, 워크숍 주제와 맞는 전문 강사를 섭외해야 한다.

⑧ 이렇게 교사가 철저하게 워크숍을 준비하여 실시했을 때, 다방면으로 긍정적인 효과가 나타난다. 먼저 **유아-부모 관계 측면에서 첫째**, 유아가 정서적으로 안정될 수 있다. 학부모가 의사소통 기술을 배워 자녀의 눈높이에 맞게 대화할 수 있기 때문이다. **둘째**, 유아들의 사회적 능력이 증진될 수 있다. 부모의 의사소통 기술을 모방하여 다른 유아들과 관계를 맺을 때 사용하기 때문이다. **교사-유아 측면에서는 첫째**, 교사가 반응적인 교사로 성장할 수 있다. 교사가 실습에 참여하고 체득한 것을 현장에 적용하기 때문이다. **둘째**, 교사가 유아의 특성에 적합하게 교육할 수 있다. 유아를 이해하고 개별 유아의 특성에 적합한 교육을 실시할 수 있기 때문이다. 마지막으로 **부모-교사 측면에서는 첫째**, 교사가 학부모와의 관계에서 효능감이 향상된다. 학부모와 얼굴을 마주보고 실습을 하면서 친밀한 관계를 맺기 때문이다. **둘째**, 학부모는 기관에 협조적인 태도를 가질 수 있다. 학부모가 교사와 함께 실습하며 양방향적 의사소통을 하기 때문이다.

---

① [주제]는 '유아교육 현장에서 ~ 중요하다' 만능 틀로 서론을 시작한다.

② 서론 만능 틀 문장에 대한 뒷받침 문장을 간단하게 서술한다.

③ 문제에 제시된 내용을 모두 나열하지 않는다. 개별 면담, 전화 면담, 워크숍 형식이 적합한 이유가 언급된 것을 '다양한 부모교육 방법의 장점' 등으로 묶어서 간단히 제시하였다.

④ '먼저 ~장점이 있다 + 뒷받침' 문장 구조가 반복되도록 하였다.

⑤ 다음 문제를 논할 때 이렇게 간단한 문장을 써서 글전체 흐름을 매끄럽게 한다.

⑥ 필요성이나 장점을 설명할 때, 대조되는 개념을 떠올리면 쉽다.
ex) 실제 ⇔ 이론 /
일방적, 전달 ⇔ 양방향, 직접 연습

⑦ 제시문 안에 답이 손을 번쩍 들고 있다. 어렵지 않게 찾아서 적을 수 있다.
• '교사의 준비사항을 논하시오'라는 문제지만 이유에 관한 뒷받침 문장이 없다고 당황하지 말자. 3가지 사항을 준비해야 하는 이유가 원활한 워크숍이 이루어지기 위한 내용과 동일하기 때문이다. 따라서 이 경우 준비사항에 관한 내용을 구체적으로 쓰기만 하면 된다.

결론

⑨ 가정과 기관의 연계는 유아의 전인적 발달을 위해 중요하다. 교사가 학부모와 양방향적으로 의사소통하기 위해 철저하게 준비하고 적극적으로 노력한다면 유아교육은 발전할 것이다.

⑧
- 2021학년도는 문제에서 '각각 2가지씩' 논하라고 하여 서술할 것이 많다. 따라서 개요도를 완벽하게 작성할 시간이 부족할 수 있다. 중요한 것은 개요도를 열심히 쓰는 게 아니라 답안을 잘 쓰는 것이다. 그러므로 개요도에는 간략하게 포인트만 작성하고 답안 작성 시간을 충분히 확보한다.

⑨
- [주제]~는 유아의 전인적 발달을 위해 중요하다', '~한다면, 유아교육은 발전할 것이다' 만능 문장을 사용하였다. 아주 쉽고 간단하게 결론을 작성할 수 있다.

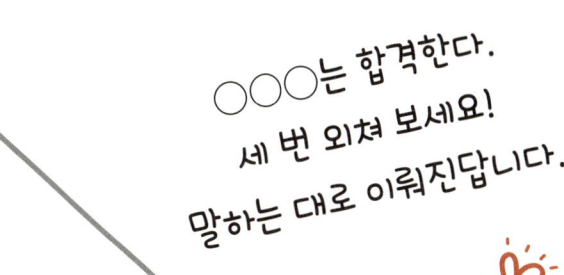

○○○는 합격한다.
세 번 외쳐 보세요!
말하는 대로 이뤄진답니다.

6. 2020학년도 정시

1 기출문제

배점표	논술의 내용 [총 15점]	- 세 교사가 갈등한 내용 [3점] - 세 교사가 선택한 행동의 이유 [3점] - 세 교사의 문제 해결 방안 [3점] - 유아 교사가 유아, 학부모, 동료 교사에 대해 갖추어야 할 덕목(3점)과 그 이유(3점) [6점]
	논술의 체계 [총 5점]	- 글의 논리적 체계성 [3점] - 맞춤법 및 원고지 작성법 [1점] - 분량 [1점]

문제

다음은 최 교사, 권 교사, 김 교사가 겪고 있는 갈등 상황과 관련된 반성적 저널의 일부이다. 1) 세 교사의 저널에 근거하여 각 교사가 갈등한 내용을 각각 기술하시오. 2) 갈등 상황에서 세 교사가 선택한 행동의 이유를 각각 기술하고, 3) 선택한 행동 이후에 나타난 문제를 찾아서 그 해결 방안을 교사별로 1가지씩 구체적으로 논하시오. 4) 최 교사와 유아, 권 교사와 학부모, 김 교사와 동료 교사의 관계에서 유아 교사가 갖추어야 할 덕목 1가지씩을 제시하고, 그 이유에 대해 논하시오. [총 20점]

주영이는 입이 짧고 편식이 심하다. 주영이 어머니께서도 그 점을 걱정하신다. 주영이는 거의 매번 식사시간에 자신이 싫어하는 음식을 남긴다. 나는 주영이에게 배식된 음식을 골고루 먹게 해야 할지 주영이가 꺼려하는 음식을 남기는 것에 대해 허용해야 할지 고민하다가 유아들의 건강을 위해야 한다는 생각에서, 주영이에게 배식된 음식을 골고루 먹도록 지도하였다. 그랬더니 어제는 주영이가 배가 아프다고 하면서 음식을 남겼는데, 알고 보니 먹기가 싫어서 핑계를 댄 것이었다. (최 교사의 저널)

상희가 2학기에 접어들어 부쩍 말수가 줄어들었다. 며칠 전에는 힘없이 어두운 표정으로 등원하기에 상희에게 무슨 일이 있었는지 물어보았더니, 고개를 숙인 채 작은 목소리로 "아침에 밥 먹다가 엄마, 아빠가 또 싸웠어요. 나 때문인 것 같아요."라고 말하였다. 이러한 상희의 행동에 대해 부모님께 말씀드려야 하는데, 부모님의 다툼에 대한 내용을 언급해야 할지 언급하지 말아야 할지 고민이 되었다. 사실 상희가 말한 부모님의 다툼에 대해서 여쭙고도 싶었지만, 혹시 이 말로 인해 나와 부모님과의 관계가 불편해질까 봐 상희 어머니께 전화를 드려 상희의 유치원에서의 모습에 대해서만 말씀을 드렸다. 그런데 상희는 예전처럼 활발한 모습은 좀처럼 보이지 않고 더 어두운 표정을 할 때가 많다. (권 교사의 저널)

유치원 운동회와 관련하여 교사 협의회가 있었다. 업무 담당자인 박 선생님께서 작년에 실시한 운동회가 좋은 반응을 얻었다고 하면서 올해도 같은 방식으로 실행하자고 하셨다. 나는 유치원과 지역 공동체가 함께 교육을 실행할 수 있는 새로운 방식의 운동회에 대해 생각해 둔 것이 있었다. 그래서 내 의견을 내놓아야 할지 함구해야 할지 한참을 고민하다가, 새로운 방식의 운동회에 대한 나의 구상을 제안하였다. 그런데 운동회 방식에 관한 본격적인 협의를 시작해 보기도 전에 몇 분의 선생님들께서 업무가 바쁘다는 핑계로 자리를 뜨는 바람에 어떤 결정도 하지 못한 채 회의가 끝나 버렸다. (김 교사의 저널)

2. 만점으로 가는 문제풀이 흐름 (문제 분석 및 개요도 작성)

문제풀이 Tip

1) 교사 간 대화 형식인 제시문이 아니라 저널 형태로 제시문이 나왔다. 예상치 못한 새로운 형태로 제시문이 나오더라도 당황하지 않고 기존의 논술 작성과 같은 원리로 개요도를 짜고 답안을 작성하는 침착함이 필요하다.
2) 1)문제에서 '기술하시오'라고 했으므로 'O 교사는 ~로 갈등했다'의 문장 구조로 간단하게 쓰면 된다. 이유를 적을 필요가 없다.
3) 2)문제에서도 '기술하시오'라고 했으므로 거창하게 서술할 필요가 없다. 그러나 문맥상 2)문제는 'O 교사는 갈등 상황에서 ~했다. 왜냐하면 ~하기 때문이다'의 구조로 적는 것이 자연스럽다. 간략하되 흐름이 자연스럽게만 기술하면 된다.
4) 3)문제에서 '선택한 행동 이후에 나타난 문제'는 아래 제시문의 △표시된 전환을 의미하는 접속사 뒤에 나와 있다. 그러나 문제에 대한 해결 방안은 제시문에 제시되지 않았기 때문에, 생각해서 적어야 한다.
5) 3)문제에서 해결 방안을 '구체적으로 논하시오'라고 했으므로, '해결 방안+뒷받침 문장'의 2문장 구조 혹은 '~하여 해결할 수 있다'의 형태로 서술하면 된다. 이때 해결 방안을 추상적이지 않고 구체적으로 써야 한다.
6) 4)문제에서 어떤 관계에서 유아 교사가 갖추어야 할 덕목인지 조건이 제시되었으므로, 그 조건에 충족하도록 답을 쓰도록 주의해야 한다.

주영이는 입이 짧고 편식이 심하다. 주영이 어머니께서도 그 점을 걱정하신다. 주영이는 거의 매번 식사시간에 자신이 싫어하는 음식을 남긴다. 나는 주영이에게 배식된 음식을 골고루 먹게 해야 할지 주영이가 꺼려하는 음식을 남기는 것에 대해 허용해야 할지 고민하다가 유아들의 건강을 위해야 한다는 생각에서, 주영이에게 배식된 음식을 골고루 먹도록 지도하였다. 그랬더니 어제는 주영이가 배가 아프다고 하면서 음식을 남겼는데, 알고 보니 먹기가 싫어서 핑계를 댄 것이었다. (최 교사의 저널)

상희가 2학기에 접어들어 부쩍 말수가 줄어들었다. 며칠 전에는 힘없이 어두운 표정으로 등원하기에 상희에게 무슨 일이 있었는지 물어보았더니, 고개를 숙인 채 작은 목소리로 "아침에 밥 먹다가 엄마, 아빠가 또 싸웠어요. 나 때문인 것 같아요."라고 말하였다. 이러한 상희의 행동에 대해 부모님께 말씀드려야 하는데, 부모님의 다툼에 대한 내용을 언급해야 할지 언급하지 말아야 할지 고민이 되었다. 사실 상희가 말한 부모님의 다툼에 대해서 여쭙고도 싶었지만, 혹시 이 말로 인해 나와 부모님과의 관계가 불편해질까 봐 상희 어머니께 전화를 드려 상희의 유치원에서의 모습에 대해서만 말씀을 드렸다. 그런데 상희는 예전처럼 활발한 모습은 좀처럼 보이지 않고 더 어두운 표정을 할 때가 많다. (권 교사의 저널)

유치원 운동회와 관련하여 교사 협의회가 있었다. 업무 담당자인 박 선생님께서 작년에 실시한 운동회가 좋은 반응을 얻었다고 하면서 올해도 같은 방식으로 실행하자고 하셨다. 나는 유치원과 지역 공동체가 함께 교육을 실행할 수 있는 새로운 방식의 운동회에 대해 생각해 둔 것이 있었다. 그래서 내 의견을 내놓아야 할지 함구해야 할지 한참을 고민하다가, 새로운 방식의 운동회에 대한 나의 구상을 제안하였다. 그런데 운동회 방식에 관한 본격적인 협의를 시작해 보기도 전에 몇 분의 선생님들께서 업무가 바쁘다는 핑계로 자리를 뜨는 바람에 어떤 결정도 하지 못한 채 회의가 끝나 버렸다. (김 교사의 저널)

---

1) 갈등 내용
① 최 교사-편식 지도
② 권 교사-상희 가정 연계
③ 김 교사-운동회 새 의견

2) 행동의 이유
① 먹게 하기 + 식습관 지도
② 이야기✗ + 부모와의 관계 서먹
③ 새로운 방식 제안 + 지역사회 참여

3) 문제와 해결 방안
① 거짓말 + 요리활동-식재료 관심
② 원인 해결✗ + 상담-진솔
③ 결론✗ + 비공식 회의 마련-다과

4) 덕목+이유
① 최 교사와 유아-존중-다른 태도, 생각 인정 + 주영 존중-자아개념
② 권 교사와 학부모-용기-어려워도 도전해 보는 것 + 문제 해결
③ 김 교사와 동료 교사-협력-서로 도움을 주고받는 것 + 의미 있는 경험 제공

3 예시 답안

서론

❶ 반성적 저널을 작성하는 것은 유치원 교육과정을 운영할 때 긍정적인 영향을 미친다. 왜냐하면 이는 교사의 반성적 사고를 도와 현장에서의 어려움이나 갈등을 해결하는 데 도움이 되기 때문이다. ❷ 세 교사의 저널 사례를 통해 이를 알아보고자 한다.

본론

❸ **먼저**, 세 교사가 교육 현장에서 갈등한 내용은 다음과 같다. **첫째**, 최 교사는 편식을 하는 유아에게 싫어하는 음식을 먹도록 지도할지 **갈등했다**. **둘째**, 권 교사는 가정과의 연계지도를 위해 상희가 이야기한 가정사를 부모님께 언급하는 것을 **갈등했다**. **셋째**, 김 교사는 운동회를 새로운 방법으로 준비해보자는 의견을 낼지 말지 **갈등했다**.

❹ **다음으로**, 각 교사들이 갈등 상황에서 사례와 같은 행동을 선택한 이유는 다음과 같다. **첫째**, 최 교사는 유아가 음식을 골고루 먹도록 지도하였다. **왜냐하면** 유아기 때부터 건강한 식습관을 기르도록 지도하기 위해서이다. **둘째**, 권 교사는 유아의 유치원생활에 대해서만 말씀드렸다. **왜냐하면** 부모와의 관계가 서먹해지는 것이 걱정되었기 때문이다. **셋째**, 김 교사는 새로운 방식의 운동회를 제안했다. **왜냐하면** 지역사회의 참여를 증진시키고 유아들에게 새로운 경험을 제공하고 싶었기 때문이다.

❺ **다음으로**, 각 교사가 선택한 행동의 문제점과 해결 방안은 다음과 같다. **첫째**, 최 교사의 경우 유아가 음식을 남기기 위해 배가 아프다고 거짓말을 했다. **이를 해결하기 위해** ❻ 남기는 행동을 금지하기보다 사전에 식재료에 관심 가지도록 하는 요리활동을 계획한다. 이는 식습관의 점진적 개선을 유도할 수 있다. **둘째**, 권 교사는 유아가 보이는 정서적 불안감의 근본적인 원인을 해결하지 못했다. 유아는 여전히 어두운 모습을 보였다. ❻ **이를 해결하기 위해서는** 부모님과의 대면 상담 등 진솔한 소통의 시간을 마련해야 한다. **셋째**, 김 교사의 경우 동료교사들이 바쁘다는 핑계로 자리를 떠서 결론 없이 회의가 끝나버렸다. **이를 해결하기 위해** 가벼운 이야기를 꺼내며 비공식적인 다과 시간을 마련한 후 운동회에 대한 구상을 설득할 수 있다.

마지막으로, 교사가 관계를 맺으며 갖추어야 할 덕목은 다음과 같다. ❼ **첫째**, 존중의 미덕이 필요하다. 최 교사의 경우 음식을 남기는 행동 또한 존중할 때 주영이가 밥을 안 먹는 자신에 대해서도 존중하고 부정적 자아개념을 가지지 않을 수 있다. **둘째**, 용기의 덕목이 필요하다. 교사가 어려움에도 용기를 가지고 학부모와 솔직하게 대화하며 문제를 해결할 때 유아가 더 행복한 환경에서 배움을 얻을 수 있기 때문이다. **셋째**, 협력의 덕목을 갖추어야 한다. 교사들이 서로 협력하며 의사결정을 할 때 유아들에게 보다 의미있는 경험을 제공할 수 있기 때문이다.

---

❶
- '[주제]는 긍정적 영향을 미친다.' 서론 만능 틀 문장을 쓴다.

❷
- 서론의 마지막 문장에 문제에 제시된 내용을 모두 나열할 필요는 없다. 전체 문제가 결국 현장의 어려움이나 갈등을 해결하는 것에 관련된 내용이기 때문에, 앞 문장과 연결하여 간단하게 '사례를 통해 이를 알아보고자 한다'라고 서술해도 된다.

❸
- 문단을 나눌 때 배점표에 나온 항목 순서대로 작성하는 것이 유리하다. 작성자는 빠트리는 내용 없이 작성할 수 있고 채점자는 답안을 발견하기 쉬워진다.

❹
- 같은 문장 구조를 반복하면 좋은 점 ① 작성자는 출제자가 요구한 답안을 빠트리지 않고 쓸 수 있음 ② 채점자는 답안 찾기가 편함
- '첫째, 행동+선택의 이유' 구조를 반복했다.
- 문제에서 '기술하고'라고 했기 때문에, 간략하게 서술하면 된다.
- 접속사 '왜냐하면'이 반복되는 것이 거북한 경우 '이러한 과정에서', '이를 통해' 등의 문구로 자연스럽게 바꾸어 작성할 수 있다.

❺
- '첫째~셋째'의 내용을 같은 문장구조로 반복한다. 같은 문장구조를 반복하면 문제점, 해결 방안, 근거를 빠트리지 않고 작성할 수 있다.
- '번호+문제+해결방안+근거' 구조를 반복했다.

결론

　이렇듯 반성적 저널을 쓰고 교사 자신의 행동을 돌아보는 것은 유용하다. 최선의 교육적인 선택을 하고 교사로서 필요한 덕목에 대해서도 생각해볼 수 있기 때문이다. 따라서 유아 교사는 수시로 반성적 사고를 하며 교사로서의 전문성을 키워야 할 것이다.

❻
- 문제에서 해결 방안을 '구체적으로 논하시오'라고 했으므로 아래처럼 자세하게 답안을 작성해야 한다.
- ex) 그냥 요리활동이 아닌 '식재료에 관심을 가지도록 하는 요리활동'을 제시
  그냥 '학부모와 소통한다'가 아닌 '대면 상담'의 구체적인 방법을 제시
  그냥 '동료와 협의한다'가 아닌 '비공식적 다과 시간에 이야기하기'로 구체적으로 제시

❼
- 역시 '첫째 ~ 셋째' 문장구조를 반복한다.
- 번호 + 미덕 + 근거

거울을 보고 미소 지으며 이야기해 보세요.
"나 아니면 누가 합격하겠어."

7. 2019학년도 추시

1 기출문제

배점표	논술의 내용 [총 15점]	- 안전사고 관련 적절하지 못한 행동의 수정(3점), 그 이유(3점) [6점] - 정서적 지원의 기대 효과(3점)와 전문적 지원의 기대 효과(3점) [6점] - 교사 역량과 그 개발의 필요성 [3점]
	논술의 체계 [총 5점]	- 글의 논리적 체계성 [3점] - 맞춤법 및 원고지 작성법 [1점] - 분량 [1점]

문제

다음은 초임 교사인 민 교사와 경력 교사인 최 교사가 나눈 대화 내용의 일부이다. 1) 유치원의 안전사고 예방 및 대처와 관련한 민 교사의 적절하지 못한 행동 3가지를 찾아 그것을 바람직한 방향으로 각각 수정하여 쓰고, 적절하지 못하다고 생각하는 이유를 각각 논하시오. 2) 대화에서 부모 면담 관련 멘토링 중, 최 교사가 민 교사에게 제공한 정서적 지원 3가지를 찾아 그것이 민 교사에게 미치는 긍정적 기대 효과를 각각 논하고, 전문적 지원 3가지를 찾아 그것이 민 교사에게 미치는 긍정적 기대 효과를 각각 논하시오. 3) 이 멘토링을 통해 두 교사에게 공통적으로 증진될 수 있는 교사 역량 3가지를 쓰고, 그 역량 개발의 필요성을 대화 내용에 근거하여 각각 논하시오. [총 20점]

최 교사: 동수 어머님께서 무척 화가 나셨다는데 무슨 일이 있었나요?
민 교사: 어제 동수가 유치원에서 얼굴에 작은 상처가 났었는데 그것을 하원할 때에서야 발견했어요. 그래서 동수 얼굴에 난 상처에 급한 대로 유치원에 있는 연고를 발라 주었거든요.
최 교사: 그런 일이 있었네요.
민 교사: 어제 동수가 울지도 않고 아프지도 않다고 해서 부모님께 알리지 않고 그냥 귀가시켰어요. 제가 동수에게 무관심하다고 생각하시는 것 같아요. 부모 면담을 해야겠는데 제가 초임이라 부모님과의 면담이 아직 어려워요.
최 교사: 처음엔 누구나 다 어렵기 마련이지요.
민 교사: 최 선생님께서 그렇게 말씀해 주시니 위로가 됩니다. 부모 면담은 어떻게 하면 좋을까요?
최 교사: 부모 면담을 잘 하실 수 있도록 제가 적극 도와 드릴 테니 너무 걱정하지 말고 용기를 내서 해 보세요. 마침 이번 달이 정기 부모 면담 기간이라 오늘 오후에 우리 반 부모님들과 개인 면담 계획이 있어요. 그러니 우리 반에 오셔서 제가 하는 부모 면담을 참관해 보세요. 오늘 면담하실 어머님께는 제가 동의를 구할게요.
민 교사: 그래 주신다면 면담 절차와 부모님을 대하는 방법을 배워 면담을 자신 있게 할 수 있을 것 같아요.
최 교사: 민 선생님께서 부모 면담을 참관하신다고 하니 제가 더 열심히 준비해야겠네요. 그리고 다음 주 우리 유치원에서 부모 면담 워크숍이 있으니 그때 여러 가지 부모 면담 기술을 배워 보시면 어떻겠어요? 실습도 한다던데요.
민 교사: 저도 워크숍에 참가해서 부모 면담 실습을 해 보고 싶어요.
최 교사: 민 선생님은 무엇이든지 열심히 하시네요. 민 선생님과 이야기를 나누다 보니 저도 부모 면담에 대해 더 많이 생각하게 되어 제 능력도 향상되는 것 같아요. 이번 기회에 우리 유치원 교사들 간 협력을 도모하면서 부모 면담 기술도 향상시킬 수 있는 교사 연구회를 만들려고 해요.
민 교사: 그렇게 칭찬해 주시니 감사합니다. 교사 연구회에 저도 참여하고 싶은 의욕이 생기네요. 교사 연구회에서는 부모 면담에 관한 정보를 교류하면서 많은 지식을 얻을 수 있을 것 같아요.

2 만점으로 가는 문제풀이 흐름(문제 분석 및 개요도 작성)

최 교사: 동수 어머님께서 무척 화가 나셨다는데 무슨 일이 있었나요?

민 교사: 어제 동수가 유치원에서 얼굴에 작은 상처가 났는데 1)-❶ <u>그것을 하원할 때에서야 발견했어요.</u> 그래서 동수 얼굴에 난 1)-❷ <u>상처에 급한 대로 유치원에 있는 연고를 발라 주었거든요.</u>

최 교사: 그런 일이 있었네요.

민 교사: 어제 동수가 울지도 않고 아프지도 않다고 해서 1)-❸ <u>부모님께 알리지 않고 그냥 귀가시켰어요.</u> 제가 동수에게 무관심하다고 생각하시는 것 같아요. 부모 면담을 해야겠는데 제가 초임이라 부모님과의 면담이 아직 어려워요.

최 교사: 2-1)-❶ <u>처음엔 누구나 다 어렵기 마련이지요.</u>

민 교사: 최 선생님께서 그렇게 말씀해 주시니 위로가 됩니다. 부모 면담은 어떻게 하면 좋을까요?

최 교사: 부모 면담을 잘 하실 수 있도록 제가 적극 도와 드릴 테니 2-1)-❷ <u>너무 걱정하지 말고 용기를 내서 해 보세요.</u> 마침 이번 달이 정기 부모 면담 기간이라 오늘 오후에 우리 반 부모님들과 개인 면담 계획이 있어요. 그러니 우리 반에 오셔서 제가 하는 2-2)-❶ <u>부모 면담을 참관해 보세요.</u> 오늘 면담하실 어머님께는 제가 동의를 구할게요.

민 교사: 그래 주신다면 면담 절차와 부모님을 대하는 방법을 배워 면담을 자신 있게 할 수 있을 것 같아요.

최 교사: 민 선생님께서 부모 면담을 참관하신다고 하니 제가 더 열심히 준비해야겠네요. 그리고 다음 주 우리 유치원에서 2-2)-❷ <u>부모 면담 워크숍이 있으니</u> 그때 여러 가지 부모 면담 기술을 배워 보시면 어떻겠어요? 실습도 한다던데요.

민 교사: 저도 워크숍에 참가해서 부모 면담 실습을 해 보고 싶어요.

최 교사: 2-1)-❸ <u>민 선생님은 무엇이든지 열심히 하시네요.</u> 3)-❶ <u>민 선생님과 이야기를 나누다 보니 저도 부모 면담에 대해 더 많이 생각하게 되어 제 능력도 향상되는 것 같아요.</u> 이번 기회에 3)-❷ <u>우리 유치원 교사들 간 협력을 도모하면서</u> 부모 면담 기술도 향상시킬 수 있는 2-2)-❸ <u>교사 연구회를 만들려고 해요.</u>

민 교사: 그렇게 칭찬해 주시니 감사합니다. 3)-❸ <u>교사 연구회에 저도 참여하고 싶은 의욕이 생기네요.</u> 교사 연구회에서는 부모 면담에 관한 정보를 교류하면서 많은 지식을 얻을 수 있을 것 같아요.

---

1) 민 교사의 적절하지 못한 행동-이유

❶ 하원 때 상처 발견-수시로 확인 필요
❷ 임의로 연고 바름-적합한 연고 사용, 약물 오남용 ✗
❸ 부모에게 통보 ✗
　-상처 안내, 신뢰 ↑

2-1) 최 교사의 정서적 지원 + 기대 효과

❶ 공감 + 심리적 안정감
❷ 격려 + 회복탄력성
❸ 칭찬 + 성장 의지

2-2) 최 교사의 전문적 지원 + 기대 효과

❶ 부모 면담 참관 + 기술 관찰, 파악(+ 태도)
❷ 워크숍 + 실습, 개선점(기능)
❸ 교사 연구회 + 정보 교류, 지식 ↑

3) 교사 역량 + 필요성

❶ 반성적 사고 역량 + 더 많이 생각 + 성찰 → 성장
❷ 협력적 태도 + 도움을 주고받음 + 효과적인 문제해결
❸ 전문성 개발 + 참관, 워크숍, 연구회 등에 참여 + 끊임없는 전문성 신장 노력

3 예시 답안

서론

❶ 교사 간의 멘토링은 유치원 교육과정 운영에 긍정적인 영향을 미친다. 왜냐하면 멘토링은 교사들의 전문성과 역량을 키워 유아교육의 질을 높이기 때문이다. 따라서 구체적인 사례를 통해 논의해 보고자 한다.

본론

우선, 멘토링 대화 중에 나타난 민 교사의 ❷**적절하지 못한 행동들과 수정 방안**은 다음과 같다. **첫째**, 유아의 상처를 하원할 때 발견했다. 민 교사는 하원 직전과 일과 중에 수시로 유아의 건강상태를 확인해야 한다. 교사 역할 중 하나는 유치원에서 유아들의 건강과 안전을 위해 최선을 다하는 것이기 때문이다. **둘째**, 유아의 상처 부위에 임의로 연고를 바른 점이다. 상처의 원인과 종류에 따라 정확한 연고를 사용해야 한다. 약물의 오용은 또 다른 부작용을 일으킬 수 있다. **셋째**, 부모님께 상처를 알리지 않고 귀가 지도한 것이다. 하원하며 동수의 상처 경위에 대해 안내해야 한다. 사고에 대한 정확한 안내는 학부모의 걱정을 덜게 하며 이는 교사를 신뢰하게 한다.

이에 대해 멘토링을 통해 민 교사에게 ❸**지원한 내용과 긍정적 기대 효과는 다음과 같다. 먼저, 정서적 지원 측면이다. 첫째**, 최 교사는 처음에는 누구나 다 어렵다며 공감을 해주고 있다. 이는 민 교사가 위축되지 않고 심리적 안정감을 갖도록 한다. **둘째**, 걱정 말라며 격려를 해주었다. 이는 민 교사가 어려운 상황에서도 극복하고자 하는 회복탄력성을 높이게 한다. **셋째**, 무엇이든 열심히 한다며 칭찬을 했다. 이는 민 교사가 교사로서 성장하려는 의지를 북돋아주었다. ❹**다음으로, 전문적 지원 측면이다. 첫째**, 부모 면담 참관 기회를 제공한다. 참관을 하며 면담의 흐름, 면담 기술을 파악할 수 있다. 이는 면담을 준비하며 필요한 마음가짐과 태도를 가지게 한다. **둘째**, 부모 면담 워크숍이다. 이는 직접 면담을 해 보는 기회를 제공한다. 실습 과정에서 자신의 문제점과 개선점을 파악해 실질적인 면담 기술을 습득한다. **셋째**, 교사 연구회 제안이다. 연구회에서 부모 면담에 관한 전문적 정보를 교류할 수 있다. 이는 면담에 필요한 지식을 습득할 수 있게 한다.

❺ 이때 두 교사에게 증진될 수 있는 교사 역량은 다음과 같다. **첫째**, 반성적 사고 역량이다. 최 교사는 면담에 대해 많이 생각하게 되고 민 교사는 끊임없이 자신을 되돌아본다. 이는 두 교사가 교사로서 성장할 수 있도록 한다. **둘째**, 협력적 태도 역량이다. 두 교사는 문제해결을 위해 서로 도움을 주고받는다. 협력은 효과적인 문제해결을 가능하게 한다. **셋째**, 전문성 개발 역량이다. 두 교사는 참관, 연구회 등의 기회를 가지며 전문성을 개발하고자 한다. 이는 자연스레 전문적 학습공동체를 형성하게 하고, 전문성 신장을 위해 자발적으로 노력하게 한다.

결론

이처럼 교사 간의 멘토링은 ❻교사의 역량을 증진시키는 데 도움이 된다. 이는 유치원 교육과정 운영의 질을 높인다. 따라서 현장에서 적절히 멘토링을 활용하여 교사의 역량을 높이는 것이 필요하다.

---

❶
- 서론 만능 틀을 사용한다.
  '[주제]는 ~ 중요하다(긍정적인 영향을 미친다). 왜냐하면 ~ 유아교육의 질을 높이기 때문이다'

❷
- '첫째 + 문제점 + 수정 방안 + 근거'의 순서대로 반복한다.

❸
- '첫째 + 지원 내용 + 기대 효과'의 문장구조를 반복한다. 반복되는 문장구조를 사용하여, 작성자는 내용을 빠트리지 않도록 하고 채점자는 손쉽게 답안을 찾을 수 있도록 한다.
- 2~3가지 측면에서 여러 개를 제시해야 할 때 사용할 접속사를 정해 놓는다.
  먼저(우선), 첫째~셋째, ~(이)다.
  다음으로, 첫째~셋째, ~(이)다.
  마지막으로, 첫째~셋째, ~(이)다.

❹
- 각 영역에 중복된 답을 적지 않도록 '① 태도 ② 기술(기능) ③ 지식'의 3가지에 초점을 맞추어 작성하였다.

❺
- 제시문 배점표와 순서를 맞춰서 본론을 작성한다.
- '역량 + 증진 사례 + 근거'의 문장구조를 반복한다.

❻
- 만능 틀을 적절히 응용한다.
  '[주제]는 좋은 영향을 끼친다. 이는 유아교육의 질을 높인다. 따라서 이를 잘 활용해야 한다'

이 시험은 포기하지 않으면
합격한다고 합니다.
끈기 있게 지치지 말고 함께
공부해요.
열심히 공부하는 여러분들은
당연히 합격합니다.

8. 2019학년도 정시

1 기출문제

배점표	논술의 내용 [총 15점]	- 교사의 관심사(3점)와 동료장학 내용(3점) [6점] - 동료장학의 기대 효과 [4점] - 신임 교사의 관심사(1점)와 동료장학 내용(2점) [3점] - 신임 교사의 대인관계에서의 어려움 극복 방안 [2점]
	논술의 체계 [총 5점]	- 글의 논리적 체계성 [3점] - 맞춤법 및 원고지 작성법 [1점] - 분량 [1점]

문제

다음은 신임 교사인 윤 교사와 최 교사, 경력 교사인 김 교사와 박 교사의 현재 관심사에 대한 동료장학 협의회의 일부이다. 1) 대화에서 박 교사의 현재 관심사를 3가지 찾아 쓰고, 그에 대한 동료장학의 제안 내용을 1가지씩 논하시오. 2) 대화에 근거하여 김 교사와 박 교사에게 나타날 동료장학의 기대 효과 2가지씩을 논하시오. 3) 최 교사의 현재 관심사를 대화에 근거하여 1가지 제시하고, 그에 대한 동료장학의 제안 내용 2가지를 논하시오. 4) 윤 교사가 겪고 있는 대인관계에서의 어려움을 극복할 수 있는 방안 2가지를 논하시오. [총 20점]

박 교사: 이번에 우리 유치원으로 전근해 오니까 이전 유치원과 달리 학부모님들께서 질문하고 싶을 때 전화를 많이 이용하시더라고요. 그것 때문에 제가 유치원의 다른 업무를 보지 못할 때도 있어요.

김 교사: 그렇죠. 우리 유치원의 학부모님들께서는 교육에 관심이 많아서 질문도 많답니다. 우리 유치원의 홈페이지에 있는 학급별 '부모 면담 코너'를 활용해 보시면 어떨까요? 단순한 정보를 요청하는 질문에 한번에 답해 드릴 수 있잖아요. 우리 유치원 선생님들은 이 방법을 자주 활용하시는데……. 아, 박 선생님께서는 이번에 전근 오셨죠?

박 교사: 네, 제가 전근 온 지 얼마 안 되어서요.

최 교사: 신임 교사로서 저는 수업 실행을 어떻게 할지에 대해 가장 관심이 많아요.

윤 교사: 저는 교사가 되고 보니 학부모와의 관계도 어렵고, 다른 선생님들에게 어떻게 다가가야 할지도 잘 모르겠어요.

김 교사: 두 분 다 올해 임용되셔서 그러시겠네요. 최 선생님의 경우에는 수업 컨설팅을 받아 보는 것이 도움이 될 것 같아요. 그런데 최 선생님께서는 신임이시라 그 방법이 다소 부담스럽겠죠? 최선의 수업은 아니겠지만 제가 하는 수업을 한번 보시면 어떠시겠어요?

최 교사: 네, 김 선생님 말씀대로 선생님 수업을 한번 보고 싶네요.

박 교사: 저도 김 선생님의 수업을 보고 싶어요. 저는 교사 생활 5년 차인데 새로운 교수·학습 방법이 늘 궁금해요.

김 교사: 선생님들께 도움이 되는 수업을 보여 드리기 위해 준비하면서 저도 제 수업을 다시 한번 성찰해 보는 기회가 될 것 같군요. 아, 생각났는데 박 선생님, 우리 함께 학습공동체를 운영해 보면 어떨까요? 그러면 박 선생님은 새로운 교수·학습 방법을 습득할 수 있고, 저는 학습공동체에서 박 선생님과 활발하게 이야기 나누면서 교수행위를 공유할 수 있을 것 같아요.

박 교사: 네, 좋네요. 저는 오래전부터 유아교육에 대한 현장 연구를 더 하고 싶었거든요.

김 교사: 박 선생님께서는 오래전부터 그런 생각을 가지고 계셨군요. 우리 관내에는 유치원 교사 모임이 몇 개 있어요. 그중에는 유아교육과 관련된 현장 연구에 대한 주제를 다루는 모임도 있거든요.

2. 만점으로 가는 문제풀이 흐름(문제 분석 및 개요도 작성)

문제풀이 Tip

💡 문제에 '대화에 근거하여'라는 말이 있으면 반드시 사례에 근거하여 답을 써야 한다. 지문에 없는 내용을 쓰지 않도록 유의한다.
💡 '논하시오'라고 한 문제는 주장과 근거가 필요하고 '찾아쓰고', '제시하고'라고 한 문제는 기술만 하면 된다.

박 교사: 이번에 우리 유치원으로 전근해 오니까 이전 유치원과 달리 1)-❶ 학부모님들께서 질문하고 싶을 때 전화를 많이 이용하시더라고요. 그것 때문에 제가 유치원의 다른 업무를 보지 못할 때도 있어요.

김 교사: 그렇죠. 우리 유치원의 학부모님들께서는 교육에 관심이 많아서 질문도 많답니다. 우리 유치원의 1)-❶' 홈페이지에 있는 학급별 '부모 면담 코너'를 활용해 보시면 어떨까요? 단순한 정보를 요청하는 질문에 한번에 답해 드릴 수 있잖아요. 우리 유치원 선생님들은 이 방법을 자주 활용하시는데……. 아, 박 선생님께서는 이번에 전근 오셨죠?

박 교사: 네, 제가 전근 온 지 얼마 안 되어서요.

최 교사: 3)-❶ 신임 교사로서 저는 수업 실행을 어떻게 할지에 대해 가장 관심이 많아요.

윤 교사: 저는 교사가 되고 보니 4)-❶ 학부모와의 관계도 어렵고, 4)-❷ 다른 선생님들에게 어떻게 다가가야 할지도 잘 모르겠어요.

김 교사: 두 분 다 올해 임용되셔서 그러시겠네요. 최 선생님의 경우에는 3)-❶' 수업 컨설팅을 받아 보는 것이 도움이 될 것 같아요. 그런데 최 선생님께서는 신임이시라 그 방법이 다소 부담스럽겠죠? 최선의 수업은 아니겠지만 2)-김❶ 3)-❷' 제가 하는 수업을 한번 보시면 어떠시겠어요?

최 교사: 네, 김 선생님 말씀대로 선생님 수업을 한번 보고 싶네요.

박 교사: 저도 김 선생님의 수업을 보고 싶어요. 저는 교사 생활 5년 차인데 1)-❷ 새로운 교수·학습 방법이 늘 궁금해요.

김 교사: 1)-❷' 선생님들께 도움이 되는 수업을 보여 드리기 위해 준비하면서 저도 제 수업을 다시 한번 성찰해 보는 기회가 될 것 같군요. 아, 생각났는데 박 선생님, 우리 1)-❷' 함께 학습공동체를 운영해 보면 어떨까요? 그러면 2)-박❶ 박 선생님은 새로운 교수·학습 방법을 습득할 수 있고, 저는 2)-김❷ 학습공동체에서 박 선생님과 활발하게 이야기 나누면서 교수행위를 공유할 수 있을 것 같아요.

박 교사: 네, 좋네요. 저는 오래전부터 유아교육에 대한 1)-❸ 2)-박❷ 현장 연구를 더 하고 싶었거든요.

김 교사: 박 선생님께서는 오래전부터 그런 생각을 가지고 계셨군요. 우리 관내에는 1)-❸' 유치원 교사 모임이 몇 개 있어요. 그중에는 유아교육과 관련된 현장 연구에 대한 주제를 다루는 모임도 있거든요.

---

1) 박 교사의 관심사-동료장학 제안 내용
- ❶ 과도한 전화 → ❶' 홈페이지 코너 활용
- ❷ 새로운 교수·학습 방법 → ❷' 수업 참관 제안
- ❸ 현장 연구 → ❸' 관내 교사 모임 참여

2) 동료장학의 기대 효과-김 교사
- ❶ 자기 수업 성찰 → 반성적 사고 능력↑
- ❷ 학습공동체 운영 → 교수행위 공유

동료장학의 기대 효과-박 교사
- ❶ 새로운 교수·학습 방법 습득
- ❷ 현장 연구

3) 최 교사의 관심사-동료장학 내용
- ❶ 수업 실행　❶' 수업 컨설팅
　　　　　　　❷' 수업 참관

4) 윤 교사의 대인관계 어려움-극복 방안
- ❶ 학부모-상담 기술 멘토링
- ❷ 동료 교사-학습공동체 적극 참여, 친밀한 관계 형성

67

3 예시 답안

서론

❶ 최근 유아교육 현장에서는 교사 학습공동체가 중요해지고 있다. ❷ 교사 학습공동체를 통해 신임 교사와 경력 교사는 관심사에 맞는 기술적인 도움을 얻을 뿐만 아니라 정서적인 지지도 얻을 수 있다. 따라서 사례의 교사들의 관심사와 이에 대한 제안 및 기대 효과, 신임 교사의 대인관계 어려움 극복 방안을 논하겠다.

본론

우선, 박 교사의 **첫 번째 관심사**는 과도한 학부모 전화 업무에 대처하는 방법이다. 박 교사는 학부모 전화 응대에 많은 시간을 할애하여 다른 업무 수행에 방해를 받고 있다. **이에** 김 교사는 유치원 홈페이지의 학급별 '부모 면담 코너'를 활용하여 학부모 응대 간편화를 제안하였다. ❸ 박 교사의 **두 번째 관심사**는 새로운 교수·학습 방법이다. 교사 발달 단계 중 갱신기에 속하는 박 교사는 기존의 교수 방법을 반복하기보다 다른 교사의 수업을 관찰하며 새로운 교수·학습 방법을 접하기를 바란다. **이에** 김 교사는 수업 참관을 제안하여 새로운 아이디어를 얻을 수 있도록 하였다. 박 교사의 **세 번째 관심사**는 현장 연구이다. 현장 연구를 통해 교사는 이론과 실제의 간극을 좁힐 수 있으며 실천적 지식을 획득할 수 있다. **이에** 김 교사는 관내 교사 모임에 참여하여 교수행위를 공유하며 피드백을 얻는 것을 제안한다.

위 대화에 근거하여 김 교사는 동료장학을 통해 2가지 기대 효과를 얻을 수 있다. ❹ **첫 번째**로 자기 수업을 성찰하며 반성적인 사고 능력을 높일 수 있다. 자기 수업을 공개하기 전 수업 내용과 교수 기술을 점검하며 전문성을 신장할 수 있다. **두 번째**로 학습공동체를 운영하면서 서로의 교수행위를 공유하며 다양한 학급 프로그램 운영 방식에 대한 정보를 얻을 수 있다. 박 교사도 동료장학을 통해 2가지 기대 효과를 얻을 수 있다. **첫 번째**로 김 교사의 수업을 참관하며 기존에 자신이 운영하던 수업 방식에서 벗어나 새로운 교수·학습 기술을 습득할 수 있다. **두 번째**로 동료장학을 통해 자신과 같은 관심사를 공유하는 교사 모임에 대한 정보를 얻고 적극적으로 현장 연구를 할 수 있다. 또 전근한 조직에 적응하며 겪는 문제를 동료와 함께 해결하며 정서적 지지를 얻고 공동체의식을 갖게 된다.

최 교사의 관심사는 구체적이고 직접적인 수업 실행 방법이다. 이에 **첫 번째**로 김 교사는 자신의 수업을 참관하여 즉각적인 도움을 받는 것을 제안하였다. **두 번째**로 적응 기간을 거친 후 수업 컨설팅을 받아 볼 것을 제안하였다.

❺ 윤 교사는 학부모 및 동료 교사와의 대인 관계를 형성하는 데 어려움을 겪고 있다. 이를 극복하기 위해서 학부모 상담 기술에 관해 선배 교사에게 멘토링을 받거나 지역 교육청의 컨설팅 장학을 신청하여 전문가의 도움을 받을 수도 있고 워크숍에 참여할 수 있다. 또 동료 선생님들과 학습공동체에 참여하여 서로의 어려움에 공감하고 정서적 지원을 얻으며 친목을 도모하며 친밀한 관계를 형성할 수 있다.

결론

❻ 유아교육의 질은 교사의 질과 비례한다. 교사가 업무에 잘 적응하고 동료 교사와 전문성 신장 및 현장의 문제해결을 위해 상호 협력한다면 유아교육은 발전할 것이다. 이를 위해 교사 학습공동체와 원내 동료장학의 활성화가 필요하다.

---

❶
- '최근 유아교육 현장에서는 ~ [주제]가 중요해지고 있다' 만능 틀로 서론을 시작한다.

❷
- '교사 학습공동체'라는 화두의 장점에 대해 간단히 기술하여 앞선 '최근 ~' 문장에 대한 뒷받침 문장을 완성한다.

❸
- 3가지 문장 형태를 반복하여 서술한다.
① (관심사 소개) 박 교사의 관심사는 ~이다. ② (관심사 뒷받침 사례 제시) 박 교사는 ~를 바란다. ③ (제안한 내용) 이에 김 교사는 ~하도록 하였다.

❹
- 2가지 문장 형태를 반복하여 서술한다.
① (기대 효과 제시) 첫 번째로 ~할 수 있다. ② (기대 효과 뒷받침 문장) ~하며 ~할 수 있다.

❺
- 문제해결 서술은 다음 순서로 채점자가 읽기 편하게 작성한다.
① 어려움을 겪는 내용 서술
② 해결 방안 서술
③ 해결하면서 얻는 효과 서술

❻
- '유아교육의 질은 교사의 질과 비례한다' 만능 문장을 이용하여 결론을 시작한다. 문제해결 방안으로 제시된 키워드를 사용하여 '~한다면 유아교육은 발전할 것이다'를 뒷받침 문장으로 작성한다.

나는 어떤 선생님이
되고 싶나요?
공립 유치원 현장에서
아이들과 함께 하는 나를
떠올려 보세요!

9. 2018학년도 정시

1 기출문제

배점표	논술의 내용 [총 15점]	- 유치원-가정 연계의 필요성 [3점] - 유치원-가정 연계의 유형(3점)과 사례(3점) [6점] - 김 교사 유치원이 가정과 관계 맺는 방식에서 초래되는 교육상 문제점(3점)과 해결 방안(3점) [6점]
	논술의 체계 [총 5점]	- 글의 논리적 체계성 [3점] - 맞춤법 및 원고지 작성법 [1점] - 분량 [1점]

문제

다음은 교사 학습공동체에서 유치원 교사들이 나눈 대화이다. 1) 브론펜브레너(U. Bronfenbrenner)의 생태학적 체계 이론에 근거하여 유치원-가정 연계의 필요성을 논하시오. 2) 앱스테인(J. L. Epstein)의 유치원-가정 연계 유형 중 대화에 나타난 3가지를 쓰고, 각각의 유형에 해당하는 사례를 찾아 제시하시오. 그리고 3) 김 교사가 근무하는 유치원이 가정과 관계를 맺는 방식에서 초래되는 교육상 문제점을 유아, 부모, 유치원 차원에서 각각 1가지씩 논하고, 이를 해결하기 위한 방안 3가지를 제시하시오. [총 20점]

이 교사: 오늘은 2015 개정 유치원 교육과정에서 강조하는 유치원과 가정의 연계에 대해 이야기해 볼까요?
최 교사: 우리 유치원은 워크숍, 부모 교육 등을 활용하여 학부모님들에게 자녀 교육에 관한 다양한 정보를 제공하고 있어요. 그리고 알림장을 이용하여 아이들의 발달 상황과 생활 지도에 대해 학부모님들과 의견도 교환해요.
박 교사: 우리 유치원은 유치원운영위원회나 학부모회를 통한 학부모님들의 참여가 활성화되어 있는 편이에요. 지난 가을 운동회 때도 유치원운영위원회를 몇 차례 개최하여 아이들에게 의미 있는 운동회가 되도록 운영 방법을 같이 고민하고 토론하며 계획을 수립했어요.
김 교사: 그러면 시간이 많이 걸리지 않나요? 안내문을 각 가정에 보내 드리는 것만으로도 충분할 텐데요.
박 교사: 시간은 걸리지만 장점이 많아요. 실제로 많은 학부모님들이 관심을 보여 주셨고 다양한 피드백도 주셨어요. 그래서 내년에는 더 좋은 운동회를 할 수 있을 것 같아요.
이 교사: 그러고 보니 요즘에는 학부모 의견을 묻는 경우가 많아지지 않았어요?
박 교사: 맞아요. 우리 유치원에서는 자체적으로 학부모 만족도 조사를 자주 실시해요. 그리고 학부모님들이 주신 좋은 의견에 대해 유치원운영위원회에서 활발히 논의해서 유치원 운영에 반영해요.
김 교사: 그렇군요. 지금까지는 학부모님들께 주로 정보만 제공해 왔는데, 이제부터는 우리 유치원도 가정과 유치원이 서로를 지원할 수 있는 방법을 적극적으로 모색해야겠어요.

2 만점으로 가는 문제풀이 흐름(문제 분석 및 개요도 작성)

문제풀이 Tip

💡 2) 앱스테인의 유치원-가정 연계 유형 중 해당하는 것을 찾아야 하므로 제시문을 읽기 전에 문제지 여백에 적어두고 시작한다.
　① 의사소통　② 의사결정　③ 부모 역할하기　④ 가정에서 학습하기　⑤ 자원봉사하기　⑥ 사회에 협력하기

💡 3) 대화형 제시문의 경우, 교사가 여럿 등장하여 자칫 혼동할 수 있으므로 문제에 ○ 표시, 해당 교사(김 교사) 대화에도 ○ 표시를 한다.

💡 '사례를 찾아 제시하시오'라고 한 문제는 반드시 사례에서 답을 찾아야 한다. 따라서 제시문 옆에 개요도를 적고 수시로 제시문에서 답을 잘 찾았는지 번갈아보며 빠르게 확인한다.

이 교사: 오늘은 2015 개정 유치원 교육과정에서 강조하는 유치원과 가정의 연계에 대해 이야기해 볼까요?

최 교사: 우리 유치원은 <u>워크숍, 부모 교육</u> 등을 활용하여 학부모님들에게 자녀 교육에 관한 다양한 정보를 제공하고 있어요. 그리고 <u>알림장</u>을 이용하여 아이들의 <u>발달 상황</u>과 <u>생활 지도</u>에 대해 학부모님들과 <u>의견도 교환</u>해요. 【2)-①】【2)-②】

박 교사: 우리 유치원은 <u>유치원운영위원회나 학부모회</u>를 통한 <u>학부모님들의 참여</u>가 활성화되어 있는 편이에요. 지난 가을 운동회 때도 유치원운영위원회를 몇 차례 개최하여 아이들에게 의미 있는 운동회가 되도록 운영 방법을 같이 <u>고민</u>하고 <u>토론</u>하며 <u>계획을 수립</u>했어요. 【2)-③】

(김 교사): 그러면 시간이 많이 걸리지 않나요? 안내문을 각 가정에 보내 드리는 것만으로도 충분할 텐데요.

박 교사: 시간은 걸리지만 장점이 많아요. 실제로 많은 <u>학부모님들이 관심을 보여주셨고 다양한 피드백도 주셨어요.</u> 그래서 내년에는 더 좋은 운동회를 할 수 있을 것 같아요. 【3)-②】

이 교사: 그리고 보니 요즘에는 학부모 의견을 묻는 경우가 많아지지 않았어요?

박 교사: 맞아요. 우리 유치원에서는 <u>자체적으로 학부모 만족도 조사를 자주 실시</u>해요. 그리고 학부모님들이 주신 좋은 의견에 대해 <u>유치원운영위원회</u>에서 활발히 논의해서 유치원 운영에 반영해요. 【3)-③】

(김 교사): 그렇군요. 지금까지는 학부모님들께 주로 정보만 제공해 왔는데, 이제부터는 우리 유치원도 가정과 유치원이 서로를 지원할 수 있는 방법을 적극적으로 모색해야겠어요.

---

1) 브론펜브레너-생태학적 체계이론 -유치원·가정 연계 필요성

❶ [브론펜브레너 생태 이론] 유아를 둘러싼 환경 ✚ 발달에 크게 영향

❷ 기관·부모(미시체계)끼리 긴밀 소통 → 정보 공유, 전인 발달

2) 앱스테인 유치원-가정 연계 유형 -사례-바람직

❶ 부모 역할하기-워크숍, 부모 교육 → 자녀 교육 정보 제공

❷ 의사소통하기-알림장 → 의견 교환

❸ 의사결정하기-운영위·학부모회 → 참여, 고민

3) 통보식 관계 맺기

Tip 제시문을 읽어도 관련 내용이 구체적으로 나오지 않을 경우 기본적 이론을 바탕으로 스스로 생각할 것.

김 교사의 문제점-해결방안

❶ [유아] 가정과 일관성 있는 교육✖ – 수시 소통(전화, 대면 상담)

❷ [부모] 교육 주체 인정✖, 행사 참여⬇ – 행사 전후 의견 취합

❸ [유치원] 과거 방식 답습, 발전✖ – 운영 평가, 학부모 만족도 조사 결과 반영 → 차기 계획 반영

3 예시 답안

서론

❶ 최근 유아교육 현장에서 유치원과 가정 간 연계가 더욱 중요해지고 있다. 브론펜브레너의 생태학적 체계 이론에서는 아동을 둘러싼 직접, 간접적인 환경이 유아의 발달에 미치는 영향을 강조하고 있다. 특히나 부모와 유치원은 유아가 직접 상호작용하는 밀접한 '미시체계'에 해당하여 유아의 발달에 큰 영향을 미친다. 가정과 유치원이 긴밀하게 연계하여 협력한다면 서로가 유아에 대한 유익한 정보를 공유하고 유아의 전인발달을 이뤄낼 수 있다. 이에 다음 사례에 근거하여 효과적인 유치원과 가정 연계 방안 및 김 교사의 가정과의 소통 방식의 문제점과 해결 방안을 논하겠다.

본론

❷ 대화에는 **첫 번째**로 앱스테인의 유치원-가정 연계 유형 중 '부모 역할하기'가 나타나 있다. 유치원에서 워크숍에 참여하면 자녀 교육에 관한 정보를 얻고 가정에서 바람직한 부모 역할 수행을 할 수 있다. **두 번째**로는 '의사소통하기'가 나타나 있다. 최 교사의 유치원에서는 알림장을 이용하여 유아들의 발달과 생활 지도에 관한 정보를 공유하고 있다. **세 번째**로는 '의사결정하기'가 나타나 있다. 박 교사의 유치원에서는 유치원운영위원회나 학부모회를 통해 운동회의 운영 방식에 대한 의견을 교환하고 함께 결정된 대로 운동회를 진행하였다.

하지만 위와 같이 유치원과 가정이 연계할 수 있는 방법이 다양함에도 불구하고 김 교사가 근무하는 유치원은 유치원이 가정으로 이미 결정된 사항을 통보하고 있다. 이는 **유아 측면**에서 가정에서 얻을 수 있는 유아에 대한 사전 정보가 유치원으로 전달되지 못하게 하여 가정과 유치원의 일관성 있는 교육을 방해한다. ❸ **이를 해결하기 위하여** 수시로 유아에 관해 소통할 수 있도록 대면 및 전화 상담을 자주 할 수 있다. 또 통보식 관계 맺기는 **부모 측면**에서는 행사의 운영 방식에 대한 의사결정권을 행사하지 못해 교육의 주체로 존중받지 못한다고 느끼게 한다. 또 행사에 대한 이해도가 떨어져 행사의 참여도가 떨어질 문제가 있다. **이를 해결하기 위하여** 행사 전에 전체 학부모회를 소집하여 의견을 수합할 수 있다. 마지막으로 행사 진행을 독단적으로 진행한다면 **유치원 측면**에서는 과거의 행사 방식을 답습하여 발전하지 못한다. **이를 해결하기 위하여** 교육과정 운영 평가 시 각종 행사와 교육과정 운영에 대한 학부모 만족도 조사를 실시하고 전년도 결과를 차기 교육 계획에 반영할 수 있다.

결론

❹ 유아교육의 질은 교사의 질과 비례한다. 교사의 전문성 신장은 자기 장학을 통해 스스로 이뤄지기도 하지만 가정과 긴밀한 연계를 하며 이뤄질 수 있다. 가정과 소통을 하며 몰랐던 부분을 서로 알아가고 부족했던 부분을 메울 수 있기 때문이다. ❺ 따라서 유아 교사들은 더욱 가정과 긴밀하게 연계하여 유아교육의 질을 높여야 할 것이다.

---

❶
- 고민할 필요도 없이 관련 주제에 관한 최근 유아교육 동향에 대한 언급을 서론으로 넣어 만능 틀을 사용한다.

❷
- '첫 번째로 ~가 나타나 있다' 문장과 사례를 분석한 뒷받침 문장이 병렬적으로 제시되었다. 이는 개조식으로 작성한 개요도를 그대로 옮긴 것이어서 작성과 채점이 모두 편리하다.

❸
- 문제점과 해결 방안을 서술할 때 '~이 문제다', '이를 해결하기 위하여 ~할 수 있다' 구조의 문장이 반복되었다.

❹
- 결론을 암시하는 만능 문장이다.

❺
- 유아교사가 언급된 문제해결 방안의 공통점과 관련하여 더 노력해야 할 부분에 대해 언급하고 마무리하였다.

괜찮다.
어찌 됐건 나는 잘 될 것이다.
나의 공부 패턴을
잘 파악하고
내 페이스에 맞춰서
공부하면 된다.

10. 2017학년도 정시

1 기출문제

배점표	논술의 내용 [총 15점]	- 유아교사의 역할 [4점] - 역할갈등의 개념(3점)과 내용(2점) [5점] - 개인 차원의 역할갈등 해결 방안 [4점] - 조직 차원의 지원 방안 [2점]
	논술의 체계 [총 5점]	- 분량 [1점] - 맞춤법 및 원고지 작성법 [1점] - 글의 논리적 체계성 [3점]

문제

다음은 교사 학습공동체에서 나눈 교사들 간 대화이다. 1) 유아교사의 역할 4가지를 대화에 근거하여 제시하시오. 2) 김 교사의 대화를 바탕으로 역할갈등의 개념을 설명하고, 이에 근거하여 최 교사와 박 교사의 역할갈등 내용을 각각 1가지씩 제시하시오. 그리고 3) 최 교사와 박 교사 각각의 역할갈등 해결 방안을 개인 차원에서 2가지씩 논하고, 4) 이러한 역할갈등 해결을 지원하기 위한 조직 차원의 방안 2가지를 논하시오. [총 20점]

정 교사: 선생님들께서 고민하시는 부분에 대해 이야기를 나누어 볼까요?
김 교사: 요즘 저는 유아교사의 역할에 대해 고민하고 있어요. 저는 아이들을 잘 가르치는 것이 가장 중요하다고 생각하는데, 학부모님이나 원장님이 저에게 바라는 것은 조금 다른 것 같아요. 제 일은 아닌 것 같은데 해야 하기도 하고, 그러다 보면 정말 해야 할 일은 못 하게 될 때도 있어요. 그런데 주위에서 바라는 것은 너무 많고······. 정말 힘드네요.
최 교사: 저도 비슷한 고민을 하고 있어요. 저희 반에 최근 발달장애 진단을 받은 아이가 한 명 있는데 오늘 그 아이 어머니와 이야기를 나누고 나니 마음이 좀 복잡해요. 전에도 아이의 학급 내 생활과 관련해서 조언을 여러 번 해 드렸는데, 오늘은 그것 말고 문제행동 중재 방법에 대해 물어보시네요.
정 교사: 그 부분은 특수교육 전문가에게 도움을 받아야 하지 않을까요?
최 교사: 네, 저도 그렇게 생각해요. 그래서 저보다는 우리 유치원의 특수교사와 상담하시는 것이 좋겠다고 말씀드렸더니 표정이 조금 안 좋아지시더라고요.
박 교사: 제가 현재 근무하고 있는 곳은 3학급으로 구성된 병설 유치원이잖아요. 이번에 저희 유치원에 부임한 선생님들이 모두 초임이에요. 저도 이제 경력이 2년밖에 안 되었는데 제가 선임 교사이다 보니 교장 선생님께서 유치원에 관련된 대부분의 업무들에 제가 관여하기를 원하세요. 물론 저도 제가 해야 할 일이라고 생각하지만 부담이 많이 돼요.
정 교사: 정말 힘드시겠네요.
박 교사: 네. 제가 맡은 학급과 관련한 행정 업무도 해야 하고, 원내 장학에도 참여해야 하고요. 또 전담 원감 선생님이 안 계시다 보니 유치원의 업무도 총괄하면서 교육지원청과 업무 협조도 자주 해야 하거든요. 챙겨야 할 일이 너무 많아서 오히려 무엇 하나도 제대로 못 하고 있는 것 같아 속상해요.

2. 만점으로 가는 문제풀이 흐름(문제 분석 및 개요도 작성)

문제풀이 Tip

💡 1)의 '유아교사의 역할 4가지'를 제시문을 한 번 읽고 바로 찾지 못해도 당황하지 않는다. 역할 한두 가지를 찾았다면 다른 문제를 해결하고 나서 다시 차분하게 찾아본다.

💡 4) 해결 방안의 경우, 대화에 제시되어 있지 않고 스스로 생각해서 써야 하는 경우가 많다는 점을 염두에 둔다.

정 교사: 선생님들께서 고민하시는 부분에 대해 이야기를 나누어 볼까요?

김 교사: 요즘 저는 유아교사의 역할에 대해 고민하고 있어요. 『저는 아이들을 잘 가르치는 것이 가장 중요하다고 생각하는데, 학부모님이나 원장님이 저에게 바라는 것은 조금 다른 것 같아요. 제 일은 아닌 것 같은데 해야 하기도 하고, 그러다 보면 정말 해야 할 일은 못 하게 될 때도 있어요. 그런데 주위에서 바라는 것은 너무 많고……. 정말 힘드네요.』『』: 2) 개념

최 교사: 저도 비슷한 고민을 하고 있어요. 저희 반에 최근 발달장애 진단을 받은 아이가 한 명 있는데 오늘 그 아이 어머니와 이야기를 나누고 나니 마음이 좀 복잡해요. 『전에도 아이의 학급 내 생활과 관련해서 조언을 여러 번 해 드렸는데, 오늘은 그것 말고 문제행동 중재 방법에 대해 물어보시네요.』『』: 2)-①최

정 교사: 그 부분은 특수교육 전문가에게 도움을 받아야 하지 않을까요? 3-1)-최❶

최 교사: 네, 저도 그렇게 생각해요. 그래서 저보다는 우리 유치원의 특수교사와 상담하시는 것이 좋겠다고 말씀드렸더니 표정이 조금 안 좋아지시더라고요. 3-1)-최❷

박 교사: 제가 현재 근무하고 있는 곳은 3학급으로 구성된 병설 유치원이잖아요. 이번에 저희 『유치원에 부임한 선생님들이 모두 초임이에요. 저도 이제 경력이 2년밖에 안 되었는데 제가 선임 교사이다 보니 교장 선생님께서 유치원에 관련된 대부분의 업무들에 제가 관여하기를 원하세요. 물론 저도 제가 해야 할 일이라고 생각하지만 부담이 많이 돼요.』『』: 2)-②박

정 교사: 정말 힘드시겠네요.

박 교사: 네. 제가 맡은 학급과 관련한 행정 업무도 해야 하고, 원내 장학에도 참여해야 하고요. 또 전담 원감 선생님이 안 계시다 보니 유치원의 업무도 총괄하면서 교육지원청과 업무 협조도 자주 해야 하거든요. 챙겨야 할 일이 너무 많아서 오히려 무엇 하나도 제대로 못 하고 있는 것 같아 속상해요. 3-2)-박❶❷

---

1) 유아교사의 역할-근거

❶ 가르치는 일-김 교사의 교수행위
❷ 상담 및 조언가-생활, 문제행동 중재 방법
❸ 동료와 협력자-협력, 업무 해결
❹ 생활지도, 행정 업무자-행정 업무, 지원청 업무 협조

2) 역할갈등의 개념(김 교사 대화)

교사가 생각하는 유아 교사 역할과 타인이 기대하는 역할의 불일치

갈등 내용 ↔ 반면-학부모

❶ 최 교사: 생활 조언 ↔ 문제행동 중재 방법 문의
❷ 박 교사: 업무 과다 ↔ 관리자 업무 처리 전반 기대

3-1) 개인 차원 역할갈등 해결 방안 -최 교사

❶ 통합교육, 직무연수 참여 + 전문성 신장 독서
❷ 특수교사와 수시 정보 공유, 함께 상담 진행

3-2) 개인 차원 역할갈등 해결 방안 -박 교사

❶ 관내 타 유치원 협력 네트워크
❷ 업무 우선순위, 효율적인 업무 처리 숙지

4) 조직 차원의 지원 방안

❶ 관리자
  • 업무 분장 공정히
  • 어려움 공감, 지지
  • 연수 참여 독려
❷ 교육청-행정 업무 경감 노력

3 예시 답안

서론

① 최근 유아교육 현장에서 유아교사의 역할갈등이 빈번해지고 있다. ② 역할갈등이 빈번해지면 교사의 업무 수행에 대한 동기가 저하되고 이는 유아교육의 질 저하로 이어진다. 그러므로 이 글에서는 대화에 근거하여 역할갈등의 내용과 개인과 조직 차원에서의 갈등 해결 방안에 대해 논하고자 한다.

본론

먼저 대화에 드러난 유아교사의 역할은 4가지이다. ③ **첫째**, 교사는 가르치는 역할을 한다. 김 교사는 아이들을 잘 가르치는 것이 가장 중요함을 인지하고 교수행위를 실천하고 있다. **둘째**, 교사는 학부모에게 상담과 조언을 하는 역할을 한다. 최 교사는 발달장애 유아의 학부모에게 학급 생활과 관련된 조언을 한다. **셋째**, 교사는 행정 업무를 처리하는 역할을 한다. 박 교사는 수업이 끝나면 교육지원청과 행정 업무 협조를 한다. ④ **넷째**, 교사는 동료와의 협력자이며 생활 지도자이다. 최 교사는 유아가 놀이를 통해 배우도록 지원하면서 동시에 사회 적응력을 갖추도록 생활 지도를 한다. 또 박 교사는 유치원 내의 신규 선생님들과 협력하여 업무를 한다.

김 교사는 교수행위를 하는 것을 유치원 교사의 주 역할이라고 생각하는 반면, 학부모, 원장은 다른 역할을 기대하고 있다. 이와 같이 교사가 인지하는 자신의 역할과 타인이 교사에게 기대하는 역할이 불일치할 때 생기는 것을 역할갈등이라고 한다. ⑤ **최 교사**는 생활 지도에 관한 조언을 한 **반면**, 학부모는 교사의 문제행동 중재 방법에 대한 조언을 기대하여 역할갈등이 일어났다. 또 **박 교사**는 자신에게 주어진 업무가 과다하다고 생각하는 **반면**, 관리자는 신규 교사 대신 박 교사에게 막중한 업무 처리를 기대하여 역할갈등이 일어났다.

이와 같은 역할갈등을 해결하기 위해서는 개인적인 차원과 조직 차원에서 지원이 필요하다. ⑥ 최 교사는 **개인 차원에서 첫째**, 통합 교육에 관련한 직무 연수에 참여하거나 전문성 신장을 위한 독서를 해야 한다. **둘째**, 특수 교사와 수시로 발달 장애 유아에 관한 정보를 공유하고 필요하다면 담임과 특수 교사가 함께 상담을 진행할 수 있다. 박 교사는 **개인 차원에서 첫째**, 관내 타 유치원과 업무 협력 네트워크를 형성하여 신규 교사도 다른 경력 교사의 조언을 받으며 업무를 해결하도록 할 수 있다. **둘째**, 박 교사가 스트레스를 조절하기 위해 일의 우선순위를 정하여 업무 효율을 높이도록 노력할 수 있다. 이뿐만 아니라 조직 차원에서도 다방면으로 역할갈등을 겪는 교사를 지원해야 한다. **조직 차원에서 첫째**, 관리자가 조직 구성원들이 겪는 어려움에 공감하고 업무가 공정하게 분배될 수 있도록 지원하며 필요한 연수에 적극적으로 참여하도록 독려하여야 한다. **둘째**, 교육청은 교사가 가장 많은 시간을 수업 준비에 쓸 수 있도록 행정 업무 경감을 위해 노력해야 한다.

---

① • '최근 유아교육 현장에서 ~[핵심 주제]가 중요해지고 있다' 서론 만능 틀을 응용하였다.

② • '문제점 + 해결 방안'에 관련된 문제가 제시되었을 때, '~[문제점]으로 인해 유아교육의 질 저하로 이어진다 + 그러므로…차원, …차원에서 ~의 해결 방안을 논하고자 한다'의 문장으로 서론을 간단히 해결할 수 있다.

③ • '교사는 ~역할을 한다 + 김 교사는 ~하고 있다' 2단계 문장 구조를 사용하였다.

④ • 이 문제를 풀 때 동료와의 협력자, 생활 지도자 모두가 교사의 역할에 해당한다고 보았는데 이때 넷째 항목에 2가지 모두를 적었다. 채점자는 키워드가 들어가면 정답 체크를 할 것이기에 답으로 생각되는 것은 일단 적고 보자.
4가지 쓰라고 할 때, 3가지를 쓰면 감점이 된다. 하지만 4가지 쓰라고 할 때 4+1으로 1가지를 끼워 쓰는 것은 감점되지 않는다.

⑤ • 'O교사는 ~한 반면, ㅁㅁㅁ는 ~를 기대하여 역할갈등이 일어났다' 문장을 반복해서 썼다.

⑥ • '개인 차원에서 첫째, ~. 둘째, ~' 문장을 반복해서 썼다.

결론

❼ 유아교육의 질은 유아교사의 질과 비례한다. 수많은 역할을 동시에 수행해야 하는 교사는 상황에 적합한 교육적 판단을 내릴 수 있도록 전문성 신장을 위해 부단히 노력해야 한다. 이와 동시에 교사의 업무 스트레스를 줄이고 행정 업무가 경감되도록 관리자, 교육청 차원에서도 적극적인 노력이 필요하다. ❽ 이러한 노력을 통해 비로소 교사의 역할 갈등이 줄어들고 유아교육이 발전할 것이다.

❼
- 결론 만능 문장이다.

❽
- '~하였을 때, 유아교육이 발전할 것이다'의 결론부 만능 마무리 문장이다.

합격하고 나서 하고 싶은 일들을 생각해 보세요. 내 버킷 리스트에는 무엇이 있나요?

11. 2016학년도 정시

1 기출문제

배점표	논술의 내용 [총 10점]	- 교육과정의 탄력적 운영이 필요한 이유 [2점] - 교육과정의 탄력적 운영 시 고려한 사항과 의의 [6점] - 교직의 전문직 관점에서 교사에게 요구되는 특성 [2점]
	논술의 체계 [총 10점]	- 분량 [3점] - 맞춤법 및 원고지 작성법 [3점] - 글의 논리적 체계성 [4점]

문제

다음은 ○○초등학교 병설유치원에서 교육과정 운영과 관련하여 교사들이 나눈 대화의 일부이다. 1) 유치원 교육 현장에서 교육과정의 탄력적 운영이 필요한 이유를 학습자와 유치원 현장의 특성 측면에서 각각 1가지씩 제시하고, 2) 정 교사와 권 교사가 교육과정을 변경하고자 할 때 고려하고 있는 점 3가지를 제시한 후, 2015 개정 유치원 교육과정 총론의 '편성과 운영'을 근거로 각각의 교육적 의의를 논하시오. 그리고 3) 교직의 전문직 관점에서 교육과정을 탄력적으로 운영하기 위해 교사에게 요구되는 특성 2가지를 들고 이에 대해 논하시오. [총 20점]

정 교사: 박 선생님, 오늘 나비 축제에 대한 참여 요청 공문이 왔어요. 우리 아이들이 개막식에서 노래를 불러줬으면 좋겠다고 하는데, 그 날짜가 다음 주네요. 축제에 참여하려면 우리가 계획한 교육 일정을 변경해야 하는 상황이에요. 어떻게 하면 좋을까요?

박 교사: 그러면 곤란하지 않을까요? 벌써 부모님들께 월간 학습 계획안이 나간 상황이라 축제에 참여하기가 어려울 것 같아요. 이미 계획한 활동을 그대로 진행하는 것이 낫지 않을까요? 노래를 준비할 시간도 별로 없고 부모님으로부터 사전 동의 받을 시간도 부족해요.

정 교사: 박 선생님 말씀처럼 계획대로 하는 것도 좋겠지만 이번에는 조금 특별한 상황이잖아요. 저는 기존 계획을 바꿔서 운영할 수도 있다고 생각해요. 교육과정을 편성하고 운영할 때 예기치 못한 상황을 고려해야 한다고 교육과정에 제시되어 있어요. 특히 이번 축제는 1년 동안 기다려 온 프로그램이라서 놓치고 싶지 않아요. 아이들이 지역사회의 축제 문화에 참여해 볼 수 있는 좋은 기회이고요.

박 교사: 권 선생님 반에는 장애 유아 두 명이 있는데 괜찮을까요?

권 교사: 네, 마침 우리 반도 무리 없이 변경할 수 있을 것 같아요. 일단 축제 진행 담당자에게 장애 유아를 위해 특별한 서비스를 제공해 줄 수 있는지 알아보고, 두 아이가 함께 하기 힘든 활동은 조금 줄여서 계획하면 될 것 같아요. 그리고 작년에 개인적으로 다녀왔던 애들은 벌써부터 축제에 가기를 기대하고 있어요. 다른 아이들도 축제에 대한 기대가 크고요. 아이들이 나비를 실제로 보고 나비 되어 보기나 나비 따라 달리기 등 여러 가지 행사에도 놀이 활동처럼 참여하면, 나비에 대해 더 많이 배울 수 있어서 좋을 것 같아요.

2. 만점으로 가는 문제풀이 흐름(문제 분석 및 개요도 작성)

문제풀이 Tip

- 답 찾기가 어려운 문제는 잠시 보류하고 쉬운 것부터 빠르게 해결하여 주어진 시간을 잘 활용한다.
- 2)의 경우, 반드시 정, 권 교사의 말에서 답을 찾아야 한다. 인물과 대화 내용을 잘 연결하도록 해당 교사 부분에 ○ 표시를 하고 답을 찾는다.
- 3)의 경우, 지문에 구체적으로 답이 나와 있지 않으므로 자신의 사전 배경 지식에서 답을 찾아낸다.

(정 교사): 박 선생님, 오늘 나비 축제에 대한 참여 요청 공문이 왔어요. 『1)-①』 『우리 아이들이 개막식에서 노래를 불러줬으면 좋겠다고 하는데,』 2)-① 그 날짜가 다음 주네요. 축제에 참여하려면 우리가 계획한 교육 일정을 변경해야 하는 상황이에요. 어떻게 하면 좋을까요?

박 교사: 그러면 곤란하지 않을까요? 벌써 부모님들께 월간 학습 계획안이 나간 상황이라 축제에 참여하기가 어려울 것 같아요. 이미 계획한 활동을 그대로 진행하는 것이 낫지 않을까요? 1)-② 『노래를 준비할 시간도 별로 없고 부모님으로부터 사전 동의 받을 시간도 부족해요.』

『 』: 부모님 요구, 동의 → 불확실성, 복잡성

(정 교사): 박 선생님 말씀처럼 계획대로 하는 것도 좋겠지만 이번에는 조금 특별한 상황이잖아요. 저는 기존 계획을 바꿔서 운영할 수도 있다고 생각해요. 교육과정을 편성하고 운영할 때 예기치 못한 상황을 고려해야 한다고 교육과정에 제시되어 있어요. 특히 이번 축제는 1년 동안 기다려 온 프로그램이라서 놓치고 싶지 않아요. 아이들이 지역사회의 축제 문화에 참여해 볼 수 있는 좋은 기회이고요.

박 교사: 권 선생님 반에는 장애 유아 두 명이 있는데 괜찮을까요?

(권 교사): 네, 마침 우리 반도 무리 없이 변경할 수 있을 것 같아요. 일단 축제 진행 2)-② 담당자에게 장애 유아를 위해 특별한 서비스를 제공해 줄 수 있는지 알아보고, 두 아이가 함께 하기 힘든 활동은 조금 줄여서 계획하면 될 것 같아요. 그리고 작년에 개인적으로 다녀왔던 애들은 벌써부터 축제에 가기를 기대하고 있어요. 다른 아이들도 축제에 대한 기대가 크고요. 아이들이 나비를 실제로 보고 나비 되어 보기나 나비 따라 달리기 등 여러 가지 행사에도 놀이 활동처럼 참여하면, 나비에 대해 더 많이 배울 수 있어서 좋을 것 같아요.

---

1) 교육과정의 탄력적 운영 필요성
1. 학습자 = 유아의 관심과 흥미 변화 → 수용, 적극 참여 유도
2. 유치원 현장의 특성 = 유아, 교사, 학부모, 지역사회가 역동적 상호작용하는 복잡한 교수 환경 → 고정적인 교육과정 ✗, 상황에 따라 융통성, 조정 ○

2) 탄력 운영(변경 시)-'편성·운영 근거-교육적 의의
1. [정] 지역사회 협력, 참여 기반 → 지역 공동체 소속감↑, 지역사회 사회문화적 자원 활용
2. [권] 장애 정도 조정, 운영 → 차별 ✗, 균등한 교육 기회 보장받음
3. [정] 유아의 흥미 고려, 놀이 중심 편성 → 직접 경험 ○, 학습 효과 ↑

3) 교사에게 요구되는 특성 + 이유
1. 책임감을 바탕, 자율적인 특성 ○ → 전문직이므로 교수 행위 선택 + 책임 ○
2. 반성적 사고 바탕으로 교수행위 분석하며 융통성 있게 변경하는 특성 ○ → 유연한 사고, 더 발전된 교육 가능 ○

3 예시 답안

서론

❶ 최근 유아교육 현장에서 교육과정의 탄력적인 운영이 중요해지고 있다. ❷ 왜냐하면 먼저 학습자 측면에서 유아의 관심과 흥미는 상황에 따라 변화하기 때문이다. 교사는 이를 수용하여 유아가 적극적으로 교육과정에 참여하도록 해야 한다. 또 유치원 현장 특성 측면에서 유치원은 유아, 교사, 학부모, 지역사회가 역동적으로 상호작용하는 복잡성을 가진다. 따라서 계획한 대로 실행하는 고정된 교육과정이 아닌 융통성 있게 운영되는 교육과정이 필요하다. 따라서 사례를 바탕으로 탄력적 교육과정 운영 시 고려할 사항과 의의, 교사에게 요구되는 특성을 알아보겠다.

본론

사례에서 정 교사와 권 교사는 교육과정을 변경하고자 할 때 ❸ **첫 번째로** 지역사회의 협력과 참여에 기반하는 것을 고려하고 있다. **사례에서** 나비 축제에서 유아들은 노래를 부르며 지역 공동체에 소속감과 유대감을 느낄 수 있다. 또한 이로써 지역사회의 사회·문화적 자원을 활용하여 유아의 교육 경험의 폭을 확장할 수 있다. **두 번째로** 유아가 장애에 구애받지 않을 수 있도록 교육과정을 조정하는 것을 고려하고 있다. **사례에서** 교사는 장애 유아의 발달 수준에 맞도록 프로그램을 간소화하거나 특별한 프로그램을 운영하고 있다. **이로써** 장애 유아는 장애로 인한 차별이 없이 균등한 교육 기회를 보장받을 수 있다. **세 번째로** 유아의 흥미를 반영하여 놀이를 중심으로 교육과정을 운영하는 점을 고려하고 있다. **사례에서** 교사는 유아가 축제에서 노래 부르는 것을 원하여 노래 부르기를 운영하였다. 이로써 유아는 자발성에 기초하여 직접 경험을 할 수 있어 학습 효과가 극대화될 것이다.

사례와 같이 교육과정을 탄력적으로 운영하기 위해서 교사는 두 가지 측면에서 전문성을 가져야 한다. **첫째**, 교사는 책임감을 바탕으로 자율성을 가져야 한다. **왜냐하면** 교사는 전문직이기 때문이다. 또 유아의 특성에 대해 가장 잘 아는 사람이 교사이므로 상황에 따라 적합한 교육적 판단을 하기 위해 자율성이 우선시돼야 한다. **둘째**, 교사는 반성적 사고를 바탕으로 교수행위를 분석하며 융통성 있게 교육과정을 변경할 수 있어야 한다. **왜냐하면** 교육 현장은 불확실하고 역동적인 특성을 가지기에 상황에 따라 유연하게 사고하고 교수행위를 점검해야 더 발전된 교육을 실천할 수 있기 때문이다.

결론

❹ 유아교육의 질은 교사의 질과 비례한다. ❺ 전문직으로서 교사가 사명감을 가지고 융통성 있게 교육과정을 운영할 때 비로소 유아·놀이 중심 교육과정이 완성될 수 있다. 따라서 유아교사는 계속해서 반성적 사고를 바탕으로 열정적이고 성실한 태도로 임해야 한다.

---

❶
- 서론 만능 틀이다.
  '최근 유아교육 현장에서 ~[핵심 주제]가 중요해지고 있다' 문장을 썼다.

❷
- 문제 1)에 대한 답을 바로 서론에 제시하였다.
  '~[핵심 주제]가 중요하다. 왜냐하면 ~측면에서 필요하기 때문이다'의 문장으로 자연스럽게 이어져서 서론에 자연스럽게 쓰일 수 있는 내용이다.

❸
- '첫 번째로 ~를 고려하고 있다. + 사례에서는 ~하고 있다. + 이로써 ~할 수 있다'의 3단계 문장 패턴으로 문제 2)에 대한 답을 서술하였다. 통일된 구조로 3가지를 제시하여 좋은 점수를 기대할 수 있다.

❹
- '유아교육의 질은 교사의 질과 비례한다' 결론 만능 문장이다.

❺
- 논술에 논제로 제시되는 모든 주제의 핵심이자 종착역은 결국 '유아·놀이 중심 교육과정'이다. 따라서 결론 문장을 작성할 때, '[핵심 단어]+[핵심 단어]를 할 때 유아·놀이 중심 교육과정을 실천(실현)할 수 있다'의 문장을 만능 결론 문장으로 사용할 수 있다.

내가 합격할 이유
3가지를 적고 읽어 보세요.

① _____
② _____
③ _____

12. 2015학년도 정시

1 기출문제

배점표	논술의 내용 [총 10점]	- 반성적 사고가 교사의 전문성 신장에 미치는 긍정적 효과 [2점] - 반성적 사고를 통해 안 교사가 개선해야 할 교수행동과 대안 [6점] - 반성적 사고 증진 방안 [2점]
	논술의 체계 [총 10점]	- 분량 [3점] - 맞춤법 및 원고지 작성법 [3점] - 글의 논리적 체계성 [4점]

문제

초임 교사인 안 교사와 경력 교사인 김 교사의 다음 대화에 근거하여 1) 반성적 사고가 교사의 전문성 신장에 미치는 긍정적 효과를 2가지 논하고, 2) 반성적 사고를 통해 안 교사가 개선해야 할 교수행동과 대안을 각각 3가지씩 제시하시오. 그리고 3) 안 교사가 활용할 수 있는 반성적 사고 증진 방안을 2가지 논하시오. [총 20점]

김 교사: 선생님, 오늘 수업은 어떠셨어요?
안 교사: 오늘은 여러 가지 일들로 고민이 많네요.
김 교사: 무슨 문제가 있었어요?
안 교사: 오늘 자유선택활동 시간에 몇몇 유아들이 역할놀이 영역에서만 너무 오래 놀고 있기에 의도적으로 다른 영역에 가서 놀도록 했어요. 대학에서 배운 대로 유아들에게 여러 영역의 활동을 고루 경험시키는 것이 중요하다고 생각했거든요. 그런데 유아들의 불평이 많았어요.
김 교사: 나도 그런 경우가 종종 있었어요. 실제로 유아들을 지도해 보니 꼭 배운 대로 되는 것은 아니더라고요. 오히려 유아들을 가르치며 계속 진지하게 고민하면서 조금씩 새로 깨달아 가는 것이 많았던 것 같아요. 그런데 또 다른 일이 있었던 거예요?
안 교사: 요즘 원장 선생님이 종종 교실 관찰을 하시잖아요? 우리 반 아이들이 쌓기놀이 영역에서 매번 똑같은 것만 만드는 것 같다고 하시면서 그 이유가 무엇인지 고민해 보라고 하시네요. 사실 저는 유아들이 잘 노는 것 같아 크게 관심을 갖지 않았거든요.
김 교사: 원장 선생님께서 그런 말씀을 하셨다면 무슨 이유가 있었을 텐데…….
안 교사: 그런데 저는 도무지 모르겠어요.
김 교사: 그래도 더 고민해 보세요. 나도 그런 문제에 부딪쳤을 때 제 자신의 행동을 곰곰이 되돌아보곤 하는데, 그게 문제를 풀어가는 데 도움이 많이 되더라고요.
안 교사: 네, 그렇군요. 그러고 보니 한 가지 고민이 더 있어요. 오늘 미술 영역에서 유아들이 그린 해바라기를 벽면에 전시해 놓았는데, 제가 보여 준 해바라기와 똑같이 잎사귀는 초록, 꽃은 노랑으로 그린 거예요. 모두 똑같이 그린 것을 보니 제 지도방법에 문제가 있는 것이 아닌가 하는 생각이 들었어요.
김 교사: 나도 유아들을 가르치면서 그런 문제로 고민한 적이 많아요.
안 교사: 선생님은 그럴 때 어떻게 하셨어요?
김 교사: 나는 막연하게 생각만 하기보다는 하루를 되돌아보며 꼼꼼하게 정리해 보곤 했어요.
안 교사: 저도 그 방법을 써 봐야겠네요.
김 교사: 다른 선생님과 내가 처한 상황에 대해 이야기하는 것도 도움이 되었어요.
안 교사: 아, 그것도 좋은 방법이겠네요.

2 만점으로 가는 문제풀이 흐름(문제 분석 및 개요도 작성)

문제풀이 Tip

1) 지문에 '대화에 근거하여'라는 말이 나오면 반드시 지문에 답이 있다. 이를 적절히 언급할 수 있도록 안 교사와 김 교사의 대화에 주목한다.
2) 긍정적 효과를 2가지 제시하라고 할 때 제시하는 2가지가 중복되지 않도록 명확하게 구별되는 용어를 사용해야 한다.
3) 문제에서 안 교사와 김 교사에 근거하여 1)을 쓰라고 했으므로 1)-❶의 내용은 안 교사의 대화 전체 맥락에 근거해서 쓰고 1)-❷의 내용은 김 교사의 대화에 근거해서 작성했다. 1)-❶의 내용을 김 교사로 바꿔도 지장은 없다. 하지만 긍정적 효과 2가지를 논할 때 김 교사에만 근거를 몰아서 쓰면 감점이 될 수 있겠다는 판단에서 안 교사와 김 교사로 나눠서 작성했다.

김 교사: 선생님, 오늘 수업은 어떠셨어요?

안 교사: 오늘은 여러 가지 일들로 고민이 많네요.

김 교사: 무슨 문제가 있었어요?

안 교사: 오늘 자유선택활동 시간에 <u>2)-❶ 몇몇 유아들이 역할놀이 영역에서만 너무 오래 놀고 있기에 의도적으로 다른 영역에 가서 놀도록 했어요.</u> 대학에서 배운 대로 유아들에게 여러 영역의 활동을 고루 경험시키는 것이 중요하다고 생각했거든요. 그런데 <u>유아들의 불평이 많았어요.</u>

김 교사: 나도 그런 경우가 종종 있었어요. 실제로 유아들을 <u>1)-❷ 지도해 보니 꼭 배운 대로 되는 것은 아니더라고요. 오히려 유아들을 가르치며 계속 진지하게 고민하면서 조금씩 새로 깨달아 가는 것이 많았던 것 같아요.</u> 그런데 또 다른 일도 있었던 거예요?

안 교사: 요즘 원장 선생님이 종종 교실 관찰을 하시잖아요? 우리 반 아이들이 쌓기놀이 영역에서 매번 똑같은 것만 만드는 것 같다고 하시면서 그 이유가 무엇인지 고민해 보라고 하시네요. <u>2)-❷ 사실 저는 유아들이 잘 노는 것 같아 크게 관심을 갖지 않았거든요.</u>

김 교사: 원장 선생님께서 그런 말씀을 하셨다면 무슨 이유가 있었을 텐데…….

안 교사: 그런데 저는 도무지 모르겠어요.

김 교사: 그래도 더 고민해 보세요. 나도 그런 문제에 부딪혔을 때 제 자신의 행동을 곰곰이 되돌아보곤 하는데, 그게 문제를 풀어가는 데 도움이 많이 되더라고요.

안 교사: 네, 그렇군요. 그러고 보니 한 가지 고민이 더 있어요. 오늘 미술 영역에서 유아들이 그린 해바라기를 벽면에 전시해 놓았는데, <u>2)-❸ 제가 보여 준 해바라기와 똑같이 잎사귀는 초록, 꽃은 노랑으로 그린 거예요.</u> 모두 똑같이 그린 것을 보니 제 지도방법에 문제가 있는 것이 아닌가 하는 생각이 들었어요.

김 교사: 나도 유아들을 가르치면서 그런 문제로 고민한 적이 많아요.

안 교사: 선생님은 그럴 때 어떻게 하셨어요?

김 교사: 나는 막연하게 생각만 하기보다는 <u>3-❶ 하루를 되돌아보며 꼼꼼하게 정리해 보곤 했어요.</u>

안 교사: 저도 그 방법을 써 봐야겠네요.

김 교사: <u>3-❷ 다른 선생님과 내가 처한 상황에 대해 이야기하는 것도 도움이 되었어요.</u>

안 교사: 아, 그것도 좋은 방법이겠네요.

---

1) 반성적 사고-긍정적 효과

❶ 안 교사(초임): 교수행위 전·중·후를 되돌아보며 더 나은 교육활동하는 계기 마련 → 문제해결력 증진

❷ 김 교사(경력): 현장과 이론 간극, 현장 경험 통해 지식 재구성 → 실천적 지식 O

2) 안 교사 개선 행동-대안

❶ 의도적 다른 영역 놀이 제안 → 자연스럽게, 한 영역 흥미와 관심 O, 놀이에 몰입, 집중 지원

❷ 유아 놀이 장면 세심 관찰 부족 → 놀이 배울 수 있도록 언어, 행동적 상호작용

❸ 미술 영역 작업 완성물 표본 제공, 창의적 표현 방해 → 다양한 해바라기 사진, 다양한 미술 재료와 도구, 창의·자유로운 표현 격려

3) 반성적 사고 증진 방안(안 교사)

❶ 일일 반성적 저널 작성 → 하루 일과 운영, 상황 분석 → 사고 증진 O

❷ 동료 교사와 교수 상황 공유, 이야기하며, 혼자 발견 X, 찾고 조언 O

3 예시 답안

서론

❶ 최근 유아교육 현장에서 교사의 반성적 사고가 중요해지고 있다. 교사가 반성적 사고를 바탕으로 전문적인 교수행위를 할 때 비로소 유아·놀이 중심 교육과정이 실현되기 때문이다. 따라서 이 글에서는 사례를 바탕으로 반성적 사고의 긍정적 효과와 반성적 사고 증진 방안을 논하고자 한다.

본론

❷ 먼저 반성적 사고를 통해 교사는 교수행위 전, 중, 후를 되돌아보며 더 나은 교육활동을 할 수 있게 되며 문제해결력도 증진하게 된다. **사례에서** 안 교사는 자신의 행동을 곰곰이 되돌아보며 문제의 원인과 결과를 알아보고 문제를 해결한 경험이 있다. **다음으로** 반성적 사고를 통해 교사는 실천적 지식을 얻을 수 있다. **사례에서** 김 교사는 직전 교육에서 배운 이론과 현장의 간극을 느꼈지만 반성적 사고를 통해 스스로 지식을 재구성함으로써 전문성을 신장할 수 있었다.

반성적 사고를 통해 안 교사가 개선해야 할 교수행동과 그에 따른 대안은 다음과 같다. ❸ **첫째**, 안 교사가 의도적으로 다른 영역에서 놀이하도록 제안했던 것이 **문제다**. 이는 유아의 놀이 흐름을 끊으므로 교사는 반드시 모든 영역에서 골고루 놀아야 한다는 고정관념에서 벗어나야 한다. 이에 대한 대안으로 교사는 유아의 자연스러운 관심과 흥미를 존중해 주고 놀이에 몰입할 수 있도록 **지원해야 한다**. **둘째**, 안 교사가 유아의 놀이 장면을 세심하게 관찰하지 못한 것이 **문제다**. 교사는 반성적 사고를 바탕으로 유아의 놀이 흐름에 촉각을 세우고 유아가 놀이를 통해 배울 수 있도록 언어적, 비언어적 상호작용을 **해야 한다**. **셋째**, 안 교사가 결과물 표본을 제시하여 창의적인 미술 표현을 방해한 것이 **문제다**. 교사는 다양한 해바라기 사진을 보여주고 다양한 미술 재료와 도구를 제공하여 창의적이고 자유로운 표현을 격려**해야 한다**.

이와 같은 대안을 안 교사가 실천하기 위해서는 2가지 반성적 사고 증진 방안이 필요하다. ❹ **첫째**, 필요에 따라 반성적 저널을 작성하는 것이다. 반성적 저널을 작성하면서 교사는 하루 일과 운영을 분석할 수 있고 자연스럽게 반성적 사고가 증진된다. **둘째**, 동료 교사와 수시로 교수 상황을 공유하는 것이다. 학습공동체의 일원으로 고민을 나누고 조언을 주고받으며 혼자서는 발견하지 못했던 문제를 찾으며 반성적 사고가 증진된다.

결론

❺ 유아교육의 질은 교사의 질과 비례한다. 우물 안 개구리처럼 지난 교육과정을 단순히 답습하고 발전하지 않는 교사는 유아·놀이 중심 교육과정을 운영하지 못한다. 항상 유아교사는 전문성을 가지고 반성적 사고를 하며 놀이를 세심하게 관찰하며 적절한 교육적 지원을 제공해야 한다. ❻ 반성적 사고를 통해 유아·놀이 중심 교육과정은 실현될 수 있다.

---

❶
- '최근 유아교육 현장에서 ~[핵심 주제]가 중요해지고 있다' 서론 만능 문장이다. 고민하지 말고 얼른 써내려가자.

❷
- 문제에서 '대화에 근거하여'라는 말이 나왔으므로 문제 1)에 대한 답 서술을 '~하게 된다. + 사례에서 안 교사는 ~하고 있다'의 문장구조로 반복하여 서술하였다.

❸
- '문제 + 문제가 되는 이유 + 대안 행동' 3단계 문장 패턴으로 문제 2)를 해결하였다. 반복되는 문장 구조를 정해놓고 개요도에 적은 내용을 그대로 대입시키자.

❹
- '반성적 사고 증진 방안 + 증진되는 이유' 2문장으로 문제 3)을 해결하였다.

❺
- 항상 반복되는 만능 결론 문장이다.

❻
- '[핵심 주제]를 통해 유아·놀이 중심 교육과정을 실현할 수 있다' 만능 문장이다. 결론의 마지막 문장을 장식하기에 이만한 문장이 없다.

합격한 내 모습을
그려 보세요.

13. 2014학년도 정시

1 기출문제

배점표	논술의 내용 [총 10점]	- 직무 스트레스의 유발 요인 [2점] - 직무 스트레스가 교사와 유치원에 미치는 부정적 영향 [4점] - 자기 관리 능력 개발과 문제해결 능력 개발 차원에서의 직무 스트레스 대처 방안 [4점]
	논술의 체계 [총 10점]	- 분량 [3점] - 맞춤법 및 원고지 작성법 [3점] - 글의 논리적 체계성 [4점]

문제

오늘날 유치원 교사들은 교육 현장에서 다양한 직무 스트레스를 겪고 있다. 다음에서 1) 초임 교사인 정 교사가 겪고 있는 직무 스트레스 유발 요인을 인간관계 측면과 직무여건 측면에서 각각 논하고, 2) 정 교사의 직무 스트레스가 교사 자신과 유치원에 미치는 부정적 영향을 대화 속의 사례와 관련지어 각각 2가지씩 논하시오. 그리고 3) 정 교사가 직무 스트레스에 적절히 대처할 수 있는 방안을 교사의 자기 관리 능력 개발과 문제해결 능력 개발의 차원에서 각각 2가지씩 논하시오. [총 20점]

〈행복유치원(단설)의 초임 교사인 정 교사와 경력 교사인 안 교사의 대화〉

정 교사: 안 선생님! 아이들 봐 주셔서 고마워요. 배가 아팠는데 아이들만 두고 화장실에 갈 순 없었어요. 며칠 전에는 잠깐 화장실 갔다 온 사이에 한 아이가 다쳤었거든요. 정말 속상했었어요. 교실 안의 화장실은 유아용인데다 개방형이어서 사용하기가 곤란해요.

안 교사: 앞으로 급할 때는 이야기해요. 나도 경험해 봤으니까요. 그때는 원감 선생님께 도움을 청했었어요.

정 교사: 그런데 원감 선생님께 매번 부탁드릴 수도 없잖아요. 저는 화장실을 자주 가는 편이라 교사회의 때 이 문제를 건의해 봐야 할 것 같아요.

안 교사: 네, 그것도 좋은 생각이네요. 그런데 정 선생님! 오늘따라 많이 피곤해 보여요.

정 교사: 아, 그래요? 요즘 부모 면담 준비하느라 늦게까지 일하고 집에 가거든요. 그래서 그런가 봐요. 처음 하는 면담이라 그런지 부담이 많이 되네요. 실은 우리 반 학부모 한 분이 거의 매일 전화해서 이것저것 간섭하고, 요구사항도 많으세요. 어떤 때에는 꼭 저를 가르치려는 것 같아요. 전화 받고 나면 가슴이 쿵쾅거려 일을 제대로 못하겠어요.

안 교사: 어머! 정말 힘들겠네요.

정 교사: 네, 그래도 아이들을 보면 힘이 나요. 정말 예뻐요. 그런데 아직 업무가 버거워요. 학급 운영계획서도 못 냈어요. 학부모 공개 수업에 부모 면담까지 준비하다 보니 도저히 작성할 시간이 없었어요. 게다가 박 선생님이 생활 주제가 같다며 자료 준비를 자주 부탁하세요. 아무리 같은 자료라지만, 부담돼요. 너무 본인 생각만 하시는 것 같아요. 거절하자니 관계가 나빠질 것 같아 말도 못했어요. 어떤 땐 우리 반 자료 준비도 하기 싫어져요. 불편한 마음 때문에 아이들한테 짜증내기도 하고요. 그럴 땐 많이 미안하죠.

안 교사: 아, 그런 일이 있었군요. 다과 모임 때 박 선생님께 솔직히 이야기하지 그랬어요?

정 교사: 지난 모임엔 박 선생님과 얼굴 마주치기 싫어 안 갔어요. 이번엔 가서 이야기해 볼까 생각 중이에요.

안 교사: 그러세요. 어쨌든 이번 주면 힘든 일들이 어느 정도 끝나겠네요. 기분 전환도 할 겸 같이 등산이나 갈까요?

정 교사: 저는 방과 후 교사 교육이 있어 못 가요. 초임인데, 제가 왜 이 일을 해야 하는지 모르겠어요. 아프다는 핑계로 병가라도 내고 싶어요. 요즘에는 밤에 잠도 안 와요.

안 교사: 많이 힘들겠지만, 그래도 힘내요. 다음에 원감 선생님과 한번 상담해 봐요. 지난번에 다른 일로 상담을 했는데 도움이 많이 되었거든요.

2 만점으로 가는 문제풀이 흐름(문제 분석 및 개요도 작성)

〈행복유치원(단설)의 초임 교사인 정 교사와 경력 교사인 안 교사의 대화〉

정 교사: 안 선생님! 아이들 봐 주셔서 고마워요. 배가 아팠는데 아이들만 두고 화장실에 갈 순 없었어요. 며칠 전에는 잠깐 화장실 갔다 온 사이에 한 아이가 다쳤었거든요. 정말 속상했었어요. 1)-❷ 교실 안의 화장실은 유아용인데다 개방형이어서 사용하기가 곤란해요.

안 교사: 앞으로 급할 때는 이야기해요. 나도 경험해 봤으니까요. 그때는 원감 선생님께 도움을 청했었어요.

정 교사: 그런데 원감 선생님께 매번 부탁드릴 수도 없잖아요. 저는 화장실을 자주 가는 편이라 교사회의 때 이 문제를 건의해 봐야 할 것 같아요.

안 교사: 네, 그것도 좋은 생각이네요. 그런데 정 선생님! 오늘따라 많이 피곤해 보여요.

정 교사: 아, 그래요? 요즘 부모 면담 준비하느라 늦게까지 일하고 집에 가거든요. 그래서 그런가 봐요. 처음 하는 면담이라 그런지 부담이 많이 되네요. 실은 1)-❶ 우리 반 학부모 한 분이 거의 매일 전화해서 이것저것 간섭하고, 요구사항도 많으세요. 어떤 때에는 꼭 저를 가르치려는 것 같아요. 2)-1)-❶ 전화 받고 나면 가슴이 쿵쾅거려 일을 제대로 못하겠어요.

안 교사: 어머! 정말 힘들겠네요.

정 교사: 네, 그래도 아이들을 보면 힘이 나요. 정말 예뻐요. 그런데 아직 업무가 버거워요. 학급 운영계획서도 못 냈어요. 학부모 공개 수업에 부모 면담까지 준비하다 보니 도저히 작성할 시간이 없었어요. 게다가 1)-❶ 박 선생님이 생활 주제가 같다며 자료 준비를 자주 부탁하세요. 아무리 같은 자료라지만, 부담돼요. 너무 본인 생각만 하시는 것 같아요. 거절하자니 관계가 나빠질 것 같아 말도 못했어요. 2)-2)-❷ 어떤 땐 우리 반 자료 준비도 2)-2)-❶ 하기 싫어져요. 불편한 마음 때문에 아이들한테 짜증내기도 하고요. 그럴 땐 많이 미안하죠.

안 교사: 아, 그런 일이 있었군요. 다과 모임 때 박 선생님께 솔직히 이야기하지 그랬어요?

정 교사: 지난 모임엔 박 선생님과 얼굴 마주치기 싫어 안 갔어요. 이번엔 가서 이야기해 볼까 생각 중이에요.

안 교사: 그러세요. 어쨌든 이번 주면 힘든 일들이 어느 정도 끝나겠네요. 기분 전환도 할 겸 같이 등산이나 갈까요?

정 교사: 저는 방과 후 교사 교육이 있어 못 가요. 초임인데, 제가 왜 이 일을 해야 하는지 모르겠어요. 아프다는 핑계로 병가라도 내고 싶어요. 2)-1)-❷ 요즘에는 밤에 잠도 안 와요.

안 교사: 많이 힘들겠지만, 그래도 힘내요. 다음에 원감 선생님과 한번 상담해 봐요. 지난번에 다른 일로 상담을 했는데 도움이 많이 되었거든요.

---

1) 직무 스트레스 유발 요인
❶ 인(인간관계 측면)–학부모의 간섭, 요구, 동료교사의 자료 부탁
❷ 직(직무여건 측면)–교사용 화장실 시설 부족

2-1) 부정적 영향-교사
❶ 가슴이 쿵쾅거림 → 심적 불안
❷ 밤에 잠이 안 옴 → 수면 부족, 체력 저하, 신체 기능 저하

2-2) 부정적 영향-유치원
❶ 아이들에게 짜증 냄 → 유아 긴장, 불안, 적절한 환경 ✗
❷ 자료 준비 싫어짐 → 놀이 중심 교육과정 지원 어려움

3-1) 대처 방안-자기 관리
❶ 심리적 해소–노래, 산책, 취미활동
❷ 건강 관리 능력 기르기–건강 검진, 운동

3-2) 대처 방안-문제해결
❶ 건의하여 화장실 시설 마련
❷ 친절하며 단호한 의사표현 능력 → 비합리적인 요구와 간섭은 거절

3 예시 답안

서론

유치원 교사의 직무 스트레스는 유치원의 질 높은 교육과정 운영을 어렵게 한다. 교사와 유치원에 부정적인 영향을 미치기 때문이다. 구체적 사례를 통해 알아보고자 한다.

본론

정 교사의 사례에서 직무스트레스 유발 요인은 다음과 같다. **인간관계 측면에서**, 학부모와 동료 교사와의 관계로 스트레스를 받고 있다. 정 교사는 학부모의 지나친 간섭과 동료 교사의 무리한 요구로 인해 힘들어한다. **또한 직무 여건 측면에서**, 교사용 화장실 시설 부족으로 스트레스를 받는다. 교실과 멀어 화장실 이용 중에 유아 안전사고가 났기 때문이다.

이로 인해 부정적 영향이 있다. ❶**우선**, 교사에게 미치는 영향이다. ❷**첫째**, 가슴이 쿵쾅거려서 일을 못하고 스트레스로 인해 심리적 불안감과 긴장이 고조되었다. 이는 정 교사의 마음의 건강을 해친다. **둘째**, 밤에 잠도 안 온다. 불면증은 수면 부족으로 이어져 신체 기능을 떨어트린다. 이는 결국 신체의 건강을 해치게 한다. **다음으로**, 유치원 측면이다. **첫째**, 아이들에게 짜증낸다고 한다. 이는 유아가 긴장하고 불안하게 한다. 이는 유아들이 주도적으로 교육과정을 만들어 나가는 것을 어렵게 한다. **둘째**, 자료 준비가 싫다고 한다. 이는 교사의 적절한 놀이 지원을 어렵게 한다. 놀이 중심 교육과정에서 교사는 다양한 지원으로 유아가 놀이를 통한 배움을 얻도록 해야 한다.

이때 가능한 대처 방법은 다음과 같다. **우선, 자기관리 측면이다.** ❸**첫째**, 심리적 안정을 위한 노력을 한다. 책 읽기, 노래 듣기, 취미 생활 가지기 등을 통해 마음의 불안을 덜어내는 활동을 한다. 즉 마음의 건강을 관리한다. **둘째**, 신체적 건강에 힘쓴다. 건강검진 받기, 운동 등을 통해 신체의 건강을 관리하고 체력을 기른다. ❹**다음으로, 문제해결 측면이다. 첫째**, 직무 환경 개선을 요구한다. 교실 내 교사용 화장실을 설치하도록 한다. 교육활동에 전념할 수 있도록 불필요한 어려움을 없앤다. **둘째**, 적절한 의사표현 능력을 기른다. 학부모와 동료 교사의 무리한 요구에 대해 친절하고 단호하게 자신의 의견을 이야기한다. 수용해야 할 의견은 수용하되 교사의 판단에 의해 비합리적 요구는 거절하는 것이 필요하다.

결론

이렇게 교사의 스트레스는 교사 개인뿐만 아니라 유치원 운영에도 큰 영향을 미친다. 그러므로 교사는 자기관리와 문제해결 능력을 지속적으로 계발해야 할 것이다.

---

❶
- 부정적 영향을 교사와 유치원 측면에서 각 2가지씩 작성하도록 했다. 이럴 때는, '우선, 첫째 ~ 둘째~. 다음으로, 첫째 ~ 둘째'의 접속사를 기계적으로 쓰면 고민할 필요 없이 구조적으로 작성할 수 있다.

❷
- '번호 + 사례 + 근거' 순으로 제시하였다. 만약, 첫째 부분에 '번호 + 근거 + 사례' 순으로 작성했다면 둘째, 셋째, 넷째도 같은 구조로 작성하는 편이 좋다.
- 반복되는 구조로 작성해야 작성하면서 실수로 빠트리거나 헷갈리지 않는다.

❸
- '우선, 첫째 ~ 둘째 ~. 다음으로, 첫째 ~ 둘째 ~' 식으로 반복해서 개요도의 알맹이만 집어넣어 빠르게 작성할 수 있도록 한다.
- 교사에게 미치는 영향과 대응된다. 심리적 안정에 예시를 넣을 때 '산책' 같은 경우도 심리적 안정 방법이 될 수 있다. 하지만 둘째 부분에서 신체적 건강관리를 답으로 작성했으므로 가급적 두 가지 답이 중복되는 느낌을 주지 않기 위해서 산책, 운동은 심리적 안정의 예시로 넣지 않았다.

❹
- 직무 스트레스를 주는 2가지 요인을 제거하는 것을 문제해결 방법으로 보고 작성했다. 이는 스트레스 유발 요인에 대응한다.

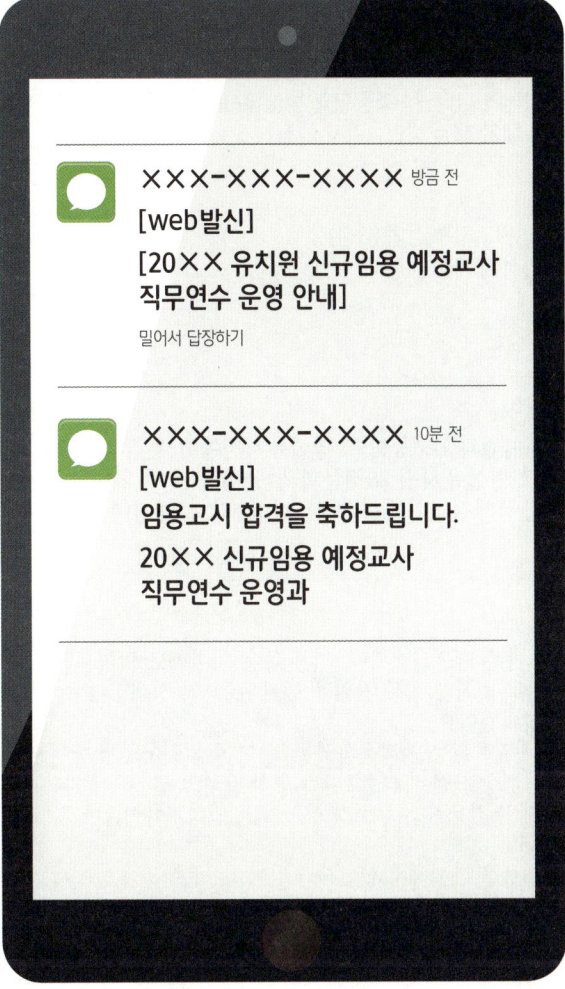

최종 합격 후
받을 문자입니다.
합격한 나를 떠올려 보세요.

14. 2013학년도 추시

1 기출문제

배점표	논술의 내용 [총 10점]	- (가)의 사례에 나타난 A초등학교 병설유치원 조직문화의 긍정적 측면 2가지 [2점] - (나)의 사례에 나타난 B초등학교 병설유치원 조직문화의 문제점 4가지 [4점] - 문제점에 대한 해결 방안 4가지 [4점]
	논술의 체계 [총 10점]	- 분량 [3점] - 맞춤법 및 원고지 작성법 [3점] - 글의 논리적 체계성 [4점]

문제

(가)와 (나)는, A초등학교 병설유치원과 B초등학교 병설유치원에서 원감과 전체 교사가 회의하는 각각의 장면이다. 1) (가)의 사례에 나타난 A초등학교 병설유치원 조직문화의 긍정적 측면 2가지를 논하시오. 2) (나)의 사례에 나타난 B초등학교 병설유치원 조직문화의 문제점 4가지를 밝히고, 3) 각 문제점에 대한 해결 방안을 구체적으로 논하시오. (총 20점)

(가) A초등학교 병설유치원
유 원감: 박 선생님, 오늘 얼굴이 아주 밝으신데 무슨 기분 좋은 일이라도 있어요?
박 교사: 네, 우리 반 아이들이 너무 멋지게 협동 작업을 했거든요. 최 선생님이 주신 아이디어로 활동한 거였는데 아이들의 반응이 기대 이상이었어요.
최 교사: 어제 저와 얘기 나눈 인성교육활동을 적용하셨군요. 아이들이 어떻게 했는지 한번 보고 싶네요.
박 교사: 제가 홈페이지에 수업 동영상을 올려놓았으니까 회의 끝나고 같이 한번 봐요.
유 원감: 올해 우리 유치원에서 제일 강조하는 목표가 유아들의 인성교육이잖아요. 앞으로도 모든 활동에서 그 점을 최우선으로 고려해 주세요.
강 교사: 네, 저도 요즘 인성교육활동을 계획해서 실천하고 있어요. 박 선생님 반에서는 어떻게 하셨는지 궁금하네요.
최 교사: 그럼 강 선생님, 저와 같이 박 선생님 반 수업 동영상 보고 이야기해 봐요.

(나) B초등학교 병설유치원
정 원감: 오늘 회의에서는 행사 준비 상황을 점검해 보죠. 먼저, 부모 면담 일정은 확정되었나요?
서 교사: 우리 반은 이제 다 확정되었어요.
황 교사: 저는 면담 일정 안내문을 내보냈는데, 아직 몇 분이 답을 안 주셨어요.
정 원감: 김 선생님 반은요?
김 교사: 저도 안내문은 보냈어요. 그런데 제가 부모 면담이 처음이라 그러는데요, 면담 자료는 어떻게 준비해야 하나요?
정 원감: 김 선생님! 부모 교육 책 찾아서 준비해 보세요. 자, 부모 면담 끝나면 가족의 날 행사가 이어서 있는데, 서 선생님, 행사 담당은 선생님이시죠?
서 교사: 행사 담당은 제가 맞지만 가족의 날 행사는 반별로 준비해야 되는 거 아니에요?
황 교사: 반별로 준비하더라도 전체가 함께 하는 프로그램도 있는데, 그건 누가 담당하는 거죠?
정 원감: 행사가 얼마 안 남았는데, 지금 그런 질문을 서로 하고 있으면 어떻게 해요!
……(중략)……
황 교사: 이번 어린이 날 행사는 작년과는 좀 다르게 하면 어떨까요?
서 교사: 작년에 했던 것도 괜찮은데 그냥 그대로 해요.
황 교사: 작년에 다녔던 아이들도 많은데 너무 똑같으면 재미없지 않을까요?
정 원감: 별 문제 없는데 뭘 굳이 바꿔요.
황 교사: 그럼 어린이 날 행사는 그대로 하고요, 이번 봄 소풍 장소에 대해 의논해 보면 좋겠어요.
정 원감: 의논할 필요는 없고, 올해는 행복동산으로 가죠. 서 선생님은 바로 차량 섭외하세요.

2. 만점으로 가는 문제풀이 흐름(문제 분석 및 개요도 작성)

문제풀이 Tip

💡 제시문이 길다고 겁먹지 않는다. 출제자가 답을 제시문에 친절하게 적어 놓아서 제시문이 길어졌을 확률이 높다.
제시문이 길 때 답안 작성이 의외로 더 간단하고 쉬울 때가 많다.

(가) A초등학교 병설유치원

유 원감: 박 선생님, 오늘 얼굴이 아주 밝으신데 무슨 기분 좋은 일이라도 있어요?
박 교사: 네, 우리 반 아이들이 너무 멋지게 협동 작업을 했거든요. <u>1)-❶ 최 선생님이 주신 아이디어로 활동한 거였는데 아이들의 반응이 기대 이상이었어요.</u>
최 교사: 어제 저와 얘기 나눈 인성교육활동을 적용하셨군요. 아이들이 어떻게 했는지 한번 보고 싶네요.
박 교사: <u>1)-❷ 제가 홈페이지에 수업 동영상을 올려놓았으니까 회의 끝나고 같이 한번 봐요.</u>
유 원감: 올해 우리 유치원에서 제일 강조하는 목표가 유아들의 인성교육이잖아요. 앞으로도 모든 활동에서 그 점을 최우선으로 고려해 주세요.
강 교사: 네, 저도 요즘 인성교육활동을 계획해서 실천하고 있어요. 박 선생님 반에서는 어떻게 하셨는지 궁금하네요.
최 교사: 그럼 강 선생님, 저와 같이 박 선생님 반 수업 동영상 보고 이야기해 봐요.

(나) B초등학교 병설유치원

정 원감: <u>2)-❶ 오늘 회의에서는 행사 준비 상황을 점검해 보죠.</u> 먼저, 부모 면담 일정은 확정되었나요?
서 교사: 우리 반은 이제 다 확정되었어요.
황 교사: 저는 면담 일정 안내문을 내보냈는데, 아직 몇 분이 답을 안 주셨어요.
정 원감: 김 선생님 반은요?
김 교사: 저도 안내문은 보냈어요. 그런데 제가 부모 면담이 처음이라 그러는데요, 면담 자료는 어떻게 준비해야 하나요?
정 원감: <u>2)-❷ 김 선생님! 부모 교육 책 찾아서 준비해 보세요.</u> 자, 부모 면담 끝나면 가족의 날 행사가 이어서 있는데, 서 선생님, 행사 담당은 선생님이시죠?
서 교사: 행사 담당은 제가 맞지만 가족의 날 행사는 반별로 준비해야 되는 거 아니에요?
황 교사: 반별로 준비하더라도 전체가 함께 하는 프로그램도 있는데, 그건 누가 담당하는 거죠?
정 원감: <u>2)-❸ 행사가 얼마 안 남았는데, 지금 그런 질문을 서로 하고 있으면 어떻게 해요!</u>

……(중략)……

황 교사: 이번 어린이 날 행사는 작년과는 좀 다르게 하면 어떨까요?
서 교사: 작년에 했던 것도 괜찮은데 그냥 그대로 해요.
황 교사: 작년에 다녔던 아이들도 많은데 너무 똑같으면 재미없지 않을까요?
정 원감: 별 문제 없었는데 뭘 굳이 바꿔요.
황 교사: 그럼 어린이 날 행사는 그대로 하고요, 이번 봄 소풍 장소에 대해 의논해 보면 좋겠어요.
정 원감: <u>2)-❹ 의논할 필요는 없고, 올해는 행복동산으로 가죠.</u> 서 선생님은 바로 차량 섭외하세요.

---

1) A초등 병설-조직문화의 긍정적 측면

❶ 구성원 칭찬, 격려, 친목 도모
  ➕ 사례 ➕ 친밀감
❷ 조직의 목표를 공유하는 문화
  ➕ 사례 ➕ 소속감, 협력

Tip ~문화 ➕ 사례 ➕ 근거

2) B초등 병설-조직문화의 문제점 (~한 문화)

❶ 경직된 회의 문화 ➕ 점검, 나눔 ✗ ➕ 위축
❷ 비협력적 문화 ➕ 책 찾아보게 함 ➕ 사기 저하, 협력 ↓
❸ 업무 내용과 역할 불분명 ➕ 행사 이야기 ✗ ➕ 비효율, 책임감 ↓
❹ 수직적 회의 문화 ➕ 사례 ➕ 존중 ✗, 교육활동에 영향

3) 해결방안

❶ 다과 준비하여 편안하고 긍정적 환경 조성 → 유연한 회의 문화
❷ 협력적 문화-어려움 있는 교사에게 멘토링하는 기회
❸ 업무 분담 시간 마련, 사전 협의 → 소통하는 문화
❹ 수평적 문화-직급과 관계없이 모든 의견 존중

Tip 일단 내용을 쓰고 가장 앞에 제시할 핵심 내용을 별도 표시

3 예시 답안

서론

최근 유아교육 현장에서 긍정적인 조직문화가 더욱 중요해지고 있다. 왜냐하면 조직문화는 교사와 유치원 교육활동에 긍정적이거나 부정적인 영향을 끼치기 때문이다. 사례를 통해 구체적으로 알아보고자 한다.

본론

❶ 우선, (가) 사례에서는 조직문화의 긍정적 측면이 드러난다. **첫째**, 구성원 간 친목을 도모하는 **문화이다**. 교사들은 표정을 보고 안부를 묻고 서로의 수업을 공유한다. 이는 서로에게 긍정적인 관심을 가지게 하며 친밀감을 높인다. **둘째**, 조직의 목표를 공유하는 **문화이다**. 교사들은 유치원에서 강조하는 목표인 인성교육에 대해 이야기 나눈다. 이는 소속감을 느끼게 하고 공동의 목표를 위해 협력하도록 한다.

❷ 반면에, (나) 사례에서는 조직문화로 인한 문제점이 드러난다. **첫째**, 경직된 회의 문화이다. 회의 시간이 나눔의 장이 아닌 점검과 확인의 시간이다. 이는 구성원들의 심리를 위축시킬 수 있다. **둘째**, 비협력적 문화이다. 김 교사의 도움 요청에 정 원감은 책을 찾아보라고 한다. 이는 김 교사의 사기를 저하시키고 구성원 간 협력하는 태도를 차단한다. **셋째**, 업무 내용과 역할이 불명확한 것이다. 가족의 날 행사에 대해 공유된 이해가 없었다. 이는 책임감을 약화시키고 효율적 업무 진행을 불가능하게 한다. **넷째**, 수직적 문화이다. 유치원 관리자인 정 원감의 결정에 따라 교육과정 운영이 정해지고 있다. 이는 모든 의견이 존중받는 것을 힘들게 한다. 또한 다양한 의견을 통한 창의적인 교육활동 지원을 어렵게 한다.

❸ 이러한 문제를 해결하기 위한 방법은 다음과 같다. **첫째**, 유연한 회의 문화를 조성한다. 구체적으로 비공식적 다과 시간을 가질 수 있다. 일상의 대화를 나누다가 회의를 하면 편안하고 긍정적인 마음으로 협의할 수 있다. **둘째**, 협력적 문화를 만든다. 자율적으로 교사 간 멘토링 등의 시간을 마련한다. 이때 서로 도움을 주고받을 수 있다. **셋째**, 업무별 내용과 역할을 분명히 한다. 이는 사전 협의를 통해 가능하다. 이는 불필요한 갈등을 줄일 수 있게 한다. **넷째**, 수평적이고 민주적인 문화를 마련한다. 모두가 의견을 내도록 하고 여러 사람이 함께 결정한다. 이는 유치원 조직이 머물러 있기보다 발전적 방향으로 나아갈 수 있게 한다.

결론

❹ 이렇듯 유치원의 조직문화는 교사와 유치원의 교육활동에 큰 영향을 끼칠 수 있다. 따라서 유치원 구성원들은 민주적이며 서로 존중하는 긍정적 조직문화를 가지려고 노력해야 할 것이다.

---

❶
- 2가지 긍정적 측면이 중복되지 않도록 하기 위해 사적이며 정서적인 측면 1가지, 공적이며 업무적인 측면 1가지를 골라 대비되는 답안으로 작성했다.

❷
- 앞뒤 내용이 상반되므로 반대되는 접속사를 사용한다.
- '부정적 조직 문화 + 사례 + 문제점' 순서로 작성했다.
- 넷째의 경우, 마지막 문장(문제점)은 근거의 타당성을 높이기 위해 2문장으로 작성했다.
- 개요도에서는 문제점을 가장 마지막에 적었다. 원인과 결과를 고려했기 때문이다. 하지만 검토를 하며 제시문에서 요구하는 것은 '문제점'임을 다시 한번 더 파악했다. 그래서 작성할 때 문제점을 강조하기 위해 가장 앞에 적는 방식으로 바꿨다.

❸
- 문제에서 '각' 문제에 대한 해결방안을 구체적으로 논하라고 했으므로 반드시 2)번 제시문에 제시된 문제에 대응하는 해결책을 적어야 한다. 만일 제시해야 할 가짓수만 같다면 꼭 대응할 필요는 없다.
- 2)와 3)을 합쳐서 '문제점+해결방안'을 바로 제시하는 구조로 작성할 수도 있지만 시험을 위한 논술문에서는 추천하지 않는다. 정해진 시간 내에 간단명료하게 작성하기 어려워진다. 제시문을 살펴보고 번호 순서대로 본문을 구성하는 것이 좋다.

❹
- 만능 틀만 있으면 결론은 손쉽게 작성할 수 있다.

합격자

○○○ (수험번호 : ×××××××)
최종 합격을 진심으로 축하합니다.

1차 시험성적	100
2차 시험성적	100
1차 취업가산점	0
2차 취업가산점	0
총성적	200
순위	1

최종 합격 발표 화면입니다.
내 이름이 합격자 명단에 딱!

15. 2013학년도 정시

1 기출문제

배점표	논술의 내용 [총 10점]	- 유아 평가의 목적 2가지 [2점] - 김 교사가 포트폴리오 평가 수행 과정에서 범한 문제점 4가지 [4점] - 문제점에 대한 해결 방안 4가지 [4점]
	논술의 체계 [총 10점]	- 분량 [3점] - 맞춤법 및 원고지 작성법 [3점] - 글의 논리적 체계성 [4점]

문제

유아에 대한 이해와 평가는 유아교육의 질을 높이는 데 중요하다. 1) 유아 평가의 목적 2가지를 (가)와 관련지어 논하시오. 2) (나)에서 김 교사가 포트폴리오 평가 수행 과정에서 범한 문제점 4가지를 논하고, 3) 각 문제점에 대한 해결 방안을 서로 중복되지 않게 논하시오. (총 20점)

(가) 송 교사가 작성한 저널
  학기 시작한 지도 벌써 한 달이 되었다. 그동안 내가 맡은 아이들의 개인별 특성을 파악하려고 나름대로 노력하였고, 그로 인해 얻은 것이 참 많다. 아이들에 대해 파악한 특성을 최대한 반영하여 교육과 보육 활동을 개선한다면 더욱 멋진 한 해가 되겠지! 다음 주부터 학부모 상담이 시작된다. 학부모를 상담하는 자리가 조금은 부담스럽다. 그러나 학부모 상담은 내가 각 아이에 대해 파악한 것이 맞는지, 더 알아야 할 것은 없는지, 부모님이 나에게 바라는 점은 또 어떤 것이 있는지 등을 한 번 더 확인하는 기회가 될 것이기 때문에 기대도 된다.

(나) 송 교사와 김 교사가 나눈 대화
송 교사: 선생님! 포트폴리오 평가 계획 수립 시 평가 지침은 명확히 설정하셨나요?
김 교사: 포트폴리오 평가 지침을 명확히 정해야 한다는 말은 맞아요. 그러나 포트폴리오 평가는 구성주의 패러다임을 따르잖아요. 그래서 저는 아이들의 성장 발달을 선입견 없이 보이는 양상 그대로 평가하려고 자료 수집 내용과 평가 시기만을 설정했어요.
송 교사: 포트폴리오 평가를 위한 자료 수집은 어떻게 하셨나요?
김 교사: 아이들의 강점을 확인하고자 다양한 자료를 모았어요.
송 교사: 수집한 자료는 충분했나요?
김 교사: 학기 말에 집중적으로 모았는데 충분했어요. 사실 학기 초에는 모을 시간이 없었거든요.
송 교사: 포트폴리오 자료 분석은 어떻게 하셨나요?
김 교사: 포트폴리오 평가에서는 아이들의 자기평가가 중요하잖아요. 그래서 아이들 스스로 자신의 작품에 대한 생각을 말해 보게 했고요. 저는 모은 자료 중에서 잘한 것 위주로 분석했는데 생각보다 좋은 작품이 많았어요. 각 아이의 성취수준이 기대만큼 충분히 높아서 참 흐뭇했어요.
송 교사: 네. 그러시군요. 그렇다면 포트폴리오 평가 결과는 어떻게 활용하셨나요?
김 교사: 아이들의 발달과 학습 변화에 대해 학부모들과 이야기하기보다는 유치원을 홍보하는 데 개별 아이의 포트폴리오 평가 결과를 사용했어요. 특히, 유치원 행사와 관련된 사진 자료가 매우 효과적이었어요. 이와 별개로 포트폴리오 평가를 통해 얻은 시사점은 2학기 교육과정 운영에 반영하려고 해요.
송 교사: 네. 포트폴리오 평가는 유아 평가의 취지에 부합되기 때문에 앞으로 유치원 현장에서 많이 활용될 것 같네요.

2 만점으로 가는 문제풀이 흐름 (문제 분석 및 개요도 작성)

(가) 송 교사가 작성한 저널

학기 시작한 지도 벌써 한 달이 되었다. 그동안 내가 맡은 <u>아이들의 개인별 특성을 파악</u>[1)-①]하려고 나름대로 노력하였고, 그로 인해 얻은 것이 참 많다. 아이들에 대해 파악한 특성을 최대한 반영하여 <u>교육과 보육 활동을 개선</u>[1)-②]한다면 더욱 멋진 한 해가 되겠지! 다음 주부터 학부모 상담이 시작된다. 학부모를 상담하는 자리가 조금은 부담스럽다. 그러나 학부모 상담은 내가 각 아이에 대해 파악한 것이 맞는지, 더 알아야 할 것은 없는지, 부모님이 나에게 바라는 점은 또 어떤 것이 있는지 등을 한 번 더 확인하는 기회가 될 것이기 때문에 기대도 된다.

(나) 송 교사와 김 교사가 나눈 대화

송 교사: 선생님! 포트폴리오 평가 계획 수립 시 평가 지침은 명확히 설정하셨나요?
김 교사: 포트폴리오 <u>평가 지침을 명확하게 정해야 한다는 말은 맞아요</u>[2)-①]. 그러나 포트폴리오 평가는 구성주의 패러다임을 따르잖아요. 그래서 저는 아이들의 성장 발달을 선입견 없이 보이는 양상 그대로 평가하려고 <u>자료 수집 내용과 평가 시기만을 설정</u>[2)-①]했어요.
송 교사: 포트폴리오 평가를 위한 자료 수집은 어떻게 하셨나요?
김 교사: 아이들의 강점을 확인하고자 다양한 자료를 모았어요.
송 교사: <u>수집한 자료</u>[2)-②]는 충분했나요?
김 교사: <u>학기 말에 집중적으로 모았는데</u>[2)-②] 충분했어요. 사실 학기 초에는 모을 시간이 없었거든요.
송 교사: 포트폴리오 자료 분석은 어떻게 하셨나요?
김 교사: 포트폴리오 평가에서는 아이들의 자기평가가 중요하잖아요. 그래서 아이들 스스로 자신의 작품에 대한 생각을 말해 보게 했고요. 저는 <u>모은 자료 중에서 잘한 것 위주로 분석</u>[2)-③]했는데 생각보다 좋은 작품이 많았어요. 각 아이의 성취수준이 기대만큼 충분히 높아서 참 흐뭇했어요.
송 교사: 네. 그러시군요. 그렇다면 포트폴리오 평가 결과는 어떻게 활용하셨나요?
김 교사: 아이들의 발달과 학습 변화에 대해 <u>학부모들과 이야기하기보다는 유치원을 홍보하는 데 개별 아이의 포트폴리오 평가 결과를 사용했어요</u>[2)-④]. 특히, 유치원 행사와 관련된 사진 자료가 매우 효과적이었어요. 이와 별개로 포트폴리오 평가를 통해 얻은 시사점은 2학기 교육과정 운영에 반영하려고 해요.
송 교사: 네. 포트폴리오 평가는 유아 평가의 취지에 부합되기 때문에 앞으로 유치원 현장에서 많이 활용될 것 같네요.

---

1) 유아 평가의 목적
① 개인별 특성 파악 ✚ 유아 이해, 존중
② 보육과 교육 개선 ✚ 보완점 파악, 교육활동
Tip 포트폴리오 수행과정 ✚ 근거 (문제점)

2) 김 교사의 문제점
① 평가 지침 설정 ✕ ✚ 형식적 평가가 될 우려
② 학기 말에 치중한 자료 수집 ✚ 현재 시기의 유아의 단편적 모습을 판단
③ 잘한 것 위주로 분석 ✚ 유의미한 자료가 제외될 수 있음
④ 평가 결과를 학부모와 이야기 ✕ ✚ 가정과의 연계 미비

3) 해결방안
① 구체적 지침 설정 ✚ 평가의 목적 달성 가능
② 1~2학기 고르게 자료 수집 ✚ 유아의 성장과 발달 확인 가능
③ 유아에게 유의미한 것 선정 ✚ 작품의 결과가 아닌 과정에 집중
④ 가정과의 연계활동 ✚ 부모 면담으로 나눔, 일관된 지원 가능
Tip 해결 방안 ✚ 근거(효과, 장점)

3 예시 답안

[서론]

현장에서 교사가 적절한 유아 평가를 실시하는 것은 매우 중요하다. 질 높은 유치원 교육과정을 운영할 수 있기 때문이다. 사례를 통해 구체적으로 알아보고자 한다.

[본론]

우선, 송 교사의 저널에서 드러나듯이 유아 평가의 목적은 다음과 같다. **첫째**, 개인별 유아 특성 파악이다. 이는 유아에 대한 이해를 높인다. 또한 유아의 생각과 행동을 존중하게 한다. **둘째**, 교육과 보육 활동 개선이다. 유아 평가 결과를 활용해 교육과정의 보완점을 파악하고 이를 개선한다. 이는 유아에게 질 높은 교육활동을 제공할 수 있게 한다.

하지만 김 교사의 사례처럼 유아 평가 과정에서 문제점이 발생할 수 있다. **첫째**, 평가 지침을 설정하지 않았다. 평가 목적 등 방향성이 제시되지 않았다. 목적 없는 평가 또는 형식적인 평가에 그칠 우려가 있다. **둘째**, 학기 말에 치중해서 자료를 수집했다. 특정 시기에 보이는 유아의 단편적인 모습만을 평가하고 판단할 우려가 있다. 따라서 개별 유아의 성장과 발달을 파악하기 어렵다. **셋째**, 잘한 것 위주로 분석하고 평가하였다. 이는 교사가 임의로 선택한 것이다. 그 결과 유아에게 유의미한 과정이 나타난 자료가 제외될 우려가 있다. **넷째**, 평가 결과를 홍보에만 활용하고 학부모와 이야기하지 않았다. 이는 가정과의 연계를 통한 일관성 있는 지도를 어렵게 한다.

따라서 김 교사의 문제를 해결하기 위한 방안은 다음과 같다. **첫째**, 구체적인 평가 지침을 설정하는 것이다. 평가의 목적, 결과 활용 방안 등을 제시하여 이를 고려해 평가한다. 이는 실질적 평가를 가능하게 한다. **둘째**, 평가 자료를 연중 고르게 수집한다. 이는 개별 유아의 성장과 발달을 보다 정확히 확인할 수 있도록 한다. 이를 위해 평가 시간을 일정 부분 확보하는 것이 필요하다. **셋째**, 유아가 의미 있어 하는 것을 스스로 선택하고 이를 평가 자료로 활용한다. 작품의 결과가 아닌 과정에 집중해서 평가할 수 있기 때문이다. **넷째**, 부모 면담 때 평가 결과를 활용하여 이야기 나눈다. 이는 유아의 흥미와 관심을 돌아보게 한다. 이를 통해 교육과정을 운영하며 개별 유아에게 적절한 지원을 가능하게 한다.

[결론]

이처럼 교사는 유아 평가를 하며 생길 수 있는 문제점을 미리 고려하여 적절히 유아 평가를 실시하고 활용해야 한다. 이는 유아들에게 양질의 교육을 제공할 수 있는 실마리가 될 것이다.

---

①
- 서론 만능 틀을 사용한다. 화려하거나 창의적일 필요는 없다. 본론의 내용을 포괄하고 있는 내용이면 충분하다.
- 만능 틀: ~[주제]는 중요하다. 왜냐하면 ~[근거] 때문이다. 사례를 보며 알아보고자 한다.

②
- 문제에서 (가)와 관련지어 논하라고 했기 때문에 저널에서 드러난 내용을 찾아서 써야 한다.
- '사례의 목적 + 부연 설명 + 근거'의 구조를 반복했다.

③
- '번호 + 문제점 + 악영향 + 근거' 순으로 반복하여 제시하였다.

④
- 첫째~넷째 사이의 해결 방안이 서로 중복되지 않는지 개요도를 작성할 때 꼼꼼히 봐야 한다. 중복될 경우 하나만 점수로 인정될 수 있다.
- 위에서 나타난 문제와 1대1 대응으로 해결 방안을 제시하는 것이 설득력이 높다.
- 간혹 제시문 2)와 3)을 합쳐서 문제점, 해결 방안 순서를 4번 반복해서 작성하는 경우도 있다. 하지만 문제에서 제시된 순서로 구조를 짜는 것이 좋다. 반복해서 말하지만 작성이 편리하고 채점도 편리하기 때문이다. 2)와 3)을 합쳐서 작성하면 문제점과 해결 방안이 정확히 일치하지 않을 때 곤란하고 시간이 많이 걸린다.

⑤
- 다소 뻔한 서론과 결론이더라도 내용상, 맥락상 문제가 없으면 점수로 인정된다. 만능 틀로 시간을 절약해서 본론에 모든 문제에 정확한 답을 쓰는 데 시간을 투자하자!

내가 받게 될 공무원증입니다.
내 얼굴을 그리고
이름을 적어 보세요.

누리자쌤
- 이화여자대학교 유아교육과 졸업
- 이화여자대학교 교육대학원 유아교육과 석사
- 2016학년도 유치원 임용시험 합격
- 2021학년도 유치원 임용시험 교직논술 만점
- 유튜브 '누리자Nooriza'

 유자쌤
- 이화여자대학교 유아교육과 졸업
- 이화여자대학교 일반대학원 유아교육학과(석사) 재학 중
- 2015학년도 유치원 임용시험 초수 합격
- 현) 박문각 임용 강사(유아)
- 유튜브 '유치원 유자쌤'

개정4판

누리자자유 유아 교직논술

편저자 누리자쌤(정현경), 유자쌤(박소희)
편 집 왓츠업
디자인 시우
펴낸곳 알레그리아

개정4판 1쇄 발행 2025년 3월 5일

알레그리아

문의 070-7729-5062
신고번호 제2021-000005호

정가 27,000원

ISBN 979-11-973422-6-4

이 책에 실린 모든 내용의 무단 전재와 복제를 금합니다.
잘못된 책은 구입하신 곳에서 교환해 드립니다.

1교시 [ ]학년도 공립 유치원, 초등학교, 특수학교 [유치원·초등] 교사 임용후보자 선정경쟁시험 (제1차) 답안지

본인은 응시자 유의사항을 숙지하였으며 이를 지키지 않아 발생하는 모든 불이익을 감수할 것을 서약합니다.

성 명

유치원, 초등학교, 특수학교(유치원·초등) 교직 논술 전용 답안지

쪽 번호: ❶ ②

※ 결시자 확인란(응시자는 표기하지 말 것)
- 결시자 성명과 수험번호 기재
- 검은색 펜으로 결시자 수험번호와 우측란을 '●'로 표기

※ 감독관 확인란(응시자는 표기하지 말 것)
- 본인 여부, 성명, 수험번호 기록 및 쪽수가 정확한지 확인 후 서명/날인
- 결시자는 위의 결시자 확인란에도 표기

(서명 또는 날인)

1. 수험번호는 검은색 펜을 사용하여 '●'로 표기하시오.
2. 답안은 지워지거나 번지지 않는 동일한 종류의 검은색 펜을 사용하여 작성하시오.(연필/사인펜/수정테이프/수정액 등 사용 불가)
3. 연필로 작성한 부분, 수정테이프(수정액)를 사용하여 수정한 부분, 문항별 답안란 이외의 부분에 작성한 답안은 채점하지 않으니 유의하시오.

1교시 [　]학년도 공립 유치원, 초등학교, 특수학교 [유치원·초등] 교사 임용후보자 선정경쟁시험 **제1차 답안지**

본인은 응시자 유의사항을 숙지하였으며 이를 지키지 않아 발생하는 모든 불이익을 감수할 것을 서약합니다.

성 명

유치원, 초등학교, 특수학교(유치원·초등) 교직 논술 전용 답안지

쪽 번호: ① ❷

수험번호

※ **결시자 확인란**(응시자는 표기하지 말 것)
- 결시자 성명과 수험번호 기재
- 검은색 펜으로 결시자 수험번호와 우측란을 '●'로 표기

※ **감독관 확인란**(응시자는 표기하지 말 것)
- 본인 여부, 성명, 수험번호 기록 및 쪽수가 정확한지 확인 후 서명/날인
- 결시자는 위의 결시자 확인란에도 표기

(서명 또는 날인)

1. 수험번호는 검은색 펜을 사용하여 '●'로 표기하시오.
2. 답안은 지워지거나 번지지 않는 동일한 종류의 검은색 펜을 사용하여 작성하시오.(연필/사인펜/수정테이프/수정액 등 사용 불가)
3. 연필로 작성한 부분, 수정테이프(수정액)를 사용하여 수정한 부분, 문항별 답안란 이외의 부분에 작성한 답안은 채점하지 않으니 유의하시오.

1교시 [   ]학년도 공립 유치원, 초등학교, 특수학교 [유치원·초등] 교사 임용후보자 선정경쟁시험 (제1차) 답안지

1. 수험번호는 검은색 펜을 사용하여 '●'로 표기하시오.
2. 답안은 지워지거나 번지지 않는 동일한 종류의 검은색 펜을 사용하여 작성하시오.(연필/사인펜/수정테이프/수정액 등 사용 불가)
3. 연필로 작성한 부분, 수정테이프(수정액)를 사용하여 수정한 부분, 문항별 답안란 이외의 부분에 작성한 답안은 채점하지 않으니 유의하시오.

1교시 ( ) 학년도 공립 유치원, 초등학교, 특수학교 [유치원 · 초등] 교사 임용후보자 선정경쟁시험 (제1차) 답안지

본인은 응시자 유의사항을 숙지하였으며 이를 지키지 않아 발생하는 모든 불이익을 감수할 것을 서약합니다.

성 명	수험번호		
			① ②
			⓪ ① ② ③ ④ ⑤ ⑥ ⑦ ⑧ ⑨
			⓪
			① ② ③ ④ ⑤ ⑥ ⑦ ⑧
			⓪ ① ② ③ ④ ⑤ ⑥ ⑦ ⑧ ⑨
			⓪ ① ② ③ ④ ⑤ ⑥ ⑦ ⑧ ⑨
			⓪ ① ② ③ ④ ⑤ ⑥ ⑦ ⑧ ⑨
			⓪ ① ② ③ ④ ⑤ ⑥ ⑦ ⑧ ⑨

유치원, 초등학교, 특수학교(유치원 · 초등) 교직 논술 전용 답안지	쪽 번호
	① ❷

※결시자 확인란(응시자는 표기하지 말 것)	
– 결시자 성명과 수험번호 기재 – 검은색 펜으로 결시자 수험번호와 우측란을 '●'로 표기	○

※감독관 확인란(응시자는 표기하지 말 것)	
– 본인 여부, 성명, 수험번호 기록 및 쪽수가 정확한지 확인 후 서명/날인 – 결시자는 위의 결시자 확인란에도 표기	(서명 또는 날인)

1. 수험번호는 검은색 펜을 사용하여 '●' 로 표기하시오.
2. 답안은 지워지거나 번지지 않는 동일한 종류의 검은색 펜을 사용하여 작성하시오.(연필/사인펜/수정테이프/수정액 등 사용 불가)
3. 연필로 작성한 부분, 수정테이프(수정액)를 사용하여 수정한 부분, 문항별 답안란 이외의 부분에 작성한 답안은 채점하지 않으니 유의하시오.

1교시 [　] 학년도 공립 유치원, 초등학교, 특수학교 [유치원·초등] 교사 임용후보자 선정경쟁시험 (제1차) 답안지

본인은 응시자 유의사항을 숙지하였으며 이를 지키지 않아 발생하는 모든 불이익을 감수할 것을 서약합니다.

성 명

유치원, 초등학교, 특수학교(유치원·초등) 교직 논술 전용 답안지

쪽 번호: ❶ ②

※ 결시자 확인란 (응시자는 표기하지 말 것)
- 결시자 성명과 수험번호 기재
- 검은색 펜으로 결시자 수험번호와 우측란을 '●'로 표기

※ 감독관 확인란 (응시자는 표기하지 말 것)
- 본인 여부, 성명, 수험번호 기록 및 쪽수가 정확한지 확인 후 서명/날인
- 결시자는 위의 결시자 확인란에도 표기

(서명 또는 날인)

1. 수험번호는 검은색 펜을 사용하여 '●'로 표기하시오.
2. 답안은 지워지거나 번지지 않는 동일한 종류의 검은색 펜을 사용하여 작성하시오. (연필/사인펜/수정테이프/수정액 등 사용 불가)
3. 연필로 작성한 부분, 수정테이프(수정액)를 사용하여 수정한 부분, 문항별 답안란 이외의 부분에 작성한 답안은 채점하지 않으니 유의하시오.

1교시 [ ]학년도 공립 유치원, 초등학교, 특수학교 [유치원·초등] 교사 임용후보자 선정경쟁시험 (제1차) 답안지

본인은 응시자 유의사항을 숙지하였으며 이를 지키지 않아 발생하는 모든 불이익을 감수할 것을 서약합니다.

성 명

수험번호

유치원, 초등학교, 특수학교(유치원·초등) 교직 논술 전용 답안지

쪽 번호: ❶ ②

※ 결시자 확인란 (응시자는 표기하지 말 것)
- 결시자 성명과 수험번호 기재
- 검은색 펜으로 결시자 수험번호와 우측란을 '●'로 표기

※ 감독관 확인란 (응시자는 표기하지 말 것)
- 본인 여부, 성명, 수험번호 기록 및 쪽수가 정확한지 확인 후 서명/날인
- 결시자는 위의 결시자 확인란에도 표기

(서명 또는 날인)

1. 수험번호는 검은색 펜을 사용하여 '●'로 표기하시오.
2. 답안은 지워지거나 번지지 않는 동일한 종류의 검은색 펜을 사용하여 작성하시오.(연필/사인펜/수정테이프/수정액 등 사용 불가)
3. 연필로 작성한 부분, 수정테이프(수정액)를 사용하여 수정한 부분, 문항별 답안란 이외의 부분에 작성한 답안은 채점하지 않으니 유의하시오.

1교시 [ ]학년도 공립 유치원, 초등학교, 특수학교 [유치원·초등] 교사 임용후보자 선정경쟁시험 (제1차) 답안지

본인은 응시자 유의사항을 숙지하였으며 이를 지키지 않아 발생하는 모든 불이익을 감수할 것을 서약합니다.

성 명

유치원, 초등학교, 특수학교(유치원·초등) 교직 논술 전용 답안지

쪽 번호: ① ❷

※ 결시자 확인란(응시자는 표기하지 말 것)
- 결시자 성명과 수험번호 기재
- 검은색 펜으로 결시자 수험번호와 우측란을 '●'로 표기

※ 감독관 확인란(응시자는 표기하지 말 것)
- 본인 여부, 성명, 수험번호 기록 및 쪽수가 정확한지 확인 후 서명/날인
- 결시자는 위의 결시자 확인란에도 표기

(서명 또는 날인)

1. 수험번호는 검은색 펜을 사용하여 '●'로 표기하시오.
2. 답안은 지워지거나 번지지 않는 동일한 종류의 검은색 펜을 사용하여 작성하시오.(연필/사인펜/수정테이프/수정액 등 사용 불가)
3. 연필로 작성한 부분, 수정테이프(수정액)를 사용하여 수정한 부분, 문항별 답안란 이외의 부분에 작성한 답안은 채점하지 않으니 유의하시오.

[ ]학년도 공립 유치원, 초등학교, 특수학교 [유치원·초등] 교사 임용후보자 선정경쟁시험 (제1차) 답안지

1교시

본인은 응시자 유의사항을 숙지하였으며 이를 지키지 않아 발생하는 모든 불이익을 감수할 것을 서약합니다.

성 명

유치원, 초등학교, 특수학교(유치원·초등) 교직 논술 전용 답안지

쪽 번호: ❶ ②

※ 결시자 확인란(응시자는 표기하지 말 것)
- 결시자 성명과 수험번호 기재
- 검은색 펜으로 결시자 수험번호와 우측란을 '●'로 표기

※ 감독관 확인란(응시자는 표기하지 말 것)
- 본인 여부, 성명, 수험번호 기록 및 쪽수가 정확한지 확인 후 서명/날인
- 결시자는 위의 결시자 확인란에도 표기

(서명 또는 날인)

1. 수험번호는 검은색 펜을 사용하여 '●'로 표기하시오.
2. 답안은 지워지거나 번지지 않는 동일한 종류의 검은색 펜을 사용하여 작성하시오.(연필/사인펜/수정테이프/수정액 등 사용 불가)
3. 연필로 작성한 부분, 수정테이프(수정액)를 사용하여 수정한 부분, 문항별 답안란 이외의 부분에 작성한 답안은 채점하지 않으니 유의하시오.

1교시 [ ]학년도 공립 유치원, 초등학교, 특수학교 [유치원·초등] 교사 임용후보자 선정경쟁시험 (제1차) 답안지

성명

수험번호

유치원, 초등학교, 특수학교(유치원·초등) 교직 논술 전용 답안지

쪽 번호: ❶ ②

※ **결시자 확인란** (응시자는 표기하지 말 것)
- 결시자 성명과 수험번호 기재
- 검은색 펜으로 결시자 수험번호와 우측란을 '●'로 표기

※ **감독관 확인란** (응시자는 표기하지 말 것)
- 본인 여부, 성명, 수험번호 기록 및 쪽수가 정확한지 확인 후 서명/날인
- 결시자는 위의 결시자 확인란에도 표기

(서명 또는 날인)

1. 수험번호는 검은색 펜을 사용하여 '●'로 표기하시오.
2. 답안은 지워지거나 번지지 않는 동일한 종류의 검은색 펜을 사용하여 작성하시오.(연필/사인펜/수정테이프/수정액 등 사용 불가)
3. 연필로 작성한 부분, 수정테이프(수정액)를 사용하여 수정한 부분, 문항별 답안란 이외의 부분에 작성한 답안은 채점하지 않으니 유의하시오.

1교시 [ ]학년도 공립 유치원, 초등학교, 특수학교 [유치원·초등] 교사 임용후보자 선정경쟁시험 (제1차) 답안지

1교시 [ ]학년도 공립 유치원, 초등학교, 특수학교 [유치원·초등] 교사 임용후보자 선정경쟁시험 (제1차) 답안지

본인은 응시자 유의사항을 숙지하였으며 이를 지키지 않아 발생하는 모든 불이익을 감수할 것을 서약합니다.

성 명

유치원, 초등학교, 특수학교(유치원·초등) 교직 논술 전용 답안지

쪽 번호: ① ❷

수험번호

※ **결시자 확인란**(응시자는 표기하지 말 것)
- 결시자 성명과 수험번호 기재
- 검은색 펜으로 결시자 수험번호와 우측란을 '●'로 표기

※ **감독관 확인란**(응시자는 표기하지 말 것)
- 본인 여부, 성명, 수험번호 기록 및 쪽수가 정확한지 확인 후 서명/날인
- 결시자는 위의 결시자 확인란에도 표기

(서명 또는 날인)

1. 수험번호는 검은색 펜을 사용하여 '●'로 표기하시오.
2. 답안은 지워지거나 번지지 않는 동일한 종류의 검은색 펜을 사용하여 작성하시오.(연필/사인펜/수정테이프/수정액 등 사용 불가)
3. 연필로 작성한 부분, 수정테이프(수정액)를 사용하여 수정한 부분, 문항별 답안란 이외의 부분에 작성한 답안은 채점하지 않으니 유의하시오.

1교시 [ ]학년도 공립 유치원, 초등학교, 특수학교 [유치원·초등] 교사 임용후보자 선정경쟁시험 (제1차) 답안지

본인은 응시자 유의사항을 숙지하였으며 이를 지키지 않아 발생하는 모든 불이익을 감수할 것을 서약합니다.

성 명

유치원, 초등학교, 특수학교(유치원·초등) 교직 논술 전용 답안지

쪽 번호: ❶ ②

수험번호

※ **결시자 확인란** (응시자는 표기하지 말 것)
- 결시자 성명과 수험번호 기재
- 검은색 펜으로 결시자 수험번호와 우측란을 '●'로 표기

※ **감독관 확인란** (응시자는 표기하지 말 것)
- 본인 여부, 성명, 수험번호 기록 및 쪽수가 정확한지 확인 후 서명/날인
- 결시자는 위의 결시자 확인란에도 표기

(서명 또는 날인)

1. 수험번호는 검은색 펜을 사용하여 '●'로 표기하시오.
2. 답안은 지워지거나 번지지 않는 동일한 종류의 검은색 펜을 사용하여 작성하시오.(연필/사인펜/수정테이프/수정액 등 사용 불가)
3. 연필로 작성한 부분, 수정테이프(수정액)를 사용하여 수정한 부분, 문항별 답안란 이외의 부분에 작성한 답안은 채점하지 않으니 유의하시오.

[　]학년도 공립 유치원, 초등학교, 특수학교 [유치원·초등] 교사 임용후보자 선정경쟁시험 (제1차) 답안지

1교시

본인은 응시자 유의사항을 숙지하였으며 이를 지키지 않아 발생하는 모든 불이익을 감수할 것을 서약합니다.

성   명

유치원, 초등학교, 특수학교(유치원·초등) 교직 논술 전용 답안지

쪽 번호: ① ❷

수험번호

※ **결시자 확인란**(응시자는 표기하지 말 것)
- 결시자 성명과 수험번호 기재
- 검은색 펜으로 결시자 수험번호와 우측란을 '●'로 표기

※ **감독관 확인란**(응시자는 표기하지 말 것)
- 본인 여부, 성명, 수험번호 기록 및 쪽수가 정확한지 확인 후 서명/날인
- 결시자는 위의 결시자 확인란에도 표기

(서명 또는 날인)

1. 수험번호는 검은색 펜을 사용하여 '●'로 표기하시오.
2. 답안은 지워지거나 번지지 않는 동일한 종류의 검은색 펜을 사용하여 작성하시오.(연필/사인펜/수정테이프/수정액 등 사용 불가)
3. 연필로 작성한 부분, 수정테이프(수정액)를 사용하여 수정한 부분, 문항별 답안란 이외의 부분에 작성한 답안은 채점하지 않으니 유의하시오.

1교시 [ ]학년도 공립 유치원, 초등학교, 특수학교 [유치원·초등] 교사 임용후보자 선정경쟁시험 (제1차) 답안지

유치원, 초등학교, 특수학교(유치원·초등) 교직 논술 전용 답안지

1. 수험번호는 검은색 펜을 사용하여 '●'로 표기하시오.
2. 답안은 지워지거나 번지지 않는 동일한 종류의 검은색 펜을 사용하여 작성하시오.(연필/사인펜/수정테이프/수정액 등 사용 불가)
3. 연필로 작성한 부분, 수정테이프(수정액)를 사용하여 수정한 부분, 문항별 답안란 이외의 부분에 작성한 답안은 채점하지 않으니 유의하시오.

1교시 [　] 학년도 공립 유치원, 초등학교, 특수학교 [유치원·초등] 교사 임용후보자 선정경쟁시험 (제1차) 답안지

본인은 응시자 유의사항을 숙지하였으며 이를 지키지 않아 발생하는 모든 불이익을 감수할 것을 서약합니다.

성명:

유치원, 초등학교, 특수학교(유치원·초등) 교직 논술 전용 답안지

쪽 번호: ① ❷

※ 결시자 확인란(응시자는 표기하지 말 것)
- 결시자 성명과 수험번호 기재
- 검은색 펜으로 결시자 수험번호와 우측란을 '●'로 표기

※ 감독관 확인란(응시자는 표기하지 말 것)
- 본인 여부, 성명, 수험번호 기록 및 쪽수가 정확한지 확인 후 서명/날인
- 결시자는 위의 결시자 확인란에도 표기

(서명 또는 날인)

1. 수험번호는 검은색 펜을 사용하여 '●'로 표기하시오.
2. 답안은 지워지거나 번지지 않는 동일한 종류의 검은색 펜을 사용하여 작성하시오.(연필/사인펜/수정테이프/수정액 등 사용 불가)
3. 연필로 작성한 부분, 수정테이프(수정액)를 사용하여 수정한 부분, 문항별 답안란 이외의 부분에 작성한 답안은 채점하지 않으니 유의하시오.

1교시 [ ]학년도 공립 유치원, 초등학교, 특수학교 [유치원·초등] 교사 임용후보자 선정경쟁시험 (제1차) 답안지

본인은 응시자 유의사항을 숙지하였으며 이를 지키지 않아 발생하는 모든 불이익을 감수할 것을 서약합니다.

성 명

유치원, 초등학교, 특수학교(유치원·초등) 교직 논술 전용 답안지

쪽 번호: ❶ ②

※ 결시자 확인란 (응시자는 표기하지 말 것)
- 결시자 성명과 수험번호 기재
- 검은색 펜으로 결시자 수험번호와 우측란을 '●'로 표기

※ 감독관 확인란 (응시자는 표기하지 말 것)
- 본인 여부, 성명, 수험번호 기록 및 쪽수가 정확한지 확인 후 서명/날인
- 결시자는 위의 결시자 확인란에도 표기

(서명 또는 날인)

1. 수험번호는 검은색 펜을 사용하여 '●'로 표기하시오.
2. 답안은 지워지거나 번지지 않는 동일한 종류의 검은색 펜을 사용하여 작성하시오.(연필/사인펜/수정테이프/수정액 등 사용 불가)
3. 연필로 작성한 부분, 수정테이프(수정액)를 사용하여 수정한 부분, 문항별 답안란 이외의 부분에 작성한 답안은 채점하지 않으니 유의하시오.

1교시 [ ]학년도 공립 유치원, 초등학교, 특수학교 [유치원·초등] 교사 임용후보자 선정경쟁시험 (제1차) 답안지

본인은 응시자 유의사항을 숙지하였으며 이를 지키지 않아 발생하는 모든 불이익을 감수할 것을 서약합니다.

성 명

유치원, 초등학교, 특수학교(유치원·초등) 교직 논술 전용 답안지

쪽 번호: ① ❷

수험번호

※ **결시자 확인란** (응시자는 표기하지 말 것)
- 결시자 성명과 수험번호 기재
- 검은색 펜으로 결시자 수험번호와 우측란을 '●'로 표기

※ **감독관 확인란** (응시자는 표기하지 말 것)
- 본인 여부, 성명, 수험번호 기록 및 쪽수가 정확한지 확인 후 서명/날인
- 결시자는 위의 결시자 확인란에도 표기

(서명 또는 날인)

1. 수험번호는 검은색 펜을 사용하여 '●'로 표기하시오.
2. 답안은 지워지거나 번지지 않는 동일한 종류의 검은색 펜을 사용하여 작성하시오.(연필/사인펜/수정테이프/수정액 등 사용 불가)
3. 연필로 작성한 부분, 수정테이프(수정액)를 사용하여 수정한 부분, 문항별 답안란 이외의 부분에 작성한 답안은 채점하지 않으니 유의하시오.

1교시 [　] 학년도 공립 유치원, 초등학교, 특수학교 [유치원·초등] 교사 임용후보자 선정경쟁시험 [제1차] 답안지

본인은 응시자 유의사항을 숙지하였으며 이를 지키지 않아 발생하는 모든 불이익을 감수할 것을 서약합니다.

성 명	수험번호

유치원, 초등학교, 특수학교(유치원·초등) 교직 논술 전용 답안지

쪽 번호: ① ❷

※ **결시자 확인란**(응시자는 표기하지 말 것)
- 결시자 성명과 수험번호 기재
- 검은색 펜으로 결시자 수험번호와 우측란을 '●'로 표기

※ **감독관 확인란**(응시자는 표기하지 말 것)
- 본인 여부, 성명, 수험번호 기록 및 쪽수가 정확한지 확인 후 서명/날인
- 결시자는 위의 결시자 확인란에도 표기

(서명 또는 날인)

1. 수험번호는 검은색 펜을 사용하여 '●'로 표기하시오.
2. 답안은 지워지거나 번지지 않는 동일한 종류의 검은색 펜을 사용하여 작성하시오.(연필/사인펜/수정테이프/수정액 등 사용 불가)
3. 연필로 작성한 부분, 수정테이프(수정액)를 사용하여 수정한 부분, 문항별 답안란 이외의 부분에 작성한 답안은 채점하지 않으니 유의하시오.